MW00761970

LA NUEVA LEY DE LA DEMANDA Y LA OFERTA

Rick Kash

La nueva ley de la demanda y la oferta

Una revolucionaria estrategia
que redefine la ley de la oferta y la demanda
para un crecimiento más rápido y unos beneficios mayores

EMPRESA ACTIVA

Argentina - Chile - Colombia - España
Estados Unidos - México - Uruguay - Venezuela

Título original: *The New Law of Demand and Supply*
Editor original: Doubleday, una división de Random House Inc., Nueva York
Traducción: M.ª Isabel Merino

© 2001 *by* Rick Kash. Published by arrangement with Doubleday,
   a division of Random House, Inc.
© de la traducción, 2003 by M.ª Isabel Merino
© 2003 *by* Ediciones Urano, S. A.
   Aribau, 142, pral.
   08036 Barcelona
   www.empresaactiva.com
   www.edicionesurano.com

ISBN: 84-95787-31-8
Depósito legal: M. 755 - 2003

Fotocomposición: Ediciones Urano, S. A.
Impreso por Mateu Cromo Artes Gráficas, S. A.
Ctra. de Fuenlabrada, s/n. 28320 Madrid

Impreso en España - *Printed in Spain*

*Este libro está dedicado
a la doctora Faith Price Kash,
la alegría de mi vida,
de quien hay una demanda permanente.*

Índice

Agradecimientos

Antes que nada, quiero dejar constancia de mi agradecimiento a Adam Smith, cuya percepción y comprensión de la economía y los negocios ha demostrado ser eterna. Es más, dado el contenido y la tesis de este libro, es probable que la influencia del señor Smith sólo haya empezado a cumplir la plena promesa y potencial de sus brillantes ideas, escritas a finales del siglo XVIII.

Cuando elaboraba las ideas originales para la Estrategia de la Demanda, tenía la necesidad de crear un puente entre el señor Smith y el siglo XXI conectando a los economistas de los últimos más de doscientos años para ver cómo la teoría original de la oferta y la demanda ha evolucionado entre los principales pensadores económicos. Mi entusiasmo por la Estrategia de la Demanda siguió creciendo conforme me iba resultando claro que una serie de economistas independientes ha continuado construyendo y desarrollando los principios de la oferta y la demanda. Al hacerlo, han proporcionado a la actual comunidad de los negocios una clara comprensión de que estamos entrando en un período completamente nuevo de la realidad económica. Los siglos XIX y XX se vieron, apropiadamente, impulsados por la oferta, pero como leerán en nuestros primero y segundo capítulos, la economía de Estados Unidos y del mundo entero ha sufrido cambios enormes, de forma que ahora estamos en una economía mundial regida por la demanda frente a otra regida por la oferta. Este cambio seminal al principio del siglo XXI impulsará una actuación muy satisfactoria de las empresas, tanto grandes como pequeñas.

Este libro y la recepción que ha recibido en la comunidad editorial se deben a la continuada energía y aportación intelectual de mi socio,

Jason Green y de nuestro compañero, el doctor Venkatesh Bala. Su esfuerzo ha sido inagotable. Sus ideas han sido excelentes. No podía tener dos socios mejores para encarnar nuestras ideas y experiencias en un manifiesto sobre cómo alcanzar el éxito en los negocios en el siglo XXI.

Susan Beard, en sus funciones como directora de los Servicios de Información de The Cambridge Group, descubrió a dos personas sin las cuales este esfuerzo nunca se habría iniciado y mucho menos terminado. Conocí a Jim Levine debido a su reputación personal y gran éxito empresarial como agente de autores de libros de empresa. Lo contraté como agente y el conseguir un amigo y un consejero han sido sólo unos extras maravillosos de nuestra amistad. En tanto que doctorado por Harvard, tenía la capacidad de mantener y mejorar tanto las partes importantes como las sutilezas del texto, de modo que las ideas en este libro son transmitidas de forma más clara y más accesible a los lectores.

Donna Carpenter es quizás el «negro» más exitoso de los últimos veinte años. La presente obra es un ejemplo de cómo su estilo singular contribuye a que un libro sea agradable de leer. Donna, su socio Maurice Coyle y yo tuvimos muchas reuniones a las siete de la mañana en las que descubrimos que compartíamos nuestro amor por el buen café, los buenos restaurantes y las películas que nos conmovían. Su soberbio instinto prevaleció en cada decisión que tuvimos que tomar, y su manera amable de azuzarme y de desafiarme amistosamente hicieron que el libro fuera mejor y me hicieron sentir mucho respeto por el talento, la percepción y la experiencia de Donna y Maurice. También quiero dar las gracias a Deborah Horvitz, Larry Martz y Helen Rees, sus colegas de Wordworks.

Ya desde mi primera reunión con el equipo de Doubleday, resultó evidente que estaban entusiasmados con mi proyecto de libro. Durante nuestra primera y prolongada reunión, varias personas de Doubleday que asistieron a ella dejaron claro que comprendían plenamente lo que yo esperaba lograr y compartían mi entusiasmo por la importancia de comprender la demanda. Me siento muy afortunado por haber contado con los sabios consejos y la entrega personal del director literario Roger Scholl, cuya orientación, amables codazos primero y luego codazos algo menos amables han contribuido a cada una de las fases de este empeño. Quiero, asimismo, dar las gracias a Michael

Palgon, editor adjunto y vicepresidente de Doubleday Broadway, por su incansable entusiasmo y por conjuntar a la excepcional organización Doubleday para que este libro y sus ideas pudieran ser presentados a sus lectores del mejor modo posible. También quiero expresar mi reconocimiento a otros dos miembros clave del equipo de Currency Doubleday, David Drake, director adjunto de Publicidad y Meredith McGinnis, director adjunto de Marketing.

A los miembros del equipo de ventas de Doubleday, que me dedicaron tantas horas y cuyos valiosos consejos se pueden leer en los capítulos quiero ofrecerles mi más sincero agradecimiento.

La Estrategia de la Demanda como base para dirigir una compañía o un negocio de cualquier tamaño no habría sido posible de no ser por mi socio empresarial desde hace veinte años, Larry Burns. Sus tempranos éxitos en los negocios formaron la plataforma intelectual sobre la que se ha construido Estrategia de la Demanda.

Aunque todos los socios y asociados de The Cambridge Group aportaron ideas constructivas y parte de su valioso tiempo, varias personas se ofrecieron «voluntariamente» para desempeñar un papel más activo. A Bruce Onsager, Kevin Bowen y Gloria Cox, quiero manifestarles mi gratitud por las sugerencias que hicieron, las críticas constructivas que ofrecieron y por tener razón casi siempre.

Los muchos casos prácticos y ejemplos corporativos utilizados en este libro fueron el resultado de la enorme generosidad de los directores generales y altos cargos que dirigen esas empresas. Sus sobresalientes resultados han sido obtenidos gracias a su enorme fe en el poder que, en todo negocio, tiene comprender la demanda antes de crear la oferta.

Gracias a Mike Ruettgers, presidente de EMC, y a Peter Schwartz, director ejecutivo de comunicaciones por ayudarme a comprender plenamente cómo EMC experimentó un aumento del 80,575% en su valor en la Bolsa de Nueva York durante la década de los noventa. A alguien a quien tengo el privilegio de contar entre mis mejores amigos, Phil Marineau, director general de Levi's, gracias por hacerme saber qué partes de las primeras versiones del libro funcionaban y cuáles necesitaban una mayor atención. Peggy Dyer, vicepresidenta sénior de Allstate Financial, nos ayudó, como de costumbre, a lograr que lo que queríamos decir estuviera más claro y fuera más fácil de entender.

Jim Kilts, presidente y director general de Gillette, estuvo a mi disposición siempre que lo necesité. Su dominio de cómo se pueden invertir los resultados de las empresas no rentables es una de las secciones más interesantes de este libro. Mi anterior socio, Peter Klein, es actualmente vicepresidente ejecutivo de Gillette y no es una sorpresa que sus agudos comentarios mejoraron nuestros puntos de vista.

Cuando conocí a Jane Thompson e intenté reclutarla para The Cambridge Group, vi claramente que tenía un talento muy especial. Me ayudó a dar forma al capítulo sobre el notable éxito de la tarjeta de crédito Sears y sus aportaciones fueron significativas, dado su cargo de vicepresidenta ejecutiva del departamento de crédito de Sears, donde logró realizar lo que la mayoría pensaba que era imposible. Y a John Delaney, que era el vicepresidente sénior de Marketing que trabajaba con Jane, gracias por su diligencia en ofrecer ideas y comentarios para este texto.

CDW, como leerán en este libro, es una compañía asombrosa que creó y dirige con éxito un modelo de negocio único. Michael Krasny, su fundador, era compañero de habitación de mi hermano Gary en la universidad y, como siempre, sus comentarios sobre los negocios en general han sido maravillosos. Jim Shanks y Paul Kozak, dos altos cargos de la dirección de CDW, dedicaron una enorme cantidad de tiempo a que comprendiéramos plenamente el papel central de la demanda en el éxito de su empresa.

El fundador de una compañía que se convierte en un éxito nacional siempre tiene una faceta especial. Las razones de ese éxito siempre están claras cuando conoces y hablas con ese fundador. Angelo Mozilo, presidente del consejo y director general, es uno de los dos fundadores de Countrywide Credit Industries. Angelo redefinió el sector hipotecario hace cuarenta años y continúa haciéndolo hoy. Andrew Bielanski, director gerente de Marketing, y Susan Martin, vicepresidente sénior de Relaciones Públicas, tuvieron un papel decisivo en asegurarse de que comprendiéramos la amplitud y entrega que Countrywide aplica a comprender la demanda antes de crear la oferta.

Vernon Hill, presidente y director general de Commerce Bank, ha invertido la mayoría de supuestos del sector bancario. Al hacerlo, ha demostrado que comprender la demanda permite un crecimiento meteórico y unos precios relativamente indiferentes a los cambios, sin importar lo fuerte que sea la competencia. Gracias a David Flaherty por hacer que nos resultara tan fácil familiarizarnos con el Commerce Bank.

McDonald's redefinió al negocio de la restauración y continúa siendo un modelo empresarial. Agradezco a David Green, vicepresidente sénior de Marketing Internacional, Jack Daly, vicepresidente sénior de Relaciones Corporativas, y a Jack Greenberg, presidente y director general, por facilitarnos la información necesaria para poder compartir con el lector que la demanda estuvo y sigue estando en primera línea del éxito de McDonald's.

Joe Lawler de R. R. Donnelley, me alentó cuando la tarea que teníamos delante parecía abrumadora y, por ello, le estaré permanentemente reconocido. Bill Smithburg, anterior presidente de Quaker Oats, con una inspirada visión de lo que Gatorade podía llegar a ser, fue uno de los primeros miembros de una corporación que apoyó la Estrategia de la Demanda y, sin él, quizás este libro no hubiera llegado a escribirse.

Independientemente del baremo que se utilice, Medline ha tenido un éxito extraordinario en el negocio de los suministros hospitalarios. Jon Mills, uno de los dos fundadores, fue generoso compartiendo su tiempo con nosotros y contándonos las muchas innovaciones que han permitido que Medline alcanzara ese gran éxito frente a competidores que eran muchas veces mayores en tamaño.

Para Mitchell Posner, Marvin Zimmerman y mi hija Amy: vuestra franqueza ha sido siempre constructiva, independientemente de la impresión que me produjera en su momento. Ed Lebar de Young and Rubicam nos ayudó mucho al poner a nuestra disposición los datos de Brand Asset Valuator. Doy las gracias a Karla Kapikian, que ayudó que a todos nos resultara más fácil usar esos datos.

Unas palabras para los economistas cuyas críticas personales y académicas fueron una fuente constante de inspiración. Quiero agradecer a nuestro doctor Venkatesh Bala y a sus asociados Saurabh Narain (Bank of America), a los profesores Joseph Greenberg (McGill), Arun Agrawal (Yale) y Narayan Venkatasubramanyan (i2 Technologies).

A mi padre, el difunto Maurice S. Kash, le estaré eternamente agradecido por haber animado a sus hijos a explorar y descubrir por sí mismos lo que sucede en este maravilloso mundo nuestro. Es esta forma de entender la vida como constante aventura lo que me ha permitido participar en la concepción y en la elaboración definitiva de la Estrategia de la Demanda y de la Nueva Ley de la Demanda y la Oferta. Y a mi madre, cuyos logros van mucho más allá de su formación, por haber enseñado a sus tres hijos que si comprendes la demanda, siempre puedes crear una oferta mejor.

Y finalmente, gracias a Lynise Anderson y Deborah Dean. Nadie podría haber sido bendecido con mejores amigos y con ayudantes de más talento. Gracias por procurar que las muchas partes de mi vida siguieran organizadas mientras hacía el mejor libro posible sobre la Estrategia de la Demanda. Y a nuestros muchos clientes, cuya confianza personal en The Cambridge Group y sus socios les ha permitido ser los primeros en poner en práctica la Estrategia de la Demanda, siempre les estaré agradecido por su continua búsqueda de oportunidades, innovación y diferenciación.

1

¿Por qué la Estrategia de la Demanda? ¿Por qué ahora?

Durante varios años hemos permanecido aturdidos, confundidos y finalmente insensibilizados por lo que se decía de la nueva economía; un país de las maravillas cibernético, alimentado por microchips y liberado gracias a Internet, que barrería las antiguas y grises normas y nos haría entrar en una nueva era feliz de los negocios y las finanzas. Por supuesto, esa visión ha quedado seriamente puesta en entredicho por la implosión de Wall Street y por nuestra primera crisis económica en una década.

Mis colegas y yo, en la empresa de consultoría que dirijo, The Cambridge Group, hemos defendido siempre que no es el paso de la vieja a la nueva economía lo que ha transformado los negocios. Por el contrario, ha sido el paso de una economía basada en la oferta a otra basada en la demanda lo que está cambiando de forma definitiva los términos del comercio. Mientras que en los siglos XIX y XX era perfectamente apropiado que nos rigiéramos por la oferta, la base fundamental sobre la que funciona la economía empresarial ha dado un giro de 180 grados.

Antes, los vendedores dominaban prácticamente todos los mercados. Ahora, los compradores mandan y las empresas que no puedan adaptarse a ese cambio radical no sobrevivirán mucho tiempo.

Desde la Revolución Industrial hasta el final del siglo XX, las empresas competían, en su mayor parte, por suministrar lo que presuponían que exigían los mercados. Durante doscientos años, este planteamiento tuvo éxito, porque las economías mundiales, en una amplia escala, eran capaces de absorber prácticamente todo lo que se ofrecía. Ya no es ese el caso, como reconocen muchos líderes empresariales y economistas.

Por supuesto, las empresas siempre han prestado atención a los deseos de sus clientes. Como observa Lawrence A. Bossidy, el muy admirado presidente de Honeywell International Inc.: «Dudo que haya una sola empresa en el país que no te diga que su máxima prioridad es satisfacer a los clientes. Pero, ¿actúan de ese modo? No son muchas las que lo hacen.»

Sin embargo, hasta hace poco, las economías mundiales podían absorber, en general, casi toda la oferta producida. Como resultado, no representaba una gran diferencia que las ideas sobre la demanda fueran anticuadas y estuvieran poco evolucionadas.

Hoy, cuando hordas de nuevos competidores entran con osadía y, a veces, ceguera, en casi todos los mercados y hacen que la oferta aventaje la demanda, las empresas se encuentran atrapadas por los recortes de precios. Sus productos están en peligro de convertirse en mercancías absolutamente intercambiables. Por lo tanto, no tendrán más remedio que competir basándose sólo en los precios. Esto llevará a una pérdida significativa de beneficios. Tendrán que reajustar sus planteamientos de mercado para que reflejen las realidades de la economía de la demanda o, de lo contrario, sufrirán las consecuencias, como ha sucedido con muchas compañías durante el 2001.

La distinción entre nueva economía y economía de la demanda no es semántica. En mi opinión no es muy útil, es más, puede resultar engañoso hablar de una nueva economía que, de alguna forma, está suplantando a la anterior. Es más certero y más útil imaginar una economía que antes era impulsada por la oferta y ahora está dominada por la demanda.

Para alterar la manera de actuar de una empresa, primero hay que enfrentarse a la manera de pensar de sus líderes. En este libro argumento que las fuerzas económicas, tecnológicas y sociales se han combinado para crear cambios de tal alcance y magnitud que los líderes empresariales deben replantearse lo que hacen a fin de competir con éxito; es decir, ganar.

En este capítulo explicaré la evolución de estos cambios. Basándome en mis casi tres décadas de experiencia como consejero y consultor de muchas empresas de la lista Fortune 500, como Allstate Corporation, AT&T Corp., Citibank, Levi Strauss & Co., R. R. Donnelley, McDonald's Corporation, PepsiCo, Inc., Du Pont, Pharmacia Upjohn, Quaker Oats Company y Sears, Roebuck & Co., mostraré cómo las empresas pueden prosperar en la economía de la demanda, utilizando lo que denomino Estrategia de la Demanda.

A diferencia de muchos de los planteamientos de la economía de la oferta —reingeniería, sigma seis y gestión para la calidad total— que tantas organizaciones pusieron en marcha a finales de los ochenta y durante los noventa, la estrategia de la demanda empieza por comprender a fondo la demanda actual y futura como prerrequisito para crear una oferta que las satisfaga. Según nuestra experiencia, el proceso de crear oferta no puede optimizarse hasta que se comprenda plenamente la demanda que se quiere satisfacer. Estamos ante un cambio de paradigma de proporciones inconmensurables, independientemente de que usted haga negocios en el sector de las tarjetas de crédito, la restauración rápida o cualquier otra actividad empresarial. La forma en que involucra a los clientes de mercados determinados con la intención de que lo guíen en la creación de ofertas que respondan a sus demandas definirá el alcance de su éxito y el potencial dominio de sus mercados.

Con frecuencia me preguntan en qué se diferencia la Estrategia de la Demanda de la concentración en el cliente, de la familiaridad con el cliente o de cualquiera de los muchos planteamientos en torno al cliente (detallados frecuentemente en los libros) de los últimos años. Mi respuesta es que la Estrategia de la Demanda es muy diferente.

Los consumidores son un elemento que tiene una importancia fundamental en la Estrategia de la Demanda, pero la demanda va mucho más allá e involucra una serie mayor de fuerzas y factores que sólo los consumidores pueden proporcionar. De hecho, las empresas que se basan sólo en sus clientes pueden afrontar problemas si no establecen un contexto dentro del cual oigan, comprendan y evalúen qué fuerzas y factores provocan cambios significativos en la demanda de cualquier categoría específica. Escuchar a los clientes es de inmenso valor, pero tiene que haber un sistema de controles y equilibrios que permita confirmar todo lo que los clientes dicen.

Para la Estrategia de la Demanda antes de hablar con un cliente tenemos que reunir una serie de datos sobre la demanda pasada, actual y futura. A este proceso le llamamos *análisis de fuerzas de la demanda y factores del sector*. El propósito de este análisis es entender qué fuerzas y factores son la causa de cambios significativos en la demanda en una categoría específica. Algunos son obvios, otros pueden sorprenderle. Por ejemplo, ¿cuál diría que es el atributo más importante que los jóvenes quieren en sus coches hoy? ¿Líneas aerodinámicas? ¿Potencia extra? ¿Un estupendo sistema de sonido? Buenas suposiciones todas ellas, pero todas erróneas. Quieren un vehículo que les ofrezca protección contra el daño físico y un fabricante que les proporcione seguridad emocional. Leerá mucho más sobre esto en el capítulo 5.

Muchos de los problemas de la economía mundial se derivan de esas empresas que sólo escucharon a sus clientes y elaboraron tanto volumen de productos como éstos les pidieron. En lo que, sin duda, se convertirá en un capítulo de manual en la historia de los negocios, los altos cargos del sector de las telecomunicaciones fueron instruidos por sus *gurús* del consumo para que siguieran haciendo más equipos y desarrollando más ancho de banda. Como resultado de escuchar a sus consumidores y no situar la información en su contexto, las compañías de ese sector tienen ahora, en Estados Unidos, una capacidad estimada en telecomunicaciones mayor de la que necesitamos. Con demasiada frecuencia, los líderes empresariales no supieron validar lo que los consumidores decían situándolo en el contexto de otras informaciones.

Por desgracia, hay una larga lista de empresas muy conocidas que sufrieron el mismo destino; unos consumidores que hablaban de forma muy convincente de lo mucho que querían un determinado producto, pero que cuando el fabricante siguió su consejo, desaparecieron provocando el fracaso de esos productos. Por ejemplo, New Coke que, en una investigación de mercado, contó con fuertes preferencias entre 201.000 personas y, sin embargo, fracasó miserablemente.

¿Por qué? Los consumidores dieron a Coke una respuesta muy importante a una pregunta de importancia crítica; la nueva fórmula de Coke tenía mejor sabor que la fórmula existente. La Coca-Cola Company aceptó esta clara preferencia de sabor, pero olvidó situar la información en un contexto más amplio. En ese contexto más amplio, el plan era retirar la Coke ya existente y sustituirla por un producto completamente nuevo. La lección es simple. Lo que el consumidor dice debe entenderse dentro del contexto más amplio en el cual tendrá lugar la actividad de que se trate.

La importancia del contexto atañe a todas las preguntas hechas para comprender plenamente las opiniones, experiencia y demandas del consumidor. Por ejemplo, cuando se plantea esta pregunta aislada: «¿Compraría más productos inocuos para el medio ambiente si estuvieran convenientemente disponibles en sus establecimientos favoritos?», los consumidores asienten siempre de forma abrumadora. No obstante, como los requisitos necesarios para elaborar estos productos pueden resultar bastante caros, muchos de ellos han fracasado debido a que suelen costar bastante más que los que los consumidores están habituados a comprar. Si el diferencial del precio hubiera formado parte de la primera pregunta, un gran número de compañías habrían ahorrado mucho tiempo y dinero.

Más recientemente, las firmas de servicios financieros de todo Estados Unidos han contado con investigaciones que les decían que a los consumidores les gustaría agrupar en un solo «paquete», gestionado por un único proveedor, muchos de sus productos financieros. Por ejemplo, una única compañía proporcionaría las cuentas corrientes, las tarjetas de crédito, las hipotecas y las inversiones y, luego, enviaría los estados de cuenta y las facturas, juntos en un único sobre. Y todo ello iría acompañado, frecuentemente, de incentivos financieros para el consumidor, como resultado de tener múltiples relaciones de producto con una única institución financiera. No obstante, después de cientos de campañas realizadas por compañías grandes y pequeñas, las experiencias exitosas de agrupar los servicios financieros en un solo «paquete» son muy pocas. Entre las razones más importantes de que esas campañas hayan fracasado están las que se derivan del contexto. Mientras que, desde cierto punto de vista, esos productos reunidos simplifican las cosas y ahorran tiempo, estos factores palidecen comparados con la preocupación que provoca jugárselo todo a una sola carta y la posibilidad de seleccionar proveedores individuales de servicios que sobresalen en una única dimensión financiera como las hipotecas o las inversiones.

Tendrán que buscar mucho para encontrar a alguien que crea más en los consumidores que yo. No obstante, aunque el conocimiento del consumidor y sus necesidades tienen una importancia crítica, un líder empresarial debe conocer todos los factores que puedan afectar la demanda, algunos de los cuales nos proporcionarán el contexto que necesitamos para comprender lo que dicen los consumidores y lo que realmente quieren decir.

Las fuerzas y los factores que provocan cambios en la demanda en un determinado campo son absolutamente esenciales como fuente continuada de información para las empresas que quieren ser líderes, o incluso ocupar un lugar destacado, en su campo. Si su empresa espera hasta que los consumidores le digan lo que pasa, será ya demasiado tarde, porque esos consumidores les estarán diciendo a sus competidores exactamente lo mismo que a usted.

Siempre que una empresa me dice que se ha enterado de algo a través de sus clientes, le pregunto: ¿Qué clientes? ¿En qué segmento están? ¿Forman parte de esos segmentos de demanda que intenta captar? ¿Son usuarios con un peso importante, o con un peso intermedio o pequeño? En otras palabras, cada consumidor tiene un valor diferente para los directivos de una empresa y lo mismo sucede con la información que les dan. Por desgracia, muchas de las investigaciones de mercado no son tan concienzudas como cabría esperar y acabamos con una información obvia o incluso engañosa.

La Estrategia de la Demanda es holística en tanto que toma en consideración la legislación, la economía, el entorno económico, la geografía, la demografía, los costes de las materias primas, los costes de producción y los perfiles psicológicos, y también al consumidor. Ningún factor es tan importante como el consumidor; pero el consumidor no puede ser el único que nos proporcione la amplitud y la calidad de información que los líderes de negocios deben tener.

Examinemos a continuación la economía de la oferta que ha dominado los dos últimos siglos.

Economía de la oferta

Hace dos siglos, el tratado seminal de Adam Smith, *La riqueza de las naciones*, fijó los términos del moderno pensamiento económico. Su principio más conocido es la Ley de la Oferta y la Demanda. Aunque el nombre de la ley situaba «oferta» por delante de «demanda», en realidad Smith no consideraba que uno de los elementos fuera más importante que el otro.

Quienes rigen la demanda son los compradores. La demanda total del mercado es, por supuesto, el número de consumidores que pueden y quieren comprar un producto a un precio dado. Cuando el precio de un producto aumenta, la demanda para ese producto decrece.

Quienes rigen la oferta son los productores. La oferta total de un producto depende del número de productores que lo venden a un precio específico y de la cantidad que cada uno de ellos está dispuesto a vender a ese precio. En la mayoría de casos, cuando el precio del producto aumenta, el número de productores que lo ofrecen aumenta también, lo cual, a su vez, aumenta la oferta disponible en el mercado. Si la demanda no puede absorber el volumen adicional, es inevitable que el precio caiga cuando los productores traten de aligerar sus existencias. Si se produce una escasez en la oferta, los compradores competirán por ella y harán subir los precios.

Adam Smith estableció otro principio vital hace doscientos años, el de la escasez o imposibilidad de sustituir un producto. Smith observó que los productos que son escasos respecto a la demanda y para los cuales no hay sustitutos cercanos, alcanzan un precio más alto. Y ese mecanismo de precios mantiene equilibradas la oferta y la demanda.

Aunque las ideas de Smith no colocaban la oferta por encima de la demanda, en los siglos siguientes, los economistas y las empresas sí que lo hicieron. Entiendo que hoy representaríamos de forma más precisa los cambios históricos que tienen lugar en los mercados si invirtiéramos la secuencia para describir cómo deben actuar los dirigentes empresariales de éxito para avanzar. Debemos abrazar una nueva *ley de la demanda y la oferta*.

En el antiguo modelo, regido por la oferta, no había cisma entre la teoría y la práctica, entre el aula y la sala de juntas. Adoptado por las empresas de todo el mundo, reflejaba las ideas y las investigaciones de los principales expertos en economía y negocios. En 1948, por ejemplo, cuando el premio Nobel Paul Samuelson del Massachusetts Institute of Technology escribió su notable y ampliamente utilizado libro de texto *Economics*, planteó tres cuestiones fundamentales:

1. *¿Qué* bienes de consumo se producirán y en qué cantidad? Es decir, entre los numerosos servicios y mercancías que pueden ofrecerse, ¿cuáles serán seleccionados?
2. *¿Cómo* se producirán? Es decir, ¿quién los hará y qué métodos, recursos y tecnología se utilizarán?
3. *¿Para quién* se producirán? ¿Quién disfrutará y se beneficiará de los productos y servicios ofrecidos? Para decirlo de otra manera: ¿Por qué medios se distribuirá la producción nacional entre la población?

La nueva edición de 2001 del libro del profesor Samuelson muestra claramente que el autor continúa abogando por sus ideas de hace medio siglo: «Cada sociedad debe contar con un medio para determinar *qué* bienes se producen, *cómo* se producen y *para quién* se producen.» Aunque las preguntas siguen siendo las correctas, sugerimos respetuosamente que los cambios habidos en todas las esferas de la economía a lo largo de los últimos cincuenta años hacen que sea obvio que la secuencia de las preguntas del profesor Samuelson ya no es apropiada para las empresas que quieran prosperar.

En la economía de la demanda del siglo XXI, la primera cuestión que debería plantearse es «*¿Para quién* son los productos y cuáles de sus demandas estamos tratando de satisfacer?» A continuación cabe preguntarse «*¿Qué* deberíamos producir para satisfacer esta demanda?» «*¿Cómo* deberíamos producir esos bienes?» es la última de las preguntas que deberíamos hacernos. En la actualidad, la economía de la demanda está determinada antes que nada por una oferta excesiva en casi todos los sectores de negocio. Como resultado, cada competidor debe empezar por seleccionar qué grupos de consumidores quiere captar y luego crear la oferta que los satisfaga más plenamente. A menos que planteemos la pregunta «*Para quién*» en primer lugar, será inevitable que creemos una oferta que no llegará a satisfacer la demanda y generaremos un rendimiento menor y unos beneficios menores.

Es innecesario decir que los cambios habidos en nuestro mundo desde que se publicó por primera vez *La riqueza de las naciones* son enormes. En aquel momento, la demanda era omnipresente y la oferta dominaba la ecuación. Pero la confluencia de los procesos que iban a cambiar de forma irrevocable ese equilibrio ya estaba empezando a echar raíces.

El siglo XX vio el advenimiento de la producción en serie y cuando cientos de miles de personas emigraron de las comunidades rurales a las ciudades, muchas granjas familiares y muchas industrias artesanales languidecieron y, finalmente, se hundieron. En los países industrializados, el nivel de vida mejoró ampliamente, las clases medias se extendieron y empezó a tomar forma una compleja sociedad de consumo. Aunque, por supuesto, se seguían necesitando bienes y servicios básicos, se empezaban a ver, además, señales de un fenómeno sociológico para el que Thorstein Veblen acuñó el término «consumo ostentoso». El deseo de cosas materiales, aunado a la capacidad para comprarlas, creó una demanda sin precedentes y la industria no podía seguir el ritmo. Surgieron los mercados a gran escala para nuevos productos, servicios y objetos que hacen más fácil la vida diaria; entre ellos, las maquinillas de afeitar, las lavadoras, los teléfonos, los automóviles, las películas, los aeroplanos, la televisión y los ordenadores, por mencionar sólo unos cuantos.

Para responder al reto que lanzaban esos nuevos mercados, se ideaban y refinaban, continuamente, técnicas para la producción en serie. Uno de los primeros cambios tuvo como resultado la división del trabajo, que desmenuzó las actividades complejas en conjuntos de tareas simples, cada una de las cuales era realizada por un único trabajador.

A continuación llegó una oleada de descubrimientos, avances, técnicas y teorías; entre ellos la energía a vapor, la electricidad, la cadena de montaje de Henry Ford y los estudios de tiempo y movimiento de Frederick Winslow Taylor.

En su mayor parte, fueron unos tiempos provechosos para los fabricantes, porque la demanda crecía tan rápido como la oferta, si no más, y el equilibrio de poder en la economía seguía inclinándose a favor de los productores. Salvo pocas excepciones, con sólo echar una ojeada rápida al consumidor, las empresas podían vender prácticamente todo lo que producían. La mayoría de compañías tenían, además, el poder de fijar sus tarifas, lo cual les daba la libertad de aumentar precios sin perder un volumen significativo de ventas. Dado lo limitado de sus opciones, los consumidores solían estar dispuestos a pagar cualquier cantidad que los bienes deseados costaran. La ahora famosa ocurrencia de Henry Ford, cuando dijo que los clientes podían comprar coches de cualquier color que quisieran, siempre que fuera negro, ejemplificaba claramente este equilibrio de poder.

Por supuesto, había competencia dentro de los mercados a gran escala, la cual tenía como resultado unos precios más bajos, pero una producción más eficiente hacía que fuera posible bajar los precios y que el negocio siguiera siento rentable. Por añadidura, unos precios más bajos atraían más consumidores. Lo habitual era establecer los precios añadiendo un alto porcentaje a los costes de producción. Los vendedores prosperaban. Como sabemos, el ciclo económico traía, a veces, tiempos difíciles para los fabricantes cuando la demanda menguaba temporalmente, porque los consumidores dejaban de comprar lo que querían. No obstante, esos tiempos actuaban como acicate para la consolidación y ofrecían oportunidades para que las empresas más fuertes incrementaran aún más la rentabilidad de la oferta y ampliaran el alcance de la distribución. Cuando la economía volvía a reanimarse, los proveedores podían satisfacer la oleada de demanda acumulada con unas ventas y beneficios aún mayores. Mayormente, la economía de la oferta era la que mandaba.

Pero a principios de la década de 1990, las placas tectónicas sobre las que se asienta la economía mundial se desplazaron. La economía de la oferta había muerto; la habían matado los propios productores.

Economía de la demanda

Hacia finales de los noventa, Estados Unidos había cruzado el umbral de la economía de la demanda. La oferta era desbordante; saturaba hasta tal punto los mercados que ni siquiera la sólida economía que cerró el siglo XX podía absorberla. Con una superabundancia de bienes y servicios, los compradores podían mostrarse terriblemente selectivos, haciendo que el poder para fijar precios de que habían disfrutado los productores prácticamente desapareciera. Además, como era demasiado frecuente que los productos ofrecidos por todos los competidores se parecieran más de lo que se diferenciaban, se convertían en productos genéricos, lo cual obligaba a competir basándose en los precios. En su impulso hacia la rentabilidad, las empresas perdieron de vista el principio de Adam Smith: Para mantener alto el precio de un producto, es vital que nada pueda sustituirlo exacta o fácilmente.

Hoy ya no se discute el poder que tiene el consumidor en nuestra economía de la demanda. Es más, yo diría que el equilibrio sólo puede inclinarse más aún en la misma dirección, conforme las fuerzas en acción continúen afirmándose. Hace casi un siglo, el economista Joseph Schumpeter nos aconsejaba que empezáramos siempre por satisfacer las necesidades, ya que ellas son el fin de toda producción. Es hora de que nos tomemos ese consejo en serio.

En un discurso reciente, Frederick W. Smith, presidente y director general de FedEx Corporation y, en mi opinión, uno de los grandes visionarios de la empresa de nuestro tiempo, describió la transformación como sigue:

> Sigue dándose el caso de que la vasta mayoría de las empresas continúan centrándose más en el eje de la oferta dentro de la ecuación empresarial que en el de la demanda. La pregunta tradicional de una empresa siempre ha sido: ¿Qué cantidad de producto podemos hacer y con qué rapidez pueden hacerla nuestros trabajadores? Pero hoy está muy claro que sacar un producto a la calle no creará una ventaja competitiva.
>
> Hoy, la mayoría de personas que tienen éxito en el mundo de los negocios se hace una pregunta muy diferente. Y es sencillamente: ¿Qué necesita mi cliente y cuándo lo necesita? Eso, señoras y señores, es un giro importante y de proporciones históricas. Estamos en mitad de un cambio en todo el movimiento comercial. Ahora, toda la información comercial y todos los productos deben satisfacer un nuevo estándar para las necesidades de un cliente exigente.

La propia empresa de Smith se ha remoldeado repetidamente en respuesta a la demanda. FedEx reconoció y explotó la demanda actual entre empresarios e individuos ansiosos de que el envío de paquetes se hiciera sin causarles preocupaciones. Tanto unos como otros estaban dispuestos a pagar una prima por un servicio fiable y puntual. Con el tiempo, FedEx ganó su posición de liderazgo manteniendo su promesa de que todos los paquetes se entregan «de forma segura y con total certeza dentro de las veinticuatro horas siguientes».

Muchos elementos convergen para crear y perpetuar la economía de la demanda y los estudiaremos con detalle en el siguiente apartado de este capítulo. Entre los elementos más destacados se cuentan los que han incrementado el exceso global de la oferta y han hecho que la demanda sea más selectiva. El exceso de oferta se ve aumentado por la tecnología, las mejoras en la productividad, la disponibilidad de capital y la globalización. Al mismo tiempo, una información instantánea, Internet, los rápidos cambios en los canales de distribución y unos ciclos de vida del producto más cortos hacen que sea obligatorio un planteamiento de mercado regido por la demanda.

La competencia ha crecido por todas partes

Ninguna empresa puede confiar en ser una de un pequeño número de proveedores de sus mismos bienes o servicios.

Hace sólo una docena de años, las compañías gigantes podían bloquear fácilmente a las nuevas empresas, impidiéndoles entrar en muchos sectores. Pero las barreras a la entrada se han visto enormemente reducidas. Aunque las bombas de las Ofertas Públicas Iniciales de los noventa han desaparecido, las empresas de reciente creación con nuevas ideas y sólidos planes de negocio todavía pueden conseguir dinero en fuentes del capital privado y del capital-riesgo, que son mucho mayores y más internacionales que nunca anteriormente.

Otros factores han reducido, asimismo, las barreras a la entrada. Antes, una empresa que quisiera vender, digamos, equipos de informática, tenía que reunir múltiples competencias fundamentales, que incluían diseño, ingeniería, fabricación, distribución y marketing y, luego, hacer que funcionaran juntas de forma eficaz. Hoy una empresa puede centrarse en sólo uno o dos aspectos, por ejemplo, diseño y marketing, y ceder otras competencias en régimen de subcontratación externa y a fabricantes de «etiqueta blanca» que tienen la capacidad y experiencia necesarias para elaborar el producto de forma rápida y barata. Sólo en la fabricación de aparatos electrónicos, se estima que entre 1999 y 2004 el volumen de subcontratación externa crecerá anualmente en casi un 30% anual, pasando desde 58 mil millones de dólares a 203 mil millones, con lo que se incrementará la producción externa del 8 al 18%.

La tendencia hacia la subcontratación externa reduce enormemente el esfuerzo y el gasto que exige la creación de oferta y permite que las empresas entren rápidamente en nuevos mercados y se unan a los competidores ya existentes. Por ejemplo, subcontratar su producción a empresas como Solectron Corporation ayudó a la nueva Juniper Networks a atacar con éxito el dominio que Cisco Systems tenía en los mercados de routers de gama alta para Internet. A principios de 2001, Juniper había acumulado casi 30 puntos porcentuales de cuota de mercado, después de partir casi de cero justo dos años antes.

El comercio es global

Adam Smith se sentiría complacido por la competencia internacional y el comercio global. Aunque suele atribuirse el mérito de esta idea a Karl Marx, fue Smith quien primero dijo que como mejor nos va es haciendo precisamente lo que mejor sabemos hacer, tanto si hablamos de nuestra casa como de naciones enteras. En palabras de Smith:

> Es una máxima de todo cabeza de familia prudente no intentar nunca hacer en casa lo que le costaría más hacer que comprar... Lo que es prudencia en la conducta de toda familia no puede ser insensatez en un gran reino. Si otro país puede ofrecernos un producto más barato que el que nosotros mismos podríamos hacer, es mejor comprárselo a ellos con parte del producto de nuestra propia industria, empleado de forma tal que obtengamos cierto beneficio.

La lógica de Smith es tan persuasiva y relevante hoy como lo era hace doscientos años.

Desde la perspectiva del poder para fijar precios, la globalización tiene una trayectoria desigual. Lester Thurow, economista y anterior decano de la Sloan School of Management, del MIT, advierte de que «la globalización está empujando los precios a la baja. Se está desplazando la producción de lugares de alto coste a otros de bajo coste y, como resultado, los precios están cayendo».

La globalización está regida por alianzas y acuerdos comerciales (algunos, como la Unión Económica Europea (UEE) están pensados para competir eficazmente con Estados Unidos), la política monetaria, la tecnología, la revolución en las comunicaciones y los avances en la cadena de la oferta. En estas circunstancias, las empresas pueden abrir ahora instalaciones en cualquier parte del mundo. Los países en vías de desarrollo pueden pasar de suministrar materias primas a producir artículos que van desde la ropa a los chips de ordenador conforme se van convirtiendo en bienes de consumo globales. Lo que eso significa es que tenemos que correr cada vez más rápido sólo para seguir en el mismo sitio.

La creciente velocidad y complejidad del riesgo de crear una empresa

Los avances en la tecnología de la comunicación, en la potencia de los ordenadores y en los procesos de fabricación han contribuido a la aceleración del ritmo de los negocios. Una de las consecuencias es el espectacular acortamiento de los ciclos de vida del producto. Y nunca volveremos a ver un producto como el teléfono convencional, que empleó un siglo en recorrer el ciclo de introducción, crecimiento, madurez y, con la llegada del teléfono inalámbrico, declive. Hoy el teléfono inalámbrico, introducido hace menos de una década, se ve ya amenazado por los aparatos móviles de Internet. Otro ejemplo: Intel Corporation introdujo, entre 1982 y 1993, nueve importantes microprocesadores nuevos; no obstante, desde 1993 a 2000, sacó más de cien nuevos microprocesadores; un aumento once veces mayor.

El sistema de gestión de las existencias o de la producción «justo a tiempo», facilitado por unas comunicaciones mejores, más baratas y más rápidas entre fabricantes, proveedores y suministradores de logística, contribuye también a que los negocios se hagan a mayor velocidad.

Los avances en comunicaciones (especialmente Internet) y una mayor estandarización de las plataformas tecnológicas (por ejemplo, XML) han ayudado a inclinar la tendencia hacia las empresas «horizontales», en las cuales se confía en las asociaciones y alianzas para muchas partes del sistema de negocio, en lugar de tener en propiedad unas instalaciones plenamente integradas. Aunque la rentabilidad ha mejorado en términos generales, la complejidad de los negocios ha aumentado enormemente, sobre todo en los esfuerzos de coordinación a través de las fronteras corporativas.

Al acortarse, los ciclos de vida del producto estrechan la ventana de tiempo disponible para buscar nuevas oportunidades de mercado. El rendimiento de las inversiones en investigación y desarrollo es más arriesgado y debe recuperarse en un período de tiempo más corto. Además, la necesidad de una estrecha coordinación con los miembros de la cadena de suministros y con otros socios hace que los errores sean más costosos. Fabricar el producto equivocado o introducirlo en el momento equivocado puede ser devastador para la rentabilidad. En la economía de la demanda, la necesidad de comprender la demanda y actuar de acuerdo a ella rápida y eficazmente es de primer orden.

La información es omnipresente y la comunicación instantánea

A las empresas les resulta sumamente difícil, si no imposible, mantener la información en secreto mucho tiempo. Las grandes instituciones solían tener una ventaja en los mercados bursátiles porque eran las primeras en recibir información, una información que les permitía actuar antes de que los pequeños participantes se enteraran de las noticias. Ahora, como resultado de los cambios en la tecnología y en las leyes, los inversores individuales reciben las noticias casi al mismo tiempo que los inversores institucionales.

En los negocios cotidianos, la retroingeniería permite que las empresas copien las innovaciones de otras compañías, al parecer de un día para otro. En 1998, Procter & Gamble Co. introdujo con éxito el desodorante Febreze; al año siguiente, Clorox Company igualó la categoría del producto con FreshCare. Por añadidura, la proliferación de las bases de datos y de las técnicas de marketing por correo electrónico permite que los competidores descubran y persigan a los mejores clientes de otras empresas. Como resultado, los productos innovadores se metamorfosean, convirtiéndose en genéricos que compiten a precios todavía más bajos.

Productos que pueden comprarse en cualquier momento, en cualquier lugar

Ampliando todavía más las opciones del consumidor, las empresas han creado canales de distribución adicionales y alternativos y, al hacerlo, han impulsado la aparición de la economía de la demanda. Como sabemos, las oportunidades para comprar, así como los sistemas para entregar los productos pedidos, se han multiplicado enormemente. Por ejemplo, la pizza, los libros, los comestibles de todo un mes, incluso las hipotecas y los seguros pueden adquirirse por Internet y ser entregados directamente a nuestra puerta y, con sólo pulsar unas cuantas teclas, podemos comparar entre diversos competidores antes de comprar.

Los consorcios de compras amenazan con exprimir a los proveedores

El paso de la economía de la oferta a la economía de la demanda es también visible en el sector de las ventas de empresa a empresa. En una serie de sectores, los competidores tradicionales han formado asociaciones para crear mercados electrónicos, como Covisint (para coches), Aero Exchange (para piezas de avión) y el WorldWide Retail Exchange. Las ganancias iniciales se acumulan por una mayor eficacia al poner en contacto a compradores y vendedores. No obstante, con el tiempo, es probable que la mayor transparencia y circulación de la información creadas por estos mercados convierta los productos en genéricos y aumente la competencia en precios. A su vez, es probable que, a través del intercambio, los compradores obtengan unos ahorros de coste significativos a expensas de los vendedores.

Las relaciones tradicionales entre comprador y vendedor deben ampliarse

Uno de nuestros clientes, un gran fabricante de piezas para electrodomésticos, descubrió recientemente que ya no era suficiente mantener estrechos contactos con su principal comprador, un fabricante de electrodomésticos. En cambio, a fin de competir eficazmente en un entorno en rápido cambio, tenía que comprender la demanda de los aparatos en cada eslabón de la cadena, desde las fábricas de piezas hasta el hogar de los consumidores. Al comprender los cambios en la demanda del consumo y el cambiante paisaje de la venta minorista, nuestro cliente pudo anticiparse y adaptarse a la demanda. A su vez, esta información sobre la demanda hizo que la compañía fuera un socio mucho más valioso para sus clientes, los fabricantes de electrodomésticos.

De forma más general, el concepto de demanda se ha ensanchado y ahondado más de lo que han entendido muchas empresas que venden a otras empresas. Ahora, para proteger los márgenes de beneficios y hacer que la empresa crezca, es crucial responder a la cadena de la demanda, llegando, a veces, incluso hasta el consumidor final. Está claro que la naturaleza misma de la competencia ha cambiado. La demanda es fuerte y está aumentando, pero la oferta, a la cual es más fácil llegar que nunca antes, está superando a la demanda. Cuando las opciones se multiplican, vemos que la ley de Adam Smith sigue siendo pertinente, pero sin duda, sus términos se han alterado.

A diferencia de los contemporáneos de Smith, a cuya dieta, limitada y previsible, proveía un pequeño número de carniceros, panaderos, pescaderos y verduleros competidores, el consumidor de hoy elige entre cientos de tipos de cocina, suministrados por docenas de supermercados, de establecimientos especializados, incluso, de proveedores de comida por Internet. Cada vendedor debe trabajar muchísimo sólo para captar la atención del consumidor y, después, debe estimular su apetito y hacer que decida que esa es la comida que quiere.

Lo mismo que sucede con los mercados de consumo puede decirse del comercio entre empresas. Una nueva tecnología puede cambiar los productos y los sistemas de la noche a la mañana y las opciones se multiplican. El precio de un proveedor puede ser menos importante para una empresa compradora que su tiempo de entrega, la fiabilidad de su cadena de la oferta o los especialistas con que cuenta en nómina para ayudar al comprador. Una compañía cliente puede ser lo bastante prestigiosa para pedir y recibir precios rebajados o un nivel de servicio que acarree pérdidas al proveedor. Por ejemplo, nosotros ayudamos a un cliente a aumentar de forma significativa su negocio con Wal-Mart Stores, Inc., explicándole cómo y por qué los clientes del minorista buscaban y compraban su ropa. Aunque en Wal-Mart son grandes expertos en lo que venden en sus tiendas, no estaban tan seguros de comprender la demanda ni qué hacía que ciertas personas compraran ciertas prendas de nuestro cliente. Como resultado de dividir los clientes de Wal-Mart en seis segmentos de demanda, pudimos clasificar sus tiendas basándonos en quienes compraban en ellas y luego adecuamos los productos ofrecidos a quienes compraban allí con mayor frecuencia. Al asociar la demanda de los consumidores que iban a cada uno de los establecimientos con los productos que Wal-Mart ofrecía en sus estanterías, las ventas de esos artículos aumentaron en todos ellos y nuestro cliente se benefició de la mayor parte de ese aumento.

La restricción en los precios

Las repercusiones de estos cambios plantean un problema importante a las empresas; pese a que ha habido una demanda fuerte, la mayoría de productores no ha podido aumentar precios (como describo más abajo). El resultado es una visible reducción en los márgenes de beneficios. Después de aplicar las medidas fáciles, de reducción de costes, las mejoras que pueden hacerse por ese lado son menos y más pequeñas.

La incapacidad para aumentar precios en lo que ha sido una economía con una potencia sin precedentes es un fenómeno que hoy no se comprende en toda su amplitud. Pero puede explicarse claramente con unos cuantos datos estadísticos.

Por el lado de la demanda, las noticias parecen, a primera vista, poco halagüeñas. El crecimiento de la población en Estados Unidos ha caído hasta menos del 1% al año durante la última década, un 20% menos que en los anteriores treinta y cinco años. Dado que alrededor de dos tercios de la economía de Estados Unidos está impulsada por el gasto del consumo, este es un signo que no presagia nada bueno. Un menor crecimiento de la población se traduce en menos consumidores, lo cual, a su vez, augura una menor demanda. Pero de hecho, hay otra contingencia que contrarresta esas sombrías perspectivas. Aunque hay menos compradores, cada uno compra lo suficiente para compensarlo. El resultado es que el consumo personal ha continuado creciendo al mismo ritmo que la producción interior bruta, a pesar del reciente empeoramiento económico. (No obstante, no es probable que siga así. Con toda seguridad, a largo plazo, una población que envejece y crece lentamente hará que la demanda disminuya.)

La oferta, que ha ido aumentando con mayor fuerza que la demanda, plantea el gran problema. Para aumentar su capacidad de fabricación, los productores invirtieron capital a un fabuloso ritmo de crecimiento anual del 7,8% en los noventa. El aumento de capacidad saltó hasta el 4,4% anual en la misma década, reflejando un aumento del 13% sobre la tasa media habida entre 1948 y 1989. Además, la producción industrial real creció a una media del 4,1% anual en los noventa.

Dado que el aumento de la capacidad excedía el de la producción y, de hecho, crecía casi un 25% más rápidamente que la demanda, parece claro que algunas instalaciones y equipos estaban parados. En realidad, tanto en Estados Unidos como en la mayoría del mundo industrializado, hay un exceso de capacidad en la mayoría de sectores, desde la alimentación y la ropa hasta la electrónica y los productos químicos.

En la industria siderúrgica, por ejemplo, los expertos creen que hay un exceso de capacidad de 200 millones de toneladas en todo el mundo. En 1999, la industria del automóvil produjo 54 millones de vehículos en todo el mundo; no obstante, tenía capacidad para producir 23 millones más, para los cuales no había demanda. Los analistas predicen que en el 2002, la demanda de automóviles será de 60 millones, pero la industria tendrá capacidad para suministrar 70 millones. Los resultados de un reciente estudio llevado a cabo por la American Marketing Association muestran que esa tendencia empeora: «Como las grandes empresas multinacionales tienden a querer estar presentes en casi todos los mercados globales importantes [...] es muy probable que los dirigentes se enfrenten al difícil problema de tratar de responder a una competencia todavía más intensiva para conseguir recursos y consumidores.»

La capacidad de planta es sólo una medida del excedente general. El estudio de la Junta de la Reserva Federal, realizado a finales de los noventa, informaba de que la productividad de la mano de obra, que había crecido menos de un 1,5% anual desde 1974, pasó a tener un aumento medio anual del 2,6% —un 73% de crecimiento— a partir de mediados de los noventa.

En un esfuerzo por conseguir demanda para los bienes y servicios que constituían el excedente de oferta, los vendedores incrementaron su publicidad en una tasa anual del 6,2%. Construyeron también más establecimientos en los cuales vender sus mercancías; el espacio en el que se venden los productos al detalle ha crecido un 13% más rápidamente que la población. Si los pasillos de los supermercados y centros comerciales parecen menos atestados no es porque se compre menos, sino porque hay muchos más lugares donde comprar.

Por añadidura, las importaciones superaron a las exportaciones durante los noventa en un promedio del 2%, exacerbando el problema al inundar el mercado todavía con más mercancías.

Para decirlo sencillamente, la oferta ha excedido en mucho a la demanda; es imposible que Estados Unidos o la economía global absorban esa cantidad tan enorme de excedentes. Esa es la razón de que las empresas ya no tengan el poder de aumentar precios. Cuando los consumidores se ven frente a un aumento de precios, casi siempre pueden encontrar una alternativa similar o más barata en algún otro sitio.

El reto de la elasticidad de los precios

Los economistas calibran si la demanda es sensible al precio midiendo su *elasticidad*. Cuando la demanda es muy elástica, incluso una pequeña subida de precios provocará una caída importante en las unidades vendidas y en el dinero ingresado. Por el contrario, cuando la demanda es muy poco elástica, una subida de precios tiene poco efecto en las unidades vendidas o en los dólares ingresados.

La escasez o *la imposibilidad de sustitución*, otro concepto analizado por Adam Smith, es el factor clave en la falta de elasticidad de la demanda. Los productos y servicios diferenciados tienen pocos o ningún sustituto, lo cual hace que la demanda sea menos elástica y resulte más fácil obtener unos precios altos. Una de las principales metas de la Estrategia de la Demanda es crear productos únicos, que el segmento de la demanda al que apuntamos encuentre indispensables y por los cuales esté dispuesto a pagar más.

En la venta al detalle, podemos medir el poder de fijar precios comparando el crecimiento del Índice de Precios al Consumo (IPC) con el aumento del consumo real. En los noventa, por ejemplo, los productores conservaron sólo un 70% de la capacidad de fijar precios de que habían disfrutado entre 1947 y 1989.

En la venta entre empresas, los efectos de la economía de la demanda fueron incluso más alarmantes; en los noventa, los fabricantes de bienes de equipo tenían menos de una sexta parte del poder de fijar precios de que habían disfrutado entre 1947 y 1989. (Véase el diagrama.)

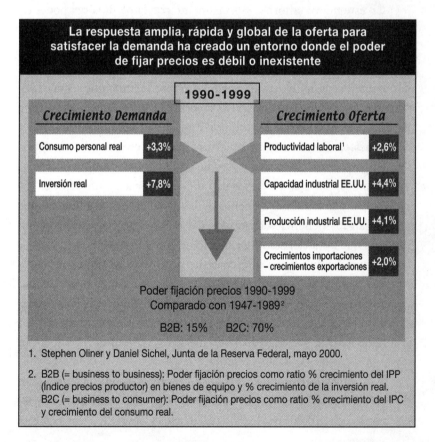

La respuesta amplia, rápida y global de la oferta para satisfacer la demanda ha creado un entorno donde el poder de fijar precios es débil o inexistente

1990-1999

Crecimiento Demanda		*Crecimiento Oferta*	
Consumo personal real	+3,3%	Productividad laboral[1]	+2,6%
Inversión real	+7,8%	Capacidad industrial EE.UU.	+4,4%
		Producción industrial EE.UU.	+4,1%
		Crecimientos importaciones – crecimientos exportaciones	+2,0%

Poder fijación precios 1990-1999
Comparado con 1947-1989[2]

B2B: 15% B2C: 70%

1. Stephen Oliner y Daniel Sichel, Junta de la Reserva Federal, mayo 2000.

2. B2B (= business to business): Poder fijación precios como ratio % crecimiento del IPP (Índice precios productor) en bienes de equipo y % crecimiento de la inversión real. B2C (= business to consumer): Poder fijación precios como ratio % crecimiento del IPC y crecimiento del consumo real.

Utilizando unos métodos de análisis diferentes, Stephen Roach, economista jefe de Morgan Stanley Dean Witter & Co., estudió los cambios en la capacidad de fijar precios y llegó a unas conclusiones similares. Al observar una ruptura estructural en la economía de Estados Unidos, que se inició a mediados de los noventa, escribió: «La conclusión es clara. Durante los últimos años, en Estados Unidos ha habido una pérdida significativa del poder de establecer precios de forma global.» Roach predice que es probable que esto se convierta en un fenómeno general. Con la actual tendencia hacia la globalización, la desregulación y la liberalización del comercio, «El modelo estadounidense de un menor poder en la fijación de precios tiene que empezar a extenderse, en los años venideros, al mundo industrializado más amplio. Esto significa que el resto del mundo industrializado está a punto de seguir los pasos de Estados Unidos en este terreno».

En este nuevo entorno, especialmente con la pérdida del poder de fijar precios, las empresas han comprendido rápidamente que sus planteamientos tradicionales ya no funcionaban. Como los aumentos de costes no podían trasladarse al consumidor, los precios fijados según coste más margen dejaron de ser una opción. Los productores que seguían declarando beneficios los conseguían recortando los costes, una práctica que alcanza rápidamente un límite y ofrece pocas promesas de futuro. Por supuesto, es preferible un rápido crecimiento combinado con el poder de fijar precios. Un reciente estudio de mil grandes empresas de Estados Unidos, por ejemplo, encontró una diferencia significativa en los medios con que logran el aumento de las ganancias. Los inversores recompensan los beneficios derivados del crecimiento en las ventas un 50% más que los alcanzados por medio de la reducción de costes.

Una reacción clásica al recorte de beneficios es producir más y más, sacando un beneficio menor en cada artículo y compensándolo con el volumen. Pero debido al ya problemático excedente de la oferta, eso ya no suele funcionar, por lo menos, durante mucho tiempo. Fred Smith, de FedEx, ha señalado:

> En esta economía centrada en la oferta, la producción a gran escala forzada por los fabricantes sale a la calle hacia los mayoristas, los distribuidores, los intermediarios y otros [...] pero hoy está

muy claro que sacar productos a marchas forzadas no va a crear ventajas competitivas; antes al contrario, con frecuencia puede ser una receta para el desastre. Hoy ni siquiera proporciona cuota de mercado. Lo que sí es muy probable que consiga es un aumento de ineficacia y la caducidad.

Otra forma de reaccionar al recorte de márgenes es convertirse en productor de bajo coste. Pero, como señala Michael Porter en su obra *La ventaja competitiva de las naciones*, esto es algo muy difícil de lograr. «La lógica estratégica del liderazgo en costes suele exigir que una firma sea líder absoluta en ese terrreno, no una entre varias que se disputan el puesto. Muchas empresas han cometido graves errores estratégicos al no reconocer esto».

Muchas compañías han probado la reingeniería de procesos de la empresa. Autores como Michael Hammer y James Champy, en su best seller, *Reingeniería de la dirección*, argumentan que la modernización de la empresa exige que las compañías retiren las barreras que separan a

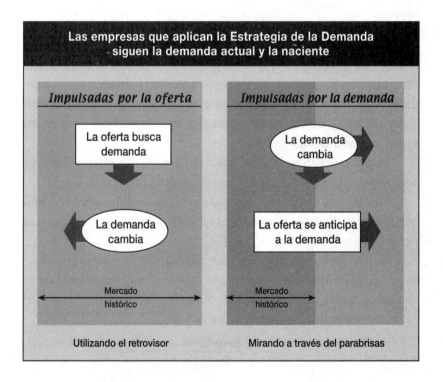

empleados y departamentos y establezcan un nuevo planteamiento orientado a los procesos para pensar en sus organizaciones, dirigirlas y hacer que funcionen.

Según mi experiencia, la reingeniería de procesos, aunque útil, no aborda de forma suficientemente eficaz los problemas planteados por la economía de la demanda. Utilizada habitualmente para rediseñar los procesos existentes a fin de reducir costes, acortar ciclos o mejorar la calidad, la reingeniería no está pensada para generar nuevas plataformas para el crecimiento; tampoco identifica nuevas formas de comprender la demanda. La reingeniería se usa más frecuentemente para recortar costes y, al igual que convertirse en productor de bajo coste, no es una solución a largo plazo. De hecho, tantas empresas han reducido gastos y mejorado su eficacia con ayuda de ella que la diferencia de precios entre los productores de bajo coste y sus competidores se ha estrechado considerablemente.

Cómo ganar en la economía de la demanda

La economía de la demanda es un fenómeno duradero; las empresas deben pensar cómo saldrán al mercado dentro de esta nueva realidad económica. Una vez más, la clave principal es comprender cuál es la demanda actual y, a continuación, crear una oferta diferenciada que satisfaga a nuestros clientes de forma más completa que la de nuestros competidores. Llegados a este punto, el proveedor vuelve a tener en sus manos el poder de fijar precios.

Para tener éxito en la economía de la demanda es preciso competir basándose en la diferenciación del valor añadido más que en el precio.

Voy a presentarles una fórmula económica sin complicaciones que puede ayudar a la mayoría de empresas a recuperar su capacidad para aumentar los precios.

Cada cliente, en el momento de cada compra, decide que un único producto entre todos los de su categoría es el que mejor satisface su demanda. A ojos del cliente, ese producto le ofrece el mejor valor. Y el valor se expresa de la siguiente manera:

$$\text{Valor} = \frac{\text{Beneficios}}{\text{Precio}}$$

En esta fórmula, sólo dos macrofactores influyen en el valor. El primero es los beneficios del producto a ojos del consumidor. El segundo es el precio del producto.

Los beneficios de un producto incluyen su rendimiento, comodidad, apariencia, garantía, facilidad de uso y la confianza que los consumidores tengan en la marca, entre otras cosas. En todas las categorías de productos o servicios, los consumidores pagarán unos precios más altos por aquellos que perciban que les ofrecen un valor mayor. Por ejemplo, millones de compradores pagarán con gusto miles de millones de dólares por agua embotellada porque piensan que es más sana o que tiene mejor sabor, a pesar de que pueden consumir sin trabas agua potable. Muchas personas consideran que el agua embotellada es más sana que el agua del grifo porque está libre de cloro y otros aditivos. Cómodamente envasada para transportarla con facilidad, el agua embotellada anuncia a los que nos rodean que somos consumidores inteligentes que seleccionamos agua de calidad en lugar del agua corriente o bebidas azucaradas menos sanas. Para muchas personas, los beneficios físicos y psíquicos inherentes al producto son tan significativos que pagarán un alto precio para procurárselos.

El valor, repitamos, crece de una de dos maneras. Se pueden aumentar los beneficios o se puede bajar el precio. El Estratega de la Demanda, en lugar de bajar el coste, tratará siempre de incrementar las ventajas para crear más valor para el cliente que se quiere conseguir y más beneficio para la empresa. El Estratega de la Oferta, en cambio, tratará de conseguir más valor inmediatamente, bajando el precio.

Qualcomm Incorporated, líder en tecnología en el mercado de las comunicaciones digitales inalámbricas, nos ofrece un caso ilustrativo. En el segundo semestre del 2001, la demanda en el sector de la tecnología se agotó y los precios de la mayoría de productos y componentes de alta tecnología cayeron en picado. Pero los precios de los chips semiconductores para los teléfonos móviles de Qualcomm siguieron subiendo. Al añadir rasgos a sus chips que hacían que sustituirlos por otro producto fuera casi imposible, Qualcomm se había protegido con éxito contra el resto del mercado. Según un artículo del *Wall Street Journal*, el tesorero de Qualcomm, Dick Grannis, declaró que la empresa había triunfado «añadiendo unos cuantas características nuevas, como una transmisión de datos más rápida y mayor información sobre la localización de la llamada, en los chips de los móviles» y que «el precio medio de los chips está subiendo». Fieles a la Estrategia de la Demanda, los chips de Qualcomm, que se adecuaban a la demanda del consumidor y se diferenciaban de forma significativa de las ofertas de la competencia, alcanzaban un precio elevado, mientras que los demás competidores se libraban a una guerra de precios.

Antes de crear su oferta, el Estratega de la Demanda trata de comprender a fondo la demanda. Esta comprensión le permite planear y producir productos y servicios fuertemente diferenciados o escasos, que puedan conseguir unos precios y beneficios más altos. Al satisfacer la demanda más plenamente que nuestros competidores, tendremos más control sobre la fijación de precios. Por último, al adecuarse a la demanda para aumentar su poder de fijar los precios y aumentar la rentabilidad, el Estratega de la Demanda estará más cerca de maximizar el valor del accionista en la economía de la demanda. Compite en la oferta, pero gana en la demanda.

Para ofrecerles un ejemplo mejor de lo que digo, echemos una ojeada a la historia de dos empresas gigantes de las telecomunicaciones cuando se preparaban para pasar a una nueva generación de productos en el mercado de los teléfonos móviles. La primera, Motorola, aplicaba un planteamiento clásico regido por la oferta; la otra, Nokia Corporation, de Finlandia, aplicaba la Estrategia de la Demanda.

Los directivos de ambas empresas reconocían que se estaba desarrollando un mercado para los teléfonos portátiles. La creciente movilidad de la gente creaba una necesidad insatisfecha de aparatos de comunicación inalámbrica. Al mismo tiempo, los avances tecnológicos hacían que esos aparatos fueran factibles y la liberalización de los gobiernos y los estándares comunes en las comunicaciones actuaban para animar a las empresas a ofrecer un servicio inalámbrico. Hasta aquí, Motorola y Nokia, después de analizar las fuerzas y los factores que incidían en el mercado, habían llegado a conclusiones similares.

No obstante, Nokia abordó la situación como Estratega de la Demanda. Después de estudiar a fondo los datos demográficos de los usuarios y de las personas más susceptibles de adoptar los servicios inalámbricos, los directivos de la empresa llegaron a cuatro conclusiones clave. Se dieron cuenta de que la comunicación es una necesidad humana básica y que la demanda de los móviles crecería mucho más allá de los tradicionales usuarios de las empresas. Además, comprendieron que la tendencia cultural hacia las cosas personalizadas y hechas a la medida del usuario llevaría, probablemente, a una demanda de teléfonos personalizados. También supieron ver que el advenimiento de la tecnología digital abriría oportunidades para nuevos servicios de valor añadido, como el acceso a la Web. Nokia, con su conocimiento más profundo de la naciente demanda, comprendió además que abrir canales de distribución múltiples ampliaría el número de consumidores a su alcance.

Motorola, al no captar plenamente las repercusiones de estos factores —un mercado de consumo más amplio y, especialmente, la necesidad de teléfono de los adolescentes, la tendencia hacia la oferta a medida, la superioridad y flexibilidad de la tecnología digital, las ventajas de los canales de ventas múltiples— mantuvo su focalización tradicional en la oferta. Al haber ganado el prestigioso premio Malcolm Baldrige National Quality Award en los ochenta, Motorola tenía una fe inquebrantable en la superioridad intrínseca de sus productos —una actitud que salía a relucir en las conversaciones de sus ejecutivos con los proveedores de servicios de telefonía móvil. Como recuerda John Stratton, director general de Verizon Wireless: «Para Motorola, escuchar equivalía a esperar que tú dejaras de hablar para que ellos pudieran decirte qué tenías que comprar. Era algo endémico de su cultura.» Además de no prestar atención a los nacientes factores de la demanda, Motorola tomó la miope decisión de protegerse y centrar sus inversiones en los equipos analógicos, retrasando la introducción de la tecnología digital tanto como fuera posible.

Muy al contrario, Nokia optó por la Estrategia de la Demanda. Para decirlo sencillamente, Nokia se concentró en dar a sus posibles clientes lo que querían. Apuntando al amplio y mal servido nivel inferior del mercado, ofreció unos aparatos con características a medida, personalizados y fáciles de usar. En lugar de concentrarse en los usuarios de empresas, Nokia dirigió sus sistemas de fijación de precios hacia los usuarios de móviles con fines recreativos. Decidió distribuirlos a través de múltiples canales, a fin de aumentar la conciencia de marca y su acceso a los consumidores. Además, Nokia saltó a la tecnología digital para poder proporcionar servicios con valor añadido lo más rápidamente posible.

El resultado fue una resonante victoria para la Estrategia de la Demanda. En 1996, Motorola controlaba más del 30% del mercado global de teléfonos inalámbricos, mientras que la participación de Nokia era de menos del 20%. Cuatro años después, sus posiciones se habían invertido claramente y Nokia alcanzaba el 30% del mercado mientras que Motorola se hundía por debajo del 15%. Además, según un estudio realizado por Interbrand en 2001, Nokia se había convertido en la quinta marca más valorada del mundo, con un valor de marca que se calculaba en 35 mil millones de dólares.

Buscar rendimientos antes de comprender la naturaleza real de la demanda es como disparar un arma antes de apuntar. Das en el blanco sólo por casualidad. Como observó, contrito, uno de nuestros clientes en nuestra primera reunión en su empresa: «Concentramos toda nuestra atención en construir la cadena de suministro más eficaz del sector. Así que ahora entregamos el producto equivocado a los clientes equivocados más rápidamente y más barato que nadie.»

Los costes son, por supuesto, críticos, pero a fin de crear valor para los consumidores es esencial satisfacer primero la demanda. Sólo un profundo conocimiento de la Estrategia de la Demanda, así como de las demandas particulares de los clientes que se desea captar, puede llevar a un éxito duradero en la actual economía de la demanda.

Hemos dejado de estar en una economía de la oferta en la cual la pregunta acertada era «¿Cómo puedo crear un gran volumen de oferta con el máximo rendimiento posible?». Las empresas que se regían por ese sistema seguían la teoría económica aceptada, propuesta en primer lugar por Adam Smith y continuada hasta hoy por economistas como Paul Samuelson. Empezaban creando oferta y luego iban en busca de una demanda que absorbiera esa oferta que ya habían creado.

Estamos inmersos en un giro de proporciones históricas. Los cambios en la forma en que hacemos negocios, según pasamos de un mundo impulsado por la oferta a otro impulsado por la demanda, tendrán repercusiones para todos los directores, ejecutivos y presidentes ejecutivos. Jamás se exagerará la importancia que tiene la Economía de la Demanda.

Tengo el propósito de ayudarles a comprenderla, y beneficiarse de ella, ayudándoles a averiguar qué se necesita para competir y ganar.

2

Estrategia de la Demanda

Cómo superar los resultados de la competencia
y crear una empresa que perdure

No importa el tipo de empresa que dirija; hoy usted se enfrenta a una elección crítica: ¿Continuará haciendo negocios según la manera usual —quizás a la manera que hizo que su empresa empezara a triunfar— o percibe la premura de los cambios económicos que tienen lugar con la suficiente fuerza como para adaptar su forma de hacer negocios y competir así con éxito en la actual economía de la demanda?

A diferencia de las recientes modas o tendencias en la gestión, tales como la dirección para el cambio o la reingeniería, la Estrategia de la Demanda no exige contar con un montón de consultores externos. Lo que sí requiere es un cambio en el modo en que usted piensa en su negocio y el cambio correspondiente en la forma de llevarlo.

El punto clave de mi tesis es que una empresa debe entender la demanda que hay en su mercado antes de crear la oferta. Es el único medio de comprender y satisfacer mejor que sus competidores a los clientes que quiere captar.

En este capítulo señalaré medios para competir y ganar en la nueva economía de la demanda. Detallaré seis pasos específicos para elaborar una Estrategia de la Demanda que garantice virtualmente el éxito de su negocio, tanto si se trata de una multinacional como de una pequeña empresa.

Cuando la mayoría de compañías se enfrentan a un problema con los beneficios, su primera reacción es reducir costes, bajar precios, hacer un mayor esfuerzo de ventas y exprimir a sus distribuidores. La Estrategia de la Demanda ofrece una alternativa más eficaz; cuando aparecen los problemas, las empresas utilizan su conocimiento de la demanda para diferenciar sus productos de tal manera que se adecuen lo más estrechamente posible a esa parte del mercado en la cual ganan los máximos beneficios. La Estrategia de la Demanda le ayudará a adelantarse a la demanda y a centrarse en los segmentos de demanda de consumo más rentables a fin de adecuar mejor los productos antes de crear nuevos productos o servicios.

Qué es y qué no es la demanda

Cuando Adam Smith esbozó la Ley de la Oferta y la Demanda, los mercados eran básicos y carecían de complicaciones. Hoy, eso está lejos de ser así. Sin embargo, los autores de libros de texto de economía continúan simplificando en exceso y, sin querer, descaminan a sus lectores al presentar la demanda igual que hizo Smith; es decir con monomercados como el trigo y los cereales. Definen la demanda como la cantidad de una mercancía o servicio concreto que los compradores están dispuestos a comprar a un precio específico. Muchos líderes empresariales siguen pensando que sus mercados son grandes y relativamente indiferenciados, tal como les enseñaron en la universidad, y dirigen sus empresas como si los diversos tipos de demanda fueran idénticos. Como resultado, están obsesionados con la idea de que el precio y la cuota de mercado son los factores primordiales para vencer a la competencia. Veamos primero algunos hechos básicos.

La demanda tiene múltiples facetas

La demanda es un fenómeno mucho más complejo de lo que dice la mayoría de libros de texto. La demanda incluye el deseo o la necesidad que un consumidor tiene de un producto, las características de éste, la disponibilidad de sustitutos y sus precios, los ingresos de los consumidores, los canales que éstos prefieren, la accesibilidad del crédito y la conveniencia de adquirir el producto. Por supuesto, los economistas son muy conscientes de estas influencias pero, como queda ejemplificado por la forma en que se trazan las «curvas de la demanda», con el precio en uno de los ejes y la cantidad en el otro, subestiman su importancia en relación con el precio. En la práctica, las otras variables que acabo de describir son igualmente importantes, o acaso más, en su influencia sobre la elección del consumidor.

Los economistas también tienden a tratar la demanda como si fuera estática. Ven que los gustos, la tecnología, la demografía, la información de que disponen los consumidores y la cultura afectan la demanda, pero tienden a interpretar esos factores como algo «dado» e invariable en cuanto a su análisis; si esos factores tienen alguna influencia, se hará sentir a largo plazo.

Pero en la actual economía global, donde la información circula de forma instantánea y el cambio tecnológico es casi continuo, la demanda es muy dinámica y está sometida a un rápido cambio. El ascenso meteórico y el total hundimiento de muchas empresas basadas en Internet es sólo un ejemplo espectacular del ritmo y el alcance de los posibles cambios.

La industria de las telecomunicaciones proporciona una lección fundamental sobre la complejidad y el rápido ritmo de cambio existente en la economía de la demanda. Desde 1996 hasta el 2000, las empresas telefónicas casi han doblado su gasto en equipamientos de telecomunicaciones y, para el 2000, se preveía que la demanda creciera en un 15%. Los fabricantes de equipos se prepararon para satisfacer la demanda. Para mantenerse a la par de una floreciente demanda del consumo, a mediados del 2000, Nortel Networks Limited anunció que gastaría casi dos mil millones de dólares y crearía casi diez mil puestos de trabajo a fin de aumentar la producción. Un año más tarde, cuando la demanda prevista no se materializó, Nortel eliminó treinta mil puestos de trabajo y sufrió una pérdida de diecinueve mil millones de dólares en un solo trimestre. Las previsiones para la demanda en el sector fueron revisadas rápidamente y pasaron desde un fuerte aumento del 15% a una disminución del 7%.

Una de las cuestiones clave que llevaron a las desastrosas previsiones fue no comprender a los consumidores dentro del contexto más amplio de la demanda. Los fabricantes de equipamientos se basaron en las conversaciones con sus clientes directos para elaborar esas previsiones. Pero sus clientes de las compañías telefónicas no eran conscientes de lo que estaba sucediendo con la demanda entre sus propios usuarios finales. Como comentó, compungido, Alex Bangash, de Lucent Technologies, al *Wall Street Journal* en el período que siguió a las previsiones erróneas: «No puedes limitarte a observar a tus clientes, tienes que observar a los clientes de tus clientes.»

Llevar a cabo una serie más amplia de conversaciones dentro de la organización de nuestros clientes también puede ayudar a determinar cómo es probable que evolucione la demanda. No obstante, al igual que muchas empresas, parece que los proveedores de equipos de telecomunicaciones limitaron sus conversaciones a sus compradores tradicionales en lugar de ver cuáles eran las perspectivas de la demanda desde otras secciones de la organización. Como dijo el anterior director general de Nortel, John Roth, al *Wall Street Journal*: «Todas las conversaciones que tenía con mis clientes eran: "John, todavía no me has enviado suficientes equipos, ¿cuándo vas a aumentar el volumen?" La gente con la que no hablábamos en las empresas de nuestros clientes eran los tesoreros, que descubrieron en enero que tenían problemas para recaudar el dinero» para pagar los equipos.

La mayoría de economistas parece pensar que la demanda de productos y servicios es algo homogéneo; todos los clientes son tratados de igual forma. En la realidad, ningún mercado es homogéneo. Todos los sectores tienen muchos segmentos de demanda. Los consumidores que forman esos segmentos tienen valores y prioridades muy diferentes.

Un *segmento* es un grupo de clientes, dentro de una categoría de negocio dada, que comparte una serie de demandas comunes. En otras palabras, el valor que cualquier individuo dentro del segmento asigna a los productos o servicios será muy similar al que le asignen los otros miembros del mismo segmento. Los consumidores evalúan los beneficios y precios de un artículo para decidir qué valor tiene para ellos. Dado que la Estrategia de la Demanda depende de que se comprenda a fondo la demanda antes de crear la oferta, es esencial que nos familiaricemos con todos los segmentos y seleccionemos aquellos que nos resulten más rentables para convertirlos en los clientes que más interés tenemos en captar.

La mayoría de sectores tienen entre cinco y siete segmentos, lo cual significa que, en la mayoría de categorías, hay entre cinco y siete tipos de demanda diferentes que satisfacer. El mercado bancario, por ejemplo, cuenta entre su demanda personas que prefieren ir a las sucursales y llevar a cabo sus transacciones con los cajeros; personas que buscan la comodidad de Internet; clientes que valoran y quieren utilizar los asesores financieros personales, otros que prefieren encargarse de sus propias finanzas y otros, en fin, que usan los bancos para sus cuentas corrientes y de ahorros, pero no para los préstamos y las inversiones.

En el mercado de las líneas aéreas, entre quienes se van de vacaciones hay quienes rebuscan en el mercado hasta encontrar las tarifas más baratas, mientras que otros pagan los servicios adicionales de la primera clase. Entre los que viajan por negocios, algunos con programas previsibles pueden planear sus desplazamientos con antelación, mientras que otros tienen que comprar los billetes en el último momento y pagar un precio más alto. Ese precio más alto es aceptable porque la verdadera demanda es volar para ver a un cliente o para mejorar los resultados de una instalación.

Los Estrategas de la Demanda identifican los segmentos que rinden mayores beneficios a sus empresas y luego se concentran en ellos. Podemos apuntar a cualquier segmento de demanda que elijamos, siempre que comprendamos la naturaleza de su demanda y elaboremos una oferta rentable para satisfacerla.

En la restauración rápida, McDonald's Corporation se concentra en el segmento de la demanda que busca rapidez, regularidad y limpieza. Eso deja espacio para que Wendy's International, Inc. se con-

centre en el segmento que quiere comidas más personales y sustancio-
sas. Por supuesto, a McDonald's le encantaría vender a los clientes de
Wendy's, pero el éxito de McDonald's es atribuible, en gran parte, a su
concentración en los segmentos de la demanda de los que recibe el
grueso de sus beneficios.

International Business Machines Corporation (IBM) recibió una
dura lección sobre los segmentos de la demanda a manos de Dell
Computer Corporation. Seguro que había quien quería la tecnología
puntera y sofisticada de los ordenadores personales de IBM. Pero
mientras IBM trataba de vender su producto a todo el mercado, Dell
comprendió sagazmente que había un segmento de demanda compuesto por usuarios que tenían confianza en sus conocimientos de los
ordenadores personales y querían un canal directo que les suministra-
ra aparatos de calidad a un precio más bajo, ofreciéndoles así un mejor
valor.

Elegir nuestro segmento de la demanda es crucial y hablaré de
ello a fondo más adelante.

La demanda puede ser actual o naciente

Además de los segmentos de mercado, que varían de un sector a otro,
hay dos categorías básicas de demanda: *actual* y *naciente*.

Aunque la demanda actual *debería* ser fácil de identificar, en The
Cambridge Group nos hemos encontrado repetidamente con empresas concentradas de forma tan miope en el negocio diario y en los resultados trimestrales que pasan por alto cambios evidentes en la demanda. Por ejemplo, cuando los seguros GEICO empezaron a poner
en práctica el marketing telefónico directo, sus competidores en seguros para la propiedad y los accidentes dieron por supuesto que se trataba de un fenómeno temporal y que no afectaría a su sector de forma
adversa. Sólo más tarde comprendieron que un número significativo
de los compradores actuales de seguros de automóviles consideraba
que los seguros eran algo genérico y estaban encantados adquiriendo
por menos dinero, a través de GEICO, lo que percibían como un seguro de la misma calidad. Para cuando las demás compañías reaccio-

naron, GEICO estaba firmemente atrincherada y había cambiado la forma de percibir el valor en los seguros de automóviles y, especialmente, el papel del agente de seguros.

La demanda es orgánica y evoluciona constantemente, a veces de forma progresiva y otras a grandes saltos. Estoy convencido de que todos los directores de empresa deberían determinar de forma habitual, cada seis meses o cada año, si lo que producen sigue adaptándose a la demanda. Quedar por detrás de la curva de la demanda acarrea penalizaciones importantes, especialmente si nuestros competidores han seguido el ritmo mientras que nosotros todavía estamos reaccionando a la demanda del pasado.

En la actualidad estamos trabajando para un cliente que creó lo que ahora es una categoría empresarial de alcance mundial que vale 25 mil millones de dólares. Bajo cualquier criterio, habría que pensar que la empresa tiene una de las grandes marcas del mercado. Pero durante los últimos años, ha dependido de esa marca para vender sus productos y pocas veces, si alguna, ha revisado los cambios en la demanda. Como resultado, hace unos tres años, empezó a sufrir un fuerte declive en ventas, beneficios y cuentas minoristas. Como admitieron los propios líderes de la compañía, durante cinco años no había habido cambios de importancia en su línea de productos, mientras que las ofertas de sus competidores se habían modificado de forma significativa. El mercado global también había cambiado de manera importante, presentando una nueva e importante competencia en marcas.

Después de definir cómo había variado la demanda en su categoría durante los últimos cinco años, vimos claramente cuál era el problema. Como los directores de la compañía no habían seguido los cambios en la demanda, estaban desfasados en términos de estilo, canales de distribución y tarifas. Por añadidura, sus productos no estaban diseñados para la edad y el sexo del grupo de consumidores de más rápido crecimiento dentro de su categoría; finalmente, el conjunto de productos que ofrecían a los detallistas estaba varios años por detrás de la evolución de la categoría.

Si no se tiene una comprensión cabal de la demanda actual, es muy improbable que se reconozca la naciente, esa demanda que generará ingresos y beneficios en los meses venideros.

En la mayoría de casos, la demanda actual es menos difícil de detectar que la que aparece por primera vez, que yo defino como reciente, todavía pequeña, pero creciente, de productos nuevos y diferentes. Pero dado que la demanda naciente puede transformar un sector ya existente o incluso crear otro que entrañe la caducidad de un producto, es esencial que las empresas no la pasen por alto. Hay muchas maneras de cuantificar la nueva demanda y cualquiera de ellas puede predecir el tamaño que acabará alcanzando con el tiempo.

La demanda naciente puede verse desde varios puntos de vista. Está el cambio previsible, lógico, que se deriva de tendencias evidentes. Por ejemplo, sabemos que el 31% de la población de Estados Unidos está compuesta por *baby boomers;* es decir, personas nacidas durante el auge de la natalidad de la posguerra. Dado que esa cohorte va envejeciendo, podemos deducir con bastante precisión qué empresas y servicios crecerán, probablemente, de forma significativa para satisfacer sus nuevas demandas. En este caso, los beneficiarios serán empresas que asesoren en inversiones, vendan gafas, organicen comunidades para jubilados y ofrezcan atención sanitaria; todos ellos productos y servicios adecuados para una población que va envejeciendo.

Otro tipo de demanda naciente exige un contacto constante con los segmentos de la misma que queramos captar a fin de detectar cambios en los deseos, necesidades o comportamientos que son la punta de lanza de esa demanda.

A principios de los ochenta, por ejemplo, The Cambridge Group fue contratado por Harry Lees, entonces vicepresidente de marketing de Nabisco, para ver si podía haber un mercado para las galletas altas en fibra. Después de realizar investigaciones cualitativas en todo el país, mi socio, Kevin Bowen, informó que sí que existía la suficiente demanda para ese tipo de galletas como para que fuera un pequeño éxito. Mayor importancia tuvo, no obstante, el hecho de que Kevin y el equipo de Nabisco descubrieran que había una naciente demanda para los productos alimenticios con un menor contenido en grasas. Armada con esta información, Ellen Marran, presidenta de Nabisco Cookies and Crackers, condujo su departamento a una brillante introducción y gestión de SnackWell's. Este departamento ha crecido hasta alcanzar unas ventas de 700 millones de dólares anuales.

Si Kevin y el equipo de Nabisco no hubieran observado el mercado sin ideas preconcebidas, habría sido fácil que pasaran por alto la importancia de la actitud positiva de los consumidores hacia los productos bajos en grasas, una actitud que estaba justamente empezando a aparecer. El análisis de las fuerzas y los factores que presentamos ante Nabisco permitieron que esta empresa se hiciera con el mercado y lanzara SnackWell's mucho antes de que la competencia pudiera reaccionar.

Uno de los casos más famosos de detección de una demanda incipiente y creación de un producto enteramente nuevo para responder a ella, fue el Walkman portátil de Sony Corporation. Por entonces, una de las competencias fundamentales de la empresa era su capacidad para miniaturizar prácticamente todos sus productos electrónicos. Lo que Sony observó en todo el mundo fue que la música iba dejando de ser estrictamente un entretenimiento para convertirse en un medio de expresar un estilo de vida. Además, la moda del *jogging* había invadido Estados Unidos y otros países y los corredores estaban desesperados por contar con algo que aliviara el tedio de las largas carreras. La creación del Walkman fue una decisión de negocios oportuna y estratégicamente planeada, basada en la comprensión del cambio en las costumbres de los consumidores y en esa naciente demanda.

Los seguros solían considerarse un negocio estable y previsible, pero recientemente han empezado a experimentar una transformación directamente relacionada con la incipiente demanda de unos seguros de vida que permitan que los usuarios participen en el crecimiento del mercado de valores. Una vez reconocida la demanda, los líderes del sector han creado la anualidad variable para satisfacerla.

Hoy, las empresas están comprometidas en una búsqueda constante de innovaciones que aporten nuevos productos y servicios que satisfagan las necesidades de los consumidores. Los éxitos más importantes, según he descubierto, los logran las empresas que utilizan un sistema de negocios formalizado dedicado a identificar tempranamente la demanda naciente.

Entre las empresas con esos sistemas están:

- *EMC Corporation*. EMC organiza sus negocios en dos grupos. El primero se centra en los productos que llegarán al mercado en los dieciocho meses siguientes. El segundo busca metódicamente la próxima novedad importante —productos de alcance mundial que serán introducidos en un período de entre dieciocho y sesenta meses— para explotar nuevas demandas. Como analizaré detalladamente más adelante, EMC hace que sus mejores clientes participen en un proceso que dura dieciocho meses durante el cual esos clientes les ofrecen una constante información e interacción para cada etapa del desarrollo de los productos de EMC, desde que se inventan hasta que se introducen en el mercado.

- *McDonald's Corporation.* La existencia misma de McDonald's es el resultado de la habilidad de su fundador para identificar una demanda naciente. El restaurante original de los hermanos McDonald en California encargaba al representante de ventas Ray Kroc muchas más máquinas de leche malteada que cualquier otro establecimiento en Estados Unidos. Cuando Kroc fue a verlos, observó que habían ideado un sistema para poder servir hamburguesas de forma más rápida y sistemática que cualquier otro restaurante. Detectó lo que entendió como una naciente demanda de restaurantes similares en todo el país. Tenía razón. Según el último recuento, cada día acuden a McDonald's cuarenta y tres millones de personas.

Los directivos y líderes de McDonald's han desarrollado, de forma sistemática, técnicas propias para comprender la naciente demanda. Fueron los primeros en utilizar los patrones de tráfico y la geodemografía para saber dónde iban a construirse barrios residenciales en las afueras. Luego compraron propiedades y construyeron restaurantes dos o tres años antes de que se acabaran de levantar las viviendas alrededor.

Fueron los primeros en comprender que los niños eran la palanca de la demanda para las familias, lo cual llevó a la creación de Ronald McDonald. También identificaron una naciente demanda para *drive-throughs*, ya que cada vez había más gente que quería un medio rápido y cómodo de comprar comida sin tener que bajar del coche.

La obsesión de McDonald's por identificar cualquier demanda naciente puede verse en su estructura corporativa. En lugar de tener jefes de producto, McDonald's está organizada en torno a tipos específicos de consumidor: niños, adolescentes, familias, etcétera. Al centrarse en esos segmentos de la demanda que quiere alcanzar, McDonald's sabe más de sus clientes que cualquiera de sus competidores.

- *Medtronic, Inc.* Fabricante de marcapasos y otros aparatos médicos, la empresa tiene un presupuesto anual para investigación y desarrollo superior a los 500 millones de dólares. Pide a los cirujanos en los hospitales y centros de investigación que les sugieran ideas para nuevos productos y les ayuden a encaminar su desarrollo. Además, en un 70% de las operaciones en las que se utilizan los productos de la empresa está presente uno o más ingenieros de Medtronic. Al hacerlo, aprenden más de las deficiencias que presentan sus productos y, además, identifican nuevas oportunidades para crear otros. Esa diligencia explica por qué Medtronic controla más de la mitad del mercado de marcapasos, fuertemente competitivo.

- *Gatorade (Quaker Oats Company).* Una de las decisiones más importantes que Gatorade tomó en su historia fue mantener un estrecho contacto diario con docenas de personas, por medio de un estudio continuado de sus consumidores llamado Gator Base. Esta técnica, sencilla y barata, hizo posible que identificaran inmediatamente la nueva demanda y les permitió ser los primeros en crear productos y programas adaptados a ella (como describiré más adelante con más detalle).

Una nueva demanda puede dispararse a toda velocidad; una vez identificada es necesario estar preparado para moverse rápidamente. La mayor parte de los beneficios generados por esta demanda naciente irá a las compañías que *detecten* las oportunidades primero, y a las que *comprendan* mejor y *diseñen* su oferta en consecuencia. Esas organizaciones son la única fuente disponible para los primeros consumidores; que están dispuestos a pagar más para satisfacer sus deseos. Para cuando otras empresas perciben la demanda y se apresuran a satisfacerla, el mercado se ha extendido a un mayor número de personas, que tienden a comprar productos establecidos y que no están dispuestos a pagar los precios más altos que aceptan los primeros usuarios.

En 1998, por ejemplo, un 85% de los ingresos de EMC Corporation procedían de productos que no existían a principios de ese año. ¿Cómo conseguían esa extraordinaria transformación? Contando con un sólido conocimiento de la nueva demanda para unos sistemas de almacenamiento que proporcionan la disponibilidad de la información en cualquier sitio y momento. Desde el comienzo mismo del desarrollo del producto, EMC hizo que entre cincuenta y sesenta de los directores de tecnología de sus clientes participaran en la creación del diseño, el sistema operativo y el *software* de aplicación. Al involucrar a estos directores, EMC se aseguraba de comprender la demanda que la empresa tenía que satisfacer. Estos consumidores interactuaban con EMC constantemente durante los dieciocho meses que duraba el proceso de desarrollo. Prever esa demanda y hacer que sus clientes participaran, llevó a EMC a introducir, en 1998, productos de almacenamiento revolucionarios y cogió a la competencia totalmente por sorpresa.

EMC es un ejemplo de empresa que presta atención a sus clientes más vanguardistas o de mayor consumo, aquellos que están dispuestos a gastar dinero extra en los productos más nuevos o mejores. De forma indefectible, forman también el segmento de demanda más rentable que se pueda desear, muchísimo más, si no intervienen otros factores, que el consumidor medio.

Quién se beneficia de la demanda

Con frecuencia, hay una importante distancia entre lo que el consumidor quiere y lo que una empresa cree que quiere. Esa distancia suele deberse a la obsesión de un director con la oferta; con el diseño, la producción y el marketing de un producto que encaja en las competencias fundamentales de una empresa o que permite que la dirección utilice unos activos ya existentes a fin de evitar desembolsos de capital. Como resultado, los directores no consiguen prever la demanda. Un medio más seguro de tener éxito es comprender la demanda y crear luego un producto o servicio que se diferencie del de la competencia y responda mejor a lo que su segmento de la demanda más rentable quiere y necesita; algo que sólo usted comprende y puede proporcionar. Como decía el magnate de las navieras, Aristóteles Onassis: «El secreto de los negocios es saber algo que nadie más sabe.» Cuanto más sepamos de la demanda, más fácil será diferenciar nuestro producto o servicio del de nuestros competidores. Esto nos permitirá cargar un precio más alto y nos llevará directamente a un crecimiento de primera línea y al incremento de los beneficios.

Estoy lejos de ser el único en defender estas ideas. De hecho, algunas de nuestras primeras empresas han empezado a aplicar estrategias que sitúan la demanda por delante de la oferta. Antes de presentar los pasos específicos necesarios para establecer una Estrategia de la Demanda, veamos cómo ésta ha sido aplicada por empresas de éxito en diversos sectores.

- Entre 1995 y 1999, la cuota de mercado de *Ford Motor Company* cayó casi un 2% pasando de 25,7 a 23,8. ¿Disparó esto la alarma en Ford? No, de hecho, era parte de un plan cuidadosamente orquestado, basado en los principios de la Demanda Estratégica, que ayudó a la empresa a registrar beneficios de 7.200 millones de dólares en 1999, los más altos de la industria.

  Antes de 1995, los datos exhaustivos sobre la demanda del mercado eran limitados. Los vendedores eran recompensados según el número de coches que vendían y no prestaban atención a los márgenes de beneficios. Como resultado, se concentraban en la promoción de vehículos de la gama inferior y de márgenes bajos; era más fácil, dado que eran los menos caros.

  En 1995, Ford decidió identificar a sus clientes más rentables. Ayudados por investigaciones de mercado, determinaron por qué características, que la competencia no tuviera, estaban dispuestos a pagar más. El *controller* de Ford para Norteamérica y para el marketing global, Lloyd E. Hansen, mencionó unas cabinas más cómodas para los camiones, por ejemplo.

A continuación, Ford convirtió sus unidades de ventas en unidades de negocio con sus propios objetivos en beneficios y les dijo qué coches y camiones rendían los máximos beneficios.

Finalmente, la empresa diseñó de nuevo su estructura de precios, recortando el coste de sus artículos de mayor margen, como los Explorer y los Crown Victoria, justo lo suficiente para aumentar ventas sin perder beneficios en exceso.

El efecto de estas medidas ratificó de forma espectacular la Estrategia de la Demanda. Hubo una caída de 420.000 unidades en los vehículos con beneficios bajos, como los Escort y los Aspire, y una subida de 600.000 unidades en los vehículos con beneficios altos. Como resultado, las ganancias de Ford en las ventas de coches y camiones en Norteamérica subieron a más del doble desde 1995 a 1999. Hansen dijo que el plan de la compañía era «probablemente el mayor impulsor de rentabilidad de Ford».

· *Amazon.com, Inc.* estaba afianzada como alternativa de menor precio a las librerías de «ladrillo y cemento». Entonces aparecieron otros vendedores on line de libros a precios rebajados, que ofrecían unos precios bastante más bajos.

Pero Amazon no trató de igualarlos en precio y apostó por que la fama de Amazon, la variedad de su oferta y la comodidad de su página *web* de acceso inmediato impediría que sus clientes la abandonaran. Apostaron por que los clientes no se pasarían a unos precios más bajos, ya que su demanda valoraba los beneficios de fiabilidad, variedad y comodidad por encima del precio. Por lo tanto, crearon valor aumentando los beneficios de nuestra ecuación del valor, Valor = Beneficios/Precio.

En 1999, dos investigadores del Massachusetts Institute of Technology —Erik Brynjolfsson y Michael D. Smith— estudiaron el mercado on line de libros y descubrieron que la estructura de precios de Amazon.com se sostenía firme, manteniendo unos precios más altos que otros distribuidores. Books.com, por ejemplo, vendía más barato que Amazon un 99% de veces, pero sólo cosechaba un 2,2% del volumen. Desanimado, su propietario,

Cendant Corporation, cerró la empresa y vendió el nombre a barnesandnoble.com.

Durante un tiempo, los entendidos teorizaron que los que vendían con descuento iban a hundir los precios y los márgenes. Amazon demostró que comprender la demanda puede hacer que una compañía sostenga sus márgenes ofreciendo a sus mejores clientes aquello que más les importa.

La fórmula para el éxito de una empresa es que comprenda qué necesita su segmento de la demanda más rentable y, a continuación, trabaje con sus principales clientes para empaquetar la oferta en una propuesta de mercado que los satisfaga. En el capítulo 7 me centraré en cómo desarrollar un sistema de negocio que se adecue estrechamente a la demanda que se quiere servir.

• Otro ejemplo espectacular de la Estrategia de la Demanda en acción, y una muestra de coraje, es el del Ritz-Carlton, en Kuala Lumpur. Durante la crisis financiera asiática de finales de los noventa, el precio de las habitaciones de hotel en Malaisia cayó a la par que la divisa. Pero los viajeros eran pocos. Los hoteles de lujo se sumaron a la guerra de precios y las tarifas de los alojamientos se hundieron.

Pero James McBride, director general del Ritz-Carlton, vio un camino mejor. Se puso a buscar ese segmento de viajeros extranjeros que querían un trato de lujo y que ahora podían permitírselo debido a la devaluación de la moneda. McBride lo organizó para recibir los vuelos que llegaban con música, mimosas y otras cosas. El Ritz hizo que los baños de los huéspedes fueran preparados por mayordomos y que se les sirvieran bebidas y tentempiés mientras se bañaban. Dispuso que hubiera técnicos para instalar accesorios para enfermos y otros aparatos electrónicos. En otras palabras, el Ritz mimaba a los clientes, que pagaban mucho.

Para compensar su reducción de tarifas, los hoteles rivales del Ritz habían recortado los lujos, como las flores frescas, la generosa provisión de toallas y la amplia dotación de personal deseoso de agradar. El Ritz tomó el camino contrario, manteniendo unos precios lo bastante altos como para pagar todos los extras que ofrecía. Lo hizo así porque sabía que ese era el elemento que el segmento de demanda que quería captar valoraba, es más, apreciaba al máximo. Como resultado, su tasa de ocupación en 1999 subió hasta el 60%, desde el 50% del año anterior.

• Tom Freston, director general de *MTV Networks*, tiene que estar atento a los gustos musicales, notoriamente mercuriales, de los adolescentes y preadolescentes. Sin embargo, durante más de una década, Freston ha mantenido a MTV cerca del primer lugar en los índices. Dice que su éxito se debe, principalmente a sus incansables esfuerzos por comprender la demanda.

«Si logramos estar totalmente conectados con nuestros telespectadores —ha dicho Freston recientemente— entrar en sus cabezas... sus armarios, sus colecciones de CDs y convertirlo (lo que descubrimos) en un producto, el resto de nuestro negocio encajará en su sitio».

Es el lema de un auténtico Estratega de la Demanda. Freston no ahorra esfuerzos.

«En algunos casos, llegamos a hipnotizar a la gente —ha dicho recientemente—. Filmamos su vida en vídeo. Hacemos mucho trabajo cuantitativo. Pero a la par de todo eso, contamos con unos empleados y una cultura intrínsecamente interesados en nuestros clientes y en lo que hacen».

Es un ejemplo excepcionalmente bueno de la estrategia de la demanda; primero hay que comprender a los consumidores que queremos captar y entonces, y sólo entonces, convertir esa información en una oferta que satisfaga de forma efectiva la siempre cambiante demanda de los adolescentes.

MTV sabe también que debe cambiar al mismo ritmo que nace la demanda; rápidamente.

«Justo cuando te acostumbras a servir a un grupo y a sus actitudes particulares, ellos han pasado a otra cosa —dice Freston—. Y es un error seguir a ese grupo. Hay una generación completamente nueva que entra en el circuito y que es totalmente diferente».

De nuevo, la Estrategia de la Demanda reconoce dos categorías básicas de demanda; la actual y la naciente. La segunda está justamente empezando a tomar forma ahora. Freston es responsable de garantizar que su empresa detecte la demanda *naciente* y prediga y se adapte acertadamente a su forma en evolución. Hasta ahora, él y MTV han hecho justamente eso, pero no dan nada por sentado. Si MTV puede comprender y satisfacer la demanda en constante cambio de los adolescentes, la meta de todas las empresas de Estados Unidos tendría que ser comprender y satisfacer sus segmentos de demanda.

Qué es la Estrategia de la Demanda

La Estrategia de la Demanda es, a grandes rasgos, un nuevo modo de pensar en el papel que tiene la demanda en la dirección de una empresa. Los últimos doscientos años de una economía regida por la oferta han cedido el paso a una economía de la demanda. Comprender las fuerzas humanas y de mercado que impulsan este cambio histórico, nos permitirá usar nuestros actuales conocimientos y visión para los negocios y aplicarlos de forma diferente. Lo que cambia es la secuencia; cómo pensar y luego actuar para poder prosperar. La Estrategia de la Demanda incluye un conjunto específico de pasos que las empresas pueden dar para identificar las fuerzas y los factores que impulsan la demanda en sus segmentos más rentables. Si comprendemos la demanda actual y la naciente, podremos preparar una oferta diferenciada que satisfaga las necesidades de ese segmento mejor que nuestros competidores.

Quiero insistir en que la Estrategia de la Demanda no es un plan de marketing de remedio rápido. Una vez reconocida la primacía de la demanda, nuestra organización tiene que examinar el conjunto de nuestro negocio en términos de la demanda a la que sirve. Al situar la demanda por delante de la oferta, obtendremos una imagen mucho más clara de lo que podemos ofrecer con éxito para que rinda la tasa más alta de beneficios y el mayor beneficio sobre los activos y capital invertido por nuestra organización.

Aplicar la Estrategia de la Demanda ofrece a una empresa cuatro ventajas claras que aumentarán los beneficios. Primero, venderá lo que sus clientes quieren realmente. Segundo, podrá diferenciarse y diferenciar sus productos de la competencia. Tercero, podrá reducir costes eliminando aquellos productos para los que hay una demanda limitada. Cuarto, podrá vender sus productos o servicios al mejor precio. ¿Por qué? Porque un producto diferenciado que satisface mejor la demanda consigue unos precios elevados o inelásticos.

Veamos una imagen instantánea de las seis etapas básicas de la Estrategia de la Demanda que ha elaborado The Cambridge Group, trabajando codo a codo con muchas de las organizaciones mundiales punteras.

Paso n.º 1. Analizar las fuerzas de la demanda y los factores del sector que repercuten en su negocio

Las fuerzas de la demanda y los factores del sector son los elementos causales que crean o cambian la demanda.

Entre estas fuerzas y factores se cuentan la demografía, la economía, los competidores, la legislación, las tendencias sociales y la tecnología, además de otros aspectos que inciden en la demanda y ayudan a determinar la oferta y los precios.

Las empresas deben analizar, en su totalidad, las fuerzas de la demanda y los factores del sector que tienen la capacidad de cambiar la demanda dentro de ese sector. Al estudiar las fuerzas y los factores, pasados y presentes, que impulsan la demanda, descubrirá patrones y aparecerán importantes anomalías. Al reconocer esos patrones y encontrar respuestas a las anomalías podrá empezar a reunir una información procesable de la demanda tanto actual como naciente.

Los factores del sector son, con frecuencia, obvios y fáciles de determinar: nuevos competidores, nuevas tecnologías, canales de distribución u oferta adicionales y cambios en la propia estructura del sector. Los cambios en este terreno podrían incluir modificaciones en la cadena de la oferta; distribuidores eliminados, por ejemplo, de forma que los fabricantes traten ahora directamente con los consumidores. La consolidación sectorial es otro ejemplo.

Las fuerzas de la demanda son externas a su sector. Entre ellas se cuentan una nueva legislación, los cambios en la economía y los cam-

Seis pasos muy elaborados y fáciles de entender mediante los cuales cualquier empresa puede impulsar la Estrategia de la Demanda

1	Analizar las fuerzas de la demanda y los factores del sector que repercuten en su negocio	Reunir información procesable sobre los factores desencadenantes del cambio de la demanda tanto actual como naciente **Resultados:** – Le permite captar la demanda de más alto rendimiento y los mayores beneficios posibles – Anticipación a los cambios de la demanda en vez de reaccionar a ellos – Se evitan las sorpresas en las ganancias debido a los cambios de la demanda
2	Seleccionar los segmentos de demanda más rentables	Identificar segmentos específicos de la demanda que puede satisfacer que producen el mayor rendimiento para su empresa **Resultados:** – Productos y ofertas dirigidas a segmentos específicos del mercado versus ofertas a mercados indiscriminados – Si satisface bien las demandas específicas sus competidores tendrán menos posibilidades de atraer a los mismos clientes – El eficaz afinamiento de los presupuestos maximiza las vendas a un coste inferior, lo que resulta en rendimientos más altos
3	Construir propuestas de valor duradero para diferenciar las ofertas	Colabore con sus mejores clientes para construir propuestas de valor duradero **Resultados:** – Una propuesta de valor duradero que lo **diferencía** y lo **protege** contra la competencia – Le permite cobrar más y evita tener que hacer descuentos – Aumento de la lealtad debido a que los productos/marcas satisfacen las expectativas de los clientes
4	Identificar las estrategias y sistemas de negocio necesarios para satisfacer la demanda	Impulsa la cadena de la oferta y canaliza la pericia de las ventas para obtener un desempeño superior **Resultados:** – Mejora de la eficiencia y la efectividad debido a la concordancia con la demanda – Permite a una empresa crear una cartera de productos que atrae a múltiples grupos objetivos – Los productos/ofertas nuevos se benefician de la calidad superior de los sistemas de distribución, ventas y marketing de la empresa
5	Asignar los recursos	Utilice la información sobre la demanda para alinear los recursos en función de las mejores oportunidades de crecimiento/rendimiento **Resultados:** – Permite a las empresas alinearse con la demanda y satisfacerla obteniendo altos márgenes de beneficios – El rendimiento para los accionistas se mantiene en niveles altos
6	Ejecutar la Estrategia de la Demanda	Siga un proceso disciplinado y probado que oriente su oferta hacia clientes que lo que más desean es lo que su producto satisface **Resultados:** – Alineación organizacional total – Desempeño superior que vence a la competencia

bios en las esferas cultural y social; por ejemplo una campaña para una mayor intimidad en la Era de la Información.

En casi todas las empresas, los análisis de mercado son limitados y se centran en características y resultados bastante obvios y estrechamente definidos. El planteamiento de la Estrategia de la Demanda funciona a un nivel mucho más amplio. Al centrarse en las fuerzas de la demanda y en los factores del sector, va mucho más allá de las cuestiones del momento para producir una instantánea realista y una comprensión en tiempo real de aquellos factores que han modificado la demanda en el pasado y de los que están creando una demanda futura en su mercado. Cuando se hace adecuadamente, el análisis de las fuerzas y los factores presentes y pasados revela, prácticamente en todos los casos, unos patrones claros de causa y efecto. Reconocer estos patrones es clave para conseguir una ventaja inicial crítica al identificar la demanda naciente. Si comprendemos los factores causales que cambian la demanda en las primeras etapas, podemos adelantarnos a la competencia, diferenciar nuestros productos y tener una oportunidad excelente para conseguir precios más altos, porque nuestra oferta supera la de nuestros competidores en la satisfacción de esa demanda.

Paso n.º 2. Seleccionar los segmentos de demanda más rentables

Los expertos continúan hablando de la oferta y la demanda en términos de monomercados, como el trigo y el azúcar. En realidad, cada mercado se puede segmentar según diversos criterios, como estilo de vida, etapa de la vida y conducta. El objetivo es llegar a estar plenamente familiarizado con la demanda única de cada segmento en particular para poder identificar aquellos que mejor encajarán en los propios conocimientos, recursos, canales y sistemas de negocio.

Cuando elija segmentos de demanda, debe hacerlo buscando los que se adaptan mejor a sus capacidades y le permiten diferenciar sus productos y servicios de forma que conduzcan a una mayor rentabilidad. Al hacerlo, debe tener en cuenta sus canales de distribución, competidores, precios, diseño de productos, competencias fundamentales y cualquier otra cosa que le ayude a situarse tan cerca de la demanda del consumidor como sea posible. Quizá descubre que los consumidores más rentables están ahora fuera de su alcance competitivo o quizá descubra una demanda naciente que su empresa no esté ahora en disposición de satisfacer. No tiene sentido que una organización estructurada para producir artículos de bajo precio trate de vender pieles de lujo, por muy extraordinaria que sea la ocasión. En muchos casos, puede que algunos de los consumidores más rentables ya sean clientes suyos. Pero puede animar a más de ellos a comprar más mercancías o servicios a precios más altos si los comprende mejor y procura satisfacer esa demanda mejor que sus competidores.

Paso n.º 3. Elabore propuestas de valor duradero para diferenciar lo que vende

Al combinar el Paso n.º 1 (analizar las fuerzas y los factores que impulsan la demanda) y el Paso n.º 2 (identificar los clientes más rentables), las empresas que aplican la Estrategia de la Demanda conectan tres bases de datos muy ricas: sus clientes, su sector y su propia compañía.

Por desgracia, la mayoría de planes de negocio cambian muy poco de un año a otro porque las empresas se centran, en gran medida, en las ventas y la rentabilidad presentes. El análisis más amplio que busca la Estrategia de la Demanda les permite determinar no sólo cómo satisfacer mejor la demanda actual, sino cómo empezar a prepararse para satisfacer una demanda naciente antes que sus competidores.

Es un proceso intensivo. Cada opción estratégica tiene sus propios riesgos y recompensas, sus propias exigencias en inversión y tecnología, sus imperativos de personal y sus repercusiones en la cadena de la oferta, el tiempo y la competencia. Hay que estudiar concienzudamente cada una de estas opciones. Hay que plantear hipótesis y usar análisis basados en datos para aclarar cómo las fuerzas y los factores inciden en cada segmento de la demanda y se relacionan con él.

Después de delimitar sus opciones, en la empresa debe formarse un equipo de liderazgo multidisciplinario para que tome las decisiones estratégicas finales sobre dónde y cómo competir. Pero las empresas no deben apresurarse a llegar a ese punto. El debate dentro de la organización debe ser completo, abierto y apasionado. Es importante aplicarse a forjar un sentido de la propiedad, una confianza y un entusiasmo comunes, en lugar de imponer un dictamen estratégico sin comprender plenamente sus metas y expectativas. Cuando los líderes de los diversos departamentos y funciones están plenamente comprometidos con la opción elegida, su ejecución tendrá unas posibilidades de éxito mucho mayores.

Una vez alcanzado el acuerdo, es vital crear una *Propuesta de Valor para la Demanda*. Al hacerlo le está diciendo a sus clientes: «Comprendo lo que quieren; este es el conjunto de beneficios que les ofrecemos para satisfacer sus necesidades y proporcionarles un auténtico valor.» Es la Propuesta de Valor para la Demanda lo que le diferencia de sus competidores; la diferenciación es esencial cuando la oferta prolifera y cada vez más productos corren el riesgo de convertirse en genéricos.

Una Propuesta Efectiva de Valor para la Demanda suele tener diversos *puntales* o aspectos, que serán su base para competir. Por ejemplo, McDonald's tiene, por lo menos, cuatro puntales que se encuentran en cada uno de sus establecimientos en todo el mundo: los restaurantes son rápidos y agradables, están limpios, ofrecen menús para los niños y proporcionan comida adecuada.

Como explicábamos en el capítulo 1, Valor = Beneficios/Precio. Cada puntal de McDonald's responde a una necesidad específica de los segmentos que quiere captar. Al proporcionarles esos beneficios, McDonald's satisface un número mayor de las exigencias de sus clientes que sus competidores. La empresa ha llegado a ser el mayor negocio de restauración del mundo porque los beneficios que ofrece y su superior cumplimiento se aúnan para crear un gran valor para miles de millones de consumidores.

La Estrategia de la Demanda garantiza que sean los clientes más rentables de una compañía, en lugar de los clientes medios, quienes guíen la creación de su Propuesta de Valor para la Demanda (PVD).

Paso n.º 4. Identificar las estrategias y sistemas de negocio necesarios para satisfacer la demanda

Ninguna estrategia tiene éxito a menos que se ejecute bien. Es necesario contar con un sistema de negocio bien afinado. En muchos casos, ese sistema le ofrecerá la oportunidad de impulsar tanto su diferenciación como su ventaja competitiva.

EMC Corporation, por ejemplo, entró en el mercado de almacenamiento informático en 1990, en un momento en que IBM controlaba el 80% del mercado del almacenamiento de datos en la memoria principal. Creando mejores *hardware* y *software* de almacenamiento, EMC llegó, en pocos años, a dominar el mercado. Además, ideó un sistema de negocio dentro del cual trabaja con sus clientes más sagaces y visionarios para reinventar su negocio cada dos años y mantener así su dominio del mercado. EMC identifica las cincuenta o sesenta personas que, dentro de las organizaciones de sus clientes, más saben de almacenamiento de datos. Después de firmar acuerdos de confidencialidad para un período de dieciocho meses, estas personas trabajan en estrecha colaboración con los ingenieros de EMC para volver a inventar la tecnología de almacenamiento existente, lo cual permite que EMC deje atrás a sus competidores. Esta interacción con sus clientes ha permitido que la empresa elevara el valor de sus acciones en un 80,575%, convirtiéndolas, en la década de los noventa, en las de mayor rentabilidad de la Bolsa de Valores de Nueva York (sólo Dell Computer, que cotiza en el Nasdaq, tuvo un incremento mayor en el mismo período).

En sus inicios, la compañía Gatorade decidió seguir la estrategia del «punto de sudor», haciendo que la bebida estuviera disponible en los gimnasios, centros de fitness y tiendas tipo VIPS donde era más probable que acudieran los compradores después de acabar sus programas de ejercicio. Gatorade estableció su presencia en casi cualquier establecimiento de ese tipo imaginable.

A veces, los sistemas de negocio se definen no sólo por cómo actúan los empleados sino también por cómo piensan y sienten respecto a ellos mismos. Walt Disney Company, por ejemplo, emplea este concepto de forma soberbia en sus parques de atracciones, donde se dice que los empleados son actores y actrices del reparto. El ambiente de elegancia de los hoteles Four Seasons es debido, en parte, a los letreros colocados en todos los lugares donde se congregan los empleados: «Somos damas y caballeros que sirven a damas y caballeros».

Paso n.º 5. Asignar los recursos

Una de las mayores responsabilidades de un presidente ejecutivo es asignar adecuadamente los recursos. Una estrategia o plan de negocio no tiene valor alguno a menos que se ejecute bien y esto equivale a que se asignen los recursos adecuados para garantizar el éxito. Siempre me ha asombrado que, con frecuencia, las corporaciones pierdan el norte al involucrarse en demasiados negocios al mismo tiempo sin contar con los recursos suficientes para llevarlos a buen puerto.

Son los altos cargos quienes deben evaluar qué capacidades deben proporcionar los recursos necesarios y aplicarlos allí donde consigan el mayor rendimiento y los clientes más fieles.

Con frecuencia, los líderes empresariales piensan que todo es mejor en casa del competidor. En respuesta, se lanzan a cultivar múltiples líneas de negocio, cada una de las cuales se alimenta, de forma inevitable, de los limitados recursos de la compañía. Como resultado, las organizaciones permiten que sus mejores recursos humanos se desperdiguen en diversas direcciones. Sin embargo, como dijo una vez el *gurú* de la gestión Peter Drucker: «Los recursos más escasos de una organización son las personas que rinden.»

A esas compañías les resulta difícil proveer suficientes recursos financieros para que cada línea de negocio llegue a ser un competidor potente y una operación de fuerte crecimiento. Aunque unos cuantos de estos conglomerados prosperan en sus diversos negocios —General Electric y Johnson & Johnson son ejemplos notables— siguen siendo excepciones. Es mucho más habitual que las compañías con múltiples líneas de negocio tengan unos recursos insuficientes para ser líderes duraderos en sus categorías y, así, recogen tasas de rendimiento menores. Una de mis tareas más difíciles como asesor de los altos cargos directivos de mis empresas clientes es reducir la amplia gama de negocios en que participan para que puedan concentrarse en empeños de más envergadura y en conseguir mejores resultados de menos negocios y ofertas de productos. Los animo a vender empresas de rendimiento medio o bajo, a fin de que los recursos de la organización matriz puedan asignarse a los productos o departamentos estrella.

Paso n.º 6. Ejecutar la estrategia de la demanda

Uno de los profesores más populares de la Harvard Business School, el fallecido Thomas Bonoma, enseñaba a sus alumnos que, aunque la estrategia es importante, una ejecución superior es imperativa. El profesor Bonoma ofrecía innumerables ejemplos de empresas que contaban con unas estrategias magníficas que se veían socavadas por una ejecución mediocre, y las contrastaba con estrategias entre medianas y buenas, pero con una ejecución superior. En casi todos los casos, las segundas recogían un rendimiento mejor.

Los Estrategas de la Demanda fracasarán si no prestan una atención escrupulosa a cada uno de los detalles de la ejecución de su estrategia. Eso incluye procurarse, oportunamente, información sobre el rendimiento del negocio. Una ejecución superior puede ser difícil; los nuevos canales de venta e Internet han hecho que dirigir una empresa resulte más complejo; hoy los productos tienen ciclos de vida más cortos y la comunicación es virtualmente instantánea. Es esencial que el Estratega de la Demanda permanezca sumamente alerta y receptivo a las actuaciones inesperadas de los competidores. Cuando estos ataques llegan, debe haber suficientes recursos corporativos disponibles para hacerles frente de forma inmediata y decisiva.

Lo que la Estrategia de la Demanda no es

En las páginas precedentes explicábamos de forma breve qué es la Estrategia de la Demanda y cómo funciona. Pero es también importante ser consciente de lo que no es. La Estrategia de la Demanda no se limita a tratar a los clientes como si fueran el blanco de un planteamiento de ventas elaborado después de la creación de un producto; antes al contrario, compromete a los consumidores mucho antes, haciéndoles participar en la creación y desarrollo del producto para garantizar que la demanda se vea plenamente satisfecha.

Aunque en algunos casos es fácil ver la demanda, en el entorno actual de los negocios, tan fuertemente competitivo, esa demanda, tal como la definimos, es el conjunto de deseos y necesidades subyacentes y, con frecuencia, inexpresados de los consumidores. En la práctica, la demanda *crea* consumidores. Si la conocemos con precisión, podremos predecir quienes son y serán nuestros clientes óptimos. Con demasiada frecuencia, las «estrategias del consumo» son campañas que tienen como objeto convencer a los consumidores para que compren lo que una empresa puede ofrecer. Al aplicar la Estrategia de la Demanda, las empresas entran en una secuencia en la cual crean productos y servicios que los consumidores ya desean comprar. Es precisamente porque la Estrategia de la Demanda reúne un espectro tan amplio de beneficios que satisfarán a los consumidores por lo que puede alcanzar la inelasticidad en sus precios. Cuanto más diferenciado sea su producto y más cerca esté de satisfacer plenamente a su cliente, más aumentará sus posibilidades de alcanzar unos precios elevados o inelásticos.

La Estrategia de la Demanda escucha y se deja guiar por los consumidores más avanzados. Las compañías que, constantemente, lideran y moldean sus sectores lo hacen basándose en su profundo conocimiento de la demanda. Incluso la información que les proporcionan sus clientes punteros es puesta a prueba y situada en su contexto para estar seguras de que la demanda es exacta. Al comparar sus notas con las de esos clientes, descubrirán que éstos cuentan con una base de datos que rige su punto de vista sobre la demanda, algo de lo que suelen carecer los consumidores medios. En la auténtica Estrategia de la Demanda, los clientes punteros participan a continuación, decididamente, en la tarea de imaginar, crear y dar forma a ese producto que encajará en la demanda subyacente.

Las estrategias del consumo se utilizan para vender un producto; su meta es conseguir cuota de mercado. En cambio, la Estrategia de la Demanda quiere conseguir una cuota más alta de la demanda que ha seleccionado; produce un volumen muy rentable, con precios inelásticos porque su resultado son unos productos únicos, que son los que más cerca están de satisfacer plenamente la demanda. Como resultado, la Estrategia de la Demanda es el medio más rentable para dirigir una empresa.

Sin duda, algunos de los elementos de la Estrategia de la Demanda suenan conocidos; términos como «segmentación», «clientes más rentables», «asignación de recursos» y «sistema de negocio». No obstante, estoy seguro de que descubrirán que, a diferencia de otros planteamientos, que se centran en la oferta o que empiezan en el consumidor, nuestro punto de partida es la demanda, que es lo que, en verdad, inicia y detiene la actividad del mercado.

Con frecuencia he leído y con más frecuencia todavía me han dicho que las ideas realmente importantes suelen ser las más fáciles de describir y comprender. Así sucede con la Estrategia de la Demanda. Hemos cogido las leyes más viejas y aceptadas de la economía y, dándoles la vuelta, hemos modificado las iniciativas de la empresa, de forma que su crecimiento y rentabilidad sean más rápidos y seguros.

Aunque algunos de los términos puedan sonar familiares, nuestros sistemas, nuestros métodos y nuestros procedimientos analíticos son muy diferentes de lo que se haya visto o usado anteriormente. Parte del placer de aplicar la Estrategia de la Demanda es su sencilla lógica y su simplicidad. Tanto si su empresa se dedica a fabricar aviones *Jumbo* como juguetes para niños, alta tecnología como seguros de vida, seguir los sistemas y principios de la Estrategia de la Demanda sigue siendo sencillo. Y aplicando este planteamiento, cada una de las cuestiones de la empresa resulta mucho más fácil de comprender y solucionar.

La Estrategia de la Demanda ofrece nuevos métodos y herramientas para muchas de las etapas más críticas. Nuestro primer paso, el análisis de las fuerzas y los factores, sólo lo dan una minoría de empresas y son incluso menos las que lo hacen con la amplitud y la profundidad exigidas para contar con un conocimiento genuino de la demanda. Igualmente, nuestra forma de plantear la segmentación es bastante diferente y más analítica, predice más la conducta y es más practicable que la mayoría de planteamientos que se centran en la etapa de la vida, la demografía, la anterior práctica de utilización y las necesidades actuales. Además, las herramientas de nuestro registrado Customer Demand Analysis™ (Análisis de la Demanda del Consumo) determinarán qué combinación de beneficios les permitirán vender el máximo volumen a los precios más altos basándose en su propuesta total, comparada con la de sus competidores.

Como quedará claro a lo largo del libro, muchas de las empresas de mayor éxito del mundo utilizan este planteamiento, lo cual subraya uno de nuestros cuatro puntos clave: la Estrategia de la Demanda puede ayudar a cualquier empresa a competir con mayor eficacia y a ganar. No se da el caso de que sólo ciertos tipos de empresa puedan beneficiarse de la Estrategia de la Demanda. No es necesario un ejército de consultores externos para ponerla en práctica. Sí que exige comprometerse a reunir una base de conocimientos sobre la demanda y utilizarla para identificar y servir de forma más rentable a aquellos clientes que ofrezcan los máximos beneficios potenciales para su empresa.

En el capítulo siguiente, mostraré cómo la unidad de crédito de Sears Roebuck & Co hizo de su conocimiento de la Estrategia de la Demanda un éxito empresarial auténticamente asombroso.

3

Sears Credit conquista la demanda

Imaginen por un momento que se enfrentan a la posibilidad de perder un cuasimonopolio y que el producto que competirá con el suyo cuesta casi un 25% menos. ¿Cómo reaccionarían? Esa fue la situación a la que se enfrentó el personal de Sears Credit cuando les dijeron que las tiendas Sears empezarían a aceptar MasterCard y Visa al cabo de un año. Hasta aquel momento, no aceptaban ninguna otra tarjeta salvo la de la propia Sears. (También estaba autorizada su otra tarjeta Discover).

Sin embargo, a principios de los noventa, Sears Roebuck & Co. desafió prácticamente las leyes de la física empresarial; renunció al monopolio sobre las tarjetas de crédito en sus almacenes y lo hizo sin perder a sus principales clientes a crédito. De hecho, los beneficios, los márgenes y la cuota de transacciones aumentó para la Tarjeta de Crédito Sears, protegiendo su papel como principal contribuyente a los beneficios globales de Sears.

Como consultores en aquel caso, The Cambridge Group disfrutó de un asiento de primera fila, además de echar una mano para conseguir los resultados. El caso resultó ser un modelo de la aplicación de la Estrategia de la Demanda.

Jane Thompson, vicepresidenta ejecutiva responsable de Sears Credit, se merece el crédito de este golpe maestro. Anterior directora de estrategia de Sears, Jane pasó a ser vicepresidenta ejecutiva de Credit poco antes de que se anunciara que los almacenes iban a aceptar MasterCard, Visa y American Express.

Antes de entrar en Sears, Jane obtuvo un MBA en la Harvard Business School, trabajó en Procter & Gamble Co. y fue socia de McKinsey & Company. Fue en Procter & Gamble donde aprendió la importancia de comprender a los consumidores como parte esencial para llevar una empresa. En mi opinión, su formación y sus instintos naturales la ayudaron a liderar el grupo de forma que descubriera el auténtico valor que los clientes recibían de la tarjeta Sears; comprender la demanda de los consumidores en su totalidad era una segunda naturaleza para ella.

Sears solicitó los servicios de The Cambridge Group porque, de repente, el futuro de la división de crédito se había vuelto incierto. Sears había presupuestado más de 400 millones de dólares de beneficios en 1993 procedentes de su tarjeta de crédito, que gozaba de un éxito enorme. Pero ahora que los almacenes Sears iban a aceptar otras tarjetas esa meta corría peligro. Utilizar las tarjetas de Sears se había convertido en algo natural para la mayoría de sus clientes y era una parte importante de los beneficios de la empresa. Pero la presión de la competencia hizo que los ejecutivos de la división de crédito se preguntaran cuánto tiempo duraría esa rentabilidad ante la apertura de los establecimientos Sears a Visa, MasterCard y American Express.

El primer paso en la Estrategia de la Demanda y, en nuestra opinión, el mejor modo de abordar el problema de Sears, era comprender las fuerzas y los factores que afectarían a la demanda.

Las tarjetas de crédito de los establecimientos detallistas y de los bancos proliferaban. Las tarjetas de crédito de grupos afines, emitidas por organizaciones como Audubon Society, estaban también haciendo mella en el mercado. Incluso las grandes compañías, como Shell Oil y General Motors Corporation, emitían sus propias tarjetas. Estos gigantes no esperaban ganar dinero con sus tarjetas; las consideraban unas herramientas de marketing que hacían que comprar sus productos resultara más fácil y atractivo. La competencia de Sears Credit estaba encareciendo los gastos de marketing; el gasto total dedicado a anunciar las tarjetas de crédito aumentó un 51% en sólo un año.

Y lo que era incluso peor para Sears Credit, sus competidores cargaban un interés menor que Sears y los otros detallistas. Dados estos factores, la cuota de las tarjetas del detallista en el negocio de las tarjetas de crédito había caído un 50% en casi todos los establecimientos de ese tipo en todo el país. Los clientes de las mayores cadenas iban dejando de usar las tarjetas del establecimiento y pasando a emplear sus tarjetas bancarias. Lo que vio la corporación Sears fue que si sus tiendas no aceptaban otras tarjetas de crédito, sus clientes podían emigrar a otros comerciantes, así que, finalmente, decidieron aceptar American Express, MasterCard y Visa.

El inconveniente era que, a los ojos de nuestro numeroso equipo, no había ninguna razón económica evidente para que los clientes de Sears continuaran usando sus tarjetas de Sears. La empresa cargaba un tipo de interés anual del 21% sobre el crédito renovable, mientras que el tipo medio de las otras tarjetas, en aquella época, era del 16,5%. Además, en 1993, los clientes tenían un incentivo nuevo e importante para abandonar por completo sus tarjetas de Sears. Los planes de transferencia de saldos y unos tipos «tentadores» de interés bajo estaban cautivando el sector; pasar la deuda a una tarjeta que ofrecía uno de esos planes prometía un tipo introductor del 8,9% durante noventa días. En la práctica, durante los tres meses siguientes se ahorraba más de la mitad de lo que se pagaba en intereses. El ahorro de dinero no se detenía cuando las tarjetas volvían a sus tipos habituales, porque incluso éstos eran mucho más bajos que los ofrecidos por Sears.

Sears estaba en un aprieto porque no podía permitirse perder a sus clientes de tarjeta, especialmente a quienes más la usaban. Un posterior análisis aclaró que los mejores clientes de Sears Credit eran también los mejores de los almacenes Sears y, además, representaban más de la mitad de los beneficios de Sears Credit. En realidad, la necesidad de entender la demanda de esos clientes, tan fundamentalmente importantes, iba mucho más allá de las tarjetas de crédito; era vital para el éxito global de la empresa.

Según los cálculos más optimistas, los beneficios procedentes de la tarjeta bajarían en un 9% en los dos años siguientes. La visión pesimista era que caería en picado más del 40%. Las compañías de tarjetas de crédito competidoras podían procurarse fácilmente datos que revelaran quiénes eran los máximos usuarios de la tarjeta de Sears a fin de ir tras ellos. Sears era vulnerable y podía perder a esos máximos usuarios. La tarea de The Cambridge Group, junto con John Delaney (vicepresidente de marketing) y un numeroso equipo de Sears, era identificar una demanda que sólo Sears pudiera satisfacer. Desde el principio, Jane Thompson estaba firmemente convencida de que estructurando los beneficios de la tarjeta en torno a Sears tendríamos una propuesta de valor que nadie más podría igualar.

Las anteriores campañas para desvelar una demanda oculta no habían tenido éxito, en gran medida porque las relaciones de Sears con sus clientes se habían centrado mayormente en cuestiones relativas a la oferta, como, por ejemplo, la cuota de la tarjeta. La situación se presentaba sombría.

Sorprendentemente, en los meses que siguieron, pese al 21% de interés de la tarjeta de Sears, sus clientes continuaron usándola. Aunque para entonces comprendíamos muchas de las fuerzas y los factores y habíamos elaborado algunas hipótesis firmes sobre el porqué de ese uso, no podíamos explicarlo satisfactoriamente.

Mi socio Kevin Bowen revisó un análisis que dividía los millones de cuentas de crédito de Sears en diez categorías para entender mejor a estos compradores. El 10% superior de los usuarios de tarjeta de crédito renovable de la compañía representaba casi las tres cuartas partes de sus beneficios brutos y era el segmento de demanda que Sears tenía que retener y conquistar. El equipo supo que se enfrentaba a una tarea difícl porque reducir el tipo de interés no era una opción viable.

Pero nuestro trabajo no había hecho más que empezar y, antes de hacer nada más, teníamos que completar el Paso n.º 2, comprender al consumidor que aportaba muchos beneficios. Completar esa etapa nos permitiría decidir nuestras opciones estratégicas.

Cuando estudiamos más minuciosamente los datos que habíamos reunido sobre el segmento que queríamos alcanzar, descubrimos una anomalía. Era algo aceptado por todos los expertos y emisores de tarjetas de crédito que el tipo de interés era la razón de más peso para utilizar una tarjeta y no otra. No obstante, muy pocos usuarios de tarjetas de crédito pagaban realmente el tipo más bajo. Estábamos seguros de que si lográramos explicar esta aberración, descubriríamos nuevas opciones para Sears.

Pese a los señuelos de las tarjetas competidoras, que incluían unos tipos de interés seductores, descubrimos que los clientes de la tarjeta de Sears tardaban más que los de otros detallistas en abandonar el barco. Pensamos que, quizás, el bajo tipo porcentual de interés y la posibilidad de transferir la deuda no eran tan importantes como habíamos supuesto.

Cuando estudiamos todos los usuarios de la tarjeta de crédito de Sears, llegamos a una serie de conclusiones, pero cuando estudiamos sólo el 10% superior, de los cuales la compañía extraía el máximo beneficio, tuvimos una imagen diferente. Si descubríamos algo que la competencia no supiera sobre la demanda de ese segmento y nos hacíamos con esa demanda de forma exclusiva, Sears tendría, potencialmente, una ventaja competitiva importante.

John Delaney informó a Jane Thompson de la oportunidad que su equipo había identificado en ese 10% superior de usuarios, que representaba bastante más de la mitad de los beneficios de la división. Jane se mostró entusiasmada sobre las oportunidades, basadas en Sears, y estuvo de acuerdo en dejar que el grupo tomara algunas medidas limitadas inmediatamente.

Primero pedimos a los vendedores y cajeros que animaran a los clientes a usar las tarjetas de Sears haciéndoles lo que denominamos la pregunta «¿Puedo...?»; «¿Puedo cargar esto en su tarjeta Sears?». Si el cliente no la tenía y presentaba una tarjeta rival, el cajero le ofrecía la posibilidad de contratar una nueva tarjeta Sears, que podía aprobarse en unos diez segundos después de que el sistema de la tarjeta rival hubiera aprobado la compra.

Por haber estudiado nuestro análisis de fuerzas y factores, sabíamos que los clientes eran fieles a Sears. Tenía una identidad de marca de las más fuertes que habíamos visto nunca. Las relaciones de la empresa con sus clientes se remontaban, en algunos casos, a varias generaciones. La gente crecía con Sears. Sus padres habían amueblado su primera casa o piso en Sears y comprado la primera ropa escolar de sus hijos allí. Confiaban en Sears y tenían buenas razones para hacerlo, entre ellas una ubicación cómoda y el valor percibido de las mercancías. Pero el factor más importante era la garantía de Sears, un 100% de satisfacción.

Siempre que los consumidores compran algo en cualquier sitio, corren un riesgo y la importancia de ese riesgo es directamente proporcional a sus ingresos. Para el cliente de Sears —estadounidense medio, ni pobre ni rico— la garantía importa. Cuando esa persona compra un calentador de agua de 800 dólares, un desembolso importante, necesita sentir la confianza de que Sears lo respaldará por completo.

Es más, descubrimos que esa garantía al 100% era más importante para el segmento de demanda de mayor volumen que para los clientes de Sears en general. Creamos grupos centrados en la demanda por todo el país, reuniendo a cientos de clientes de este segmento. Nuestros grupos se parecen a los grupos de muestra, pero funcionan de forma muy diferente porque sólo entrevistamos a un grupo objetivo cada vez. Por ejemplo, si trabajamos con un grupo de demanda sobre las galletas, no mezclamos a quienes prefieren galletas con alto contenido de grasa y a los que sólo comen galletas con un porcentaje bajo. Esos grupos están formados por un segmento objetivo único con el fin de comprender la demanda y la conducta de los grupos objetivos individuales. Trabajar con un grupo homogéneo hace que sea más fácil formar hipótesis aplicables a ese grupo porque los miembros comparten la demanda, las motivaciones y el comportamiento.

Hablamos con los miembros del grupo largamente sobre cómo vivían, compraban y tomaban decisiones sobre los productos. También hablamos de cómo seleccionaban las tarjetas de crédito que usaban.

Los grupos de demanda demostraron tener una enorme importancia en nuestras conclusiones sobre el comportamiento de las tarjetas de crédito. Si hubiéramos aplicado las ideas defendidas generalmente, habríamos acabado descaminados en nuestro análisis de Sears. Descubrimos que los clientes de Sears no eran consumidores resueltos, de mirada fría, que calculan el tipo de porcentaje anual y trasladan su deuda a otro sitio. Les preocupaban muchas otras cosas. Elegían por una serie variada de razones; también la demanda está formada por muchos elementos.

Descubrimos que, de las personas con quienes hablamos, quienes tenían un crédito renovable se contaban entre los clientes de Sears menos seguros económicamente. Cada dólar que entraba, salía de nuevo y, con todo y eso, no cubrían todas sus cuentas. Si se atrasaban en sus pagos a Sears, lo más probable es que también lo hicieran con otros pagos, quizás incluso con su hipoteca. Necesitaban controlar mejor su vida económica.

El deseo de sentir que controlamos todos los aspectos de nuestra vida es intrínseco a la condición humana. Y nuestros clientes clave de Sears estaban entre quienes pensaban que menos controlaban la faceta económica de su vida.

Una noche, trabajando con un grupo de demanda hablábamos de las posibles razones que hacían que esos clientes siguieran fieles a la tarjeta Sears. Un hombre de unos cincuenta y cinco años dijo que cuando su esposa y él estaban criando a su familia tenían más deudas de las que podían pagar. Dijo que cada mes hacían el pago mínimo en cada cuenta para no atrasarse. Dado que su tarjeta de Sears exigía unos pagos mínimos más bajos, la utilizaban siempre que podían. Este factor, los bajos pagos mensuales de Sears, resultó ser crítico para el éxito de la tarjeta y una diferencia importante con las demás tarjetas.

Cuando sondeamos qué significaba un pago mensual mínimo, muchas piezas del puzzle de la demanda empezaron a encajar. Otra de las razones que hacía que estos clientes continuaran usando su tarjeta Sears era que tenían que guardar espacio libre en sus tarjetas MasterCard o Visa, que podían usar en la mayoría de los otros establecimientos. Si agotaban el crédito en estas tarjetas y se les estropeaba el frigorífico, sólo la tarjeta Sears les defendía de quedarse sin frigorífico.

Si, cada mes, todo el dinero que entra en una casa también sale, entonces los tipos de interés son casi irrelevantes. Lo que importa sobre todo en una tarjeta de crédito es el pago mensual mínimo.

Cuanto más nos reuníamos con los usuarios del crédito Sears, más descubríamos que mantener los pagos mensuales al mínimo era mucho más importante que el tipo de interés.

Por vez primera desde que supieron que Sears iba a aceptar MasterCard y Visa, Jane Thompson y John Delaney comprendían la demanda de sus clientes fundamentales mucho mejor que sus competidores.

Muchos de los clientes en el segmento estudiado utilizaban la tarjeta como una especie de herramienta presupuestaria y programaban sus compras para lograr que los pagos mensuales fueran siempre iguales. Cuando finalmente acababan de pagar el sofá, a razón de 15 dólares al mes y el pago bajaba de 25 dólares a 10 dólares, podían comprar un televisor que volvía a colocar ese pago en los 25 dólares.

Además, los usuarios de las tarjetas de Sears se resistían a utilizar las ofertas de traslado de la deuda. Las veían tal como eran, tentaciones, incluso trucos similares a una táctica de traga el anzuelo y cambia. Con frecuencia preguntaban, «¿Es que creen que somos tan estúpidos?». Esta era otra razón para que permanecieran fieles a Sears.

Además de las demandas económicas y de estilo de vida que identificamos, también descubrimos que los clientes sentían un fuerte apego emocional hacia sus tarjetas de Sears. Estaba claro que sentían que Sears era «su» almacén, algo en lo que podían confiar.

Buena parte del apego emocional a la tarjeta era el resultado del buen trato que Sears prestaba siempre a sus clientes. La empresa se mostraba comprensiva en su política crediticia cuando sus clientes se atrasaban en los pagos. El mensaje comunicado era: Cuando tengan problemas, les ayudaremos; si se atrasan, les ayudaremos a ponerse al día. Los clientes sentían que Sears les daba tranquilidad. Cualquiera que fuera el interés que cargara, los clientes consideraban que Sears era una buena empresa que les ofrecía un trato justo.

Ese es el momento mágico por el que todas las personas vinculadas al mundo de los negocios suspiran; el de descubrir qué crea demanda y, al mismo tiempo, comprender a sus clientes de una forma que ninguno de sus competidores hace. El único medio de lograr esta ventaja es analizar qué hay detrás de la conducta superficial y de las preguntas basadas en la oferta, hasta desvelar la causa subyacente de la demanda. Por lo general, hay demandas añadidas a la demanda del producto; con frecuencia, hay una demanda psicológica o algún tipo de refuerzo que crea valor para los consumidores. Sentir el prestigio de conducir un determinado coche es un ejemplo; la confianza en que una empresa no te abandonará si tienes aprietos económicos es otro.

Una vez identificado el segmento de la demanda que queríamos captar y averiguado qué era lo que lo motivaba, estábamos listos para pasar a la tercera etapa de la Estrategia de la Demanda; crear opciones estratégicas. Aunque bajar el tipo de interés anual seguía siendo una posibilidad, nuestros nuevos conocimientos abrían muchos otros caminos.

Cuando entramos en el Paso n.º 3, Jane orientó nuestro trabajo hacia los beneficios que sólo comprar en Sears podía proporcionar. Una de nuestras opciones era crear un sistema de puntos con los cuales los clientes podrían conseguir, gratis, regalos, kilómetros de viajes en avión y cosas similares. Esta era una opción popular a principios de los noventa. Pero la intuición de Jane la llevó a insistir en que los beneficios tenían que estar explícitamente relacionados con Sears, una idea que demostró ser crucial.

Los elementos que se combinan para permitirnos satisfacer las demandas del consumidor suelen ser multidimensionales. Es raro que un único factor, como un tipo de interés bajo, satisfaga la demanda. McDonald's, por ejemplo, responde a la demanda buscada proporcionando rapidez, limpieza, pensando en los niños y ofreciendo una comida siempre buena. Si se centrara en una única demanda, su éxito se vería muy disminuido. De forma parecida, el extraordinario éxito de Wal-Mart Stores no puede atribuirse únicamente a los bajos precios. Sus operaciones logísticas permiten la rápida reposición de los productos de más venta y la informática pone en manos de sus empleados una información sobre sus clientes mucho mejor que la que tienen otras compañías. Si Wal-Mart Stores, Inc., se apoyará en un único factor, tendría mucho menos éxito.

En Sears creamos un mosaico con todo lo que sabíamos que motivaba a nuestro segmento de demanda. Aunque queríamos aprovechar la relación de la empresa con sus clientes, también queríamos atraer a otros, lo cual nos incentivó para volver a evaluar qué querían realmente de un establecimiento detallista.

Con un dinero limitado para gastar, estos consumidores buscaban valor y flexibilidad financiera. Sabíamos también que se sentían vulnerables ante la posibilidad de perder su empleo. Su colchón económico era muy pequeño o inexistente. La seguridad financiera era su máxima prioridad.

Aunque rebajar el tipo de interés era una de las opciones, estábamos convencidos de que no era una medida inevitable. Es más, estábamos seguros de que si Sears Credit podía centrarse en la demanda subyacente —es decir, la auténtica— y satisfacerla, podría mantener su línea de precios.

Volvamos por un momento a la definición del valor: Valor = Beneficios/Precio. Nuestro trabajo reveló que Sears tenía una oportunidad para ampliar los beneficios que ofrecía sin reducir el tipo de interés de la tarjeta ni rebajar el precio de los artículos. Los miembros de nuestro segmento de consumo pedían seguridad y flexibilidad. Por encima de todo, querían sentir que controlaban su vida; querían ser reconocidos como clientes valorados, porque eso les ayudaba a sentirse más valiosos en general.

Basándonos en las investigaciones cualitativas y cuantitativas, comunicamos a Sears que podía aplazar sin peligro la reducción del tipo de interés. En cambio, nuestro equipo recomendaba una Propuesta de Valor para la Demanda que ofreciera a los usuarios importantes una propuesta que satisficiera tanto la demanda finaciera como la demanda emocional. Este grupo objetivo de demanda quería seguridad, diversas opciones de pago, la relación con Sears y ahorrar dinero, mediante la puesta en práctica de unos valores y descuentos especiales para los «mejores clientes», que harían que valiera la pena pagar un tipo de interés más alto en la tarjeta. Jane Thompson, John Delaney y sus compañeros aceptaron y decidieron no rebajar los tipos.

A continuación entramos en la cuarta etapa de la Estrategia de la Demanda, identificando los sistemas y mecanismos que facilitarían la puesta en marcha de nuestras recomendaciones. Sostuvimos reuniones con los directores de departamento y con los asociados de todo el país con miras a reforzar la estrategia de «¿Puedo...?», es decir, hacer que los vendedores pidieran a los clientes su tarjeta de Sears. Se pusieron letreros en los lugares apropiados y había solicitudes de tarjeta disponibles a la entrada de todos los establecimientos.

En la quinta etapa, Sears Credit asignó los limitados recursos que se necesitaban para poner en marcha la propuesta y, finalmente, en la sexta etapa se puso en práctica la Estrategia de la Demanda.

De repente, los clientes del segmento que nos interesaba veían que se abordaban sus necesidades fundamentales; más seguridad, opciones de pago, control; más valor económico en lo que compraban. Por añadidura, descubrimos que, de verdad, se sentían especiales y valorados.

La estrategia no tenía como objeto repetir la relación habitual entre un vendedor y un comprador, que finaliza con la compra. Por el contrario, trataba de comprender la demanda básica y luego poner en marcha las medidas necesarias para que Sears Credit respondiera a esa demanda. En la Estrategia de la Demanda, consideramos cada compra como una transición suave hacia el siguiente contacto. La constante espiral de compras creada actúa para animar al cliente a comprar con la tarjeta de forma habitual y constante.

Hipotética Propuesta de Valor para la Demanda (PVD) de la tarjeta de crédito de Sears CASO DE LA TARJETA DE CRÉDITO DE SEARS			
OPINIÓN DESEADA: LA TARJETA DE CRÉDITO DE SEARS ES EL MEJOR MEDIO PARA CONSEGUIR EL MÁXIMO DE LAS NUMEROSAS FACETAS DE SEARS			
Situación del cliente	*PVD*	*Incentivos ofrecidos*	*Sistema opiniones cliente*
Baja autoestima económica	Reconocimiento	– Reconocimiento como miembro familia Sears – Programa «mejor cliente» de Sears	– Sears aprecia mis compras y lo muestra de formas tangibles que dicen que soy importante
Objetivos fuera de alcance	Valor	– Primas – Descuentos especiales – Aviso rebajas con antelación	– «Elijo de forma inteligente cuando compro en Sears. Me beneficio de muchas maneras más allá de la calidad y un precio justo que me permiten un verdadero ahorro».
Preocupación por la liquidez	Flexibilidad	– Elegir fecha vencimiento – Saltarse un pago – Mínimo bajo – Pagar en caja	– «Sears me ofrece opciones que me facilitan la administración del dinero. Como resultado controlo mejor mi economía».
Vulnerabilidad	Protección	– Satisfacción garantizada – Ayuda personalizada para el pago	– «Me siento cómodo y confiado cuando compro en Sears. Sé que si pasa algo, se ocuparán de mí».

Al final, el equipo de Sears Credit logró lo imposible; renunció a su monopolio y, sin embargo, aumentó el rendimiento del negocio. Incrementó la participación de Sears en las transacciones con tarjeta de crédito en sus tiendas y sus márgenes subieron. En tres años, sus beneficios en la tarjeta subieron un 44%.

Sears Credit aprendió algo sobre sus consumidores, algo que sus competidores ignoraban. Al estudiar su base de consumo, el equipo logró unos conocimientos exclusivos de las múltiples facetas de la demanda entre los clientes que más valoraba, lo cual le permitió crear una Estrategia de la Demanda que le proporcionó una extraordinaria victoria.

Por supuesto, la solución que funcionó para Sears no funcionará necesariamente para todos los productos, servicios o empresas. Los métodos concretos utilizados para identificar y servir a los clientes que rinden el máximo beneficio variarán de una empresa a otra y de un sector a otro. Puede que le resulte rentable concentrarse en más de un segmento de demanda o en un número diminuto de sus clientes. Quizá descubra, como le sucedió a Sears Credit, que el segmento que le aporta los mayores beneficios está compuesto por personas que ya son sus mejores clientes. Lo crucial es efectuar un análisis concienzudo y meditado de los segmentos de la demanda seleccionados, que le permitirá diseñar una Estrategia de la Demanda exitosa. En los próximos capítulos, examinaremos cada etapa en detalle, para que esté preparado para hacer precisamente esto.

4

Primer Principio

Analize las fuerzas de la demanda y los factores del sector que inciden en su empresa

La vasta mayoría de los análisis empresariales se centran en una actividad o suceso particulares: ¿Qué ha vendido o no vendido? ¿Ha cambiado la cuota de mercado? Y lo más importante: ¿Los resultados financieros responden a las expectativas? En la mayoría de casos, el análisis incluye una serie de hipótesis que tratan de explicar lo que sucede. No obstante, es llamativo ver que falta un análisis riguroso y basado en datos del por qué se han producido o han cambiado las ventas de un artículo y qué factores y cuestiones están en la raíz de estos cambios.

De hecho, la razón de contratar a la mayoría de consultores es la necesidad de efectuar ese análisis. Los consultores, por supuesto, también resuelven los problemas existentes y aportan un punto de vista nuevo e independiente a la empresa de sus clientes. La consultoría ha crecido rápidamente porque los directivos, que están ocupados planificando y ejecutando las funciones y procedimientos que hacen que una empresa siga en marcha, pocas veces tienen el tiempo suficiente para realizar análisis exhaustivos. No obstante, con la Estrategia de la Demanda, llevar a cabo ese análisis es el primer paso para convertirse en una empresa regida por la demanda. Una vez realizado ese análisis riguroso y basado en datos, es fácil para la dirección de la organización ponerlo al día periódicamente. Por añadidura, al hacerlo se reduce la necesidad de consultores. Sin embargo, es raro que las empresas dediquen el tiempo y el personal requeridos para comprender la demanda naciente y prepararse para ella.

Las empresas que ganan sistemáticamente son aquellas cuyos líderes comprenden que los planes de negocio deben incluir explicaciones basadas en datos que den cuenta de por qué se producen determinados fenómenos. La Estrategia de la Demanda entraña un proceso riguroso aplicado a analizar las fuerzas de esa demanda y los factores del sector. Combinados, estos dos aspectos son los elementos causales responsables de los cambios en la demanda. Observamos qué ha creado demanda en el pasado, qué la causa ahora y qué influirá más probablemente en la demanda naciente.

El propósito del análisis de fuerzas y factores tiene dos caras; una es identificar y comprender los factores causales que crean demanda y dos, identificar el contexto en el cual funciona una empresa. Esto incluye los aspectos económicos de la categoría empresarial de una compañía, así como las realidades económicas que afectan a su negocio. También incluye los cambios en la fijación de precios, la legislación, la tecnología presente e inminente, los nuevos canales y competidores, los cambios en la estructura de un sector y el precio de los materiales. Además, el proceso se centra en las grandes tendencias sociales y demográficas que pueden afectar a la demanda de bienes y servicios en el futuro.

Es imperativo que las empresas comprendan las fuerzas y los factores que impulsan la demanda en su sector de negocios. Contar con un conocimiento más preciso y profundo de su sector y de las relaciones de causa y efecto importantes, puede llevar a una información exclusiva respecto a cómo se ha creado y se creará la demanda. Armado con esa información, podrá elaborar una Estrategia de la Demanda que aumente sus beneficios sobre una base constante.

La Estrategia de la Demanda exige, antes que nada, una perspectiva más amplia y completa que la que tienen la mayoría de empresas actualmente. Aplicando la información que conseguirá, una empresa sabrá más que sus competidores sobre qué se venderá y qué no se venderá. Es un planteamiento que reducirá los costes totales de la producción de bienes y servicios, mientras aumenta los ingresos. Es el planteamiento ideal para liderar y gestionar un negocio con éxito en este siglo XXI tan acelerado.

Las fuerzas de la demanda y los factores del sector nos ofrecen una herramienta de incalculable valor para comprender más plenamente la conducta del consumidor. En este contexto, podemos identificar y analizar las fuerzas y los factores concretos que afectan a la demanda y a las ventas de nuestros productos.

Por ejemplo, Starbucks Corporation ha utilizado un planteamiento de fuerzas y factores con un éxito sensacional. En los años anteriores a la apertura del primer establecimiento de Starbucks, en Estados Unidos, el consumo de café iba cayendo en casi un 2,5% anual (calculado según las tazas por persona y día desde 1962 a 1985) y parecía que el único medio de aumentar las ventas era ofrecer café menos caro que la competencia. La mayoría daba por supuesto que era absurdo abrir una tienda de café en esa coyuntura. Pero Howard Schultz, fundador, presidente y director general de Starbucks, analizó el mercado en el contexto de las fuerzas y los factores. Armado con un análisis de la popularidad de los cafés en Europa, donde un ambiente relajado y un café superior los hacía omnipresentes, Schultz descartó la sabiduría convencional y reconoció la existencia de potencial para ofrecer a los consumidores de Estados Unidos un servicio que no tenían en aquel momento y cargar un precio alto por hacerlo. Convencido de que sus datos eran correctos, se puso en contacto con 242 posibles inversores y veinticinco de ellos aceptaron invertir en su idea de negocio. Que Starbucks haya llegado a ser una de las compañías de más éxito en el mundo hace que sea probable que los otros 217 posibles inversores presten ahora atención a las fuerzas de la demanda y los factores del sector.

Las fuerzas y los factores que actúan en un sector en cualquier momento dado crearán, alterarán, aumentarán o reducirán la demanda. Por lo tanto, afectarán a la oferta y a la fijación de precios.

Un análisis de las fuerzas y los factores que repercuten en nuestro negocio arrojará un relato coherente que explicará los cambios en la demanda, los precios, los beneficios y el rendimiento. Indicará qué impulsa la demanda actual y explicará y cuantificará con precisión la demanda naciente en sus inicios. En última instancia, los resultados de ese análisis nos proporcionarán una plataforma desde la que podremos elaborar una estrategia ventajosa, además de dirigir la empresa y asignar los recursos con éxito.

Nuestro trabajo con una de las mayores empresas de bebidas, por ejemplo, detectó una anomalía inesperada en uno de sus refrescos. Durante muchos años, la compañía había gastado decenas de millones de dólares en promociones, que uno de sus principales competidores igualaba casi dólar por dólar. Sin embargo, las promociones no daban como resultado ningún aumento en cuota de mercado o en consumo total. Al investigar más, descubrimos que los consumidores desarrollan una fuerte preferencia por el sabor de una marca concreta de refresco hacia los diecisiete años, después de lo cual es muy difícil convencer a nadie para que cambie de marca. No obstante, es una práctica corriente gastar decenas de millones de dólares cada año a fin de conseguir los derechos exclusivos para vender su producto en los acontecimientos importantes. Parecía ser uno de los mejores medios para que los consumidores lo probaran y al mismo tiempo aumentar el reconocimiento de marca. Pero aunque la gente compraba la bebida en esos encuentros deportivos y en los conciertos porque era la única disponible, continuaban adquiriendo su marca preferida cuando podían elegir. Como resultado, la mayoría del dinero de la promoción se malgastaba.

Cuando comprendimos esta dinámica, nos dimos cuenta de que establecer la preferencia a una edad temprana era la clave para forjar la demanda entre los consumidores de refrescos para las décadas venideras. Como resultado de nuestro descubrimiento, la empresa elaboró dos nuevas estrategias encaminadas a responder mejor a la demanda, financiadas en parte con fondos antes asignados a procurarse «derechos de servicio exclusivo». Primero, centramos nuestra atención en los «guardianes de la puerta»; los padres que compran los comestibles y deciden qué refrescos entran en casa. Segundo, se cambiaron los planes y el presupuesto de explotación para hacer que la marca estuviera presente en los lugares y acontecimientos a los que los jóvenes acudían de forma habitual; la liga de béisbol juvenil, los cines y los centros comerciales. Se crearon patrocinios para las ligas juveniles y se tomaron medidas para que el refresco estuviera disponible en las máquinas dispensadoras y en las tiendas de bocadillos en cualquier sitio donde los chicos pasaran su tiempo libre. Una vez supimos cómo actuaban las fuerzas y los factores que crean la demanda, pudimos influir más directamente en la demanda de millones de personas para toda la vida.

Dado que algunas fuerzas y factores son más relevantes que otros, dependiendo del sector, las empresas deben adaptar su valoración a cada situación específica. Por ejemplo, los tipos de interés influyen claramente en la demanda de hipotecas. Pero también lo hacen otras fuerzas, tales como la demografía, el estado global de la economía, los avances tecnológicos y las tendencias en el estilo de vida y en los gustos.

Lo más fácil es realizar un análisis de fuerzas y factores para la demanda *actual*. Los ejecutivos de marketing detectarán muchas de esas fuerzas y factores de forma inmediata. El resurgir de la OPEP y los precios altos del petróleo resultantes afectaron a muchos productos, desde las prendas de punto y los calentadores de queroseno hasta los coches usados y los moteles para turistas. De forma similar, los médicos, los hospitales y las empresas farmacéuticas se ven directamente afectados por el más mínimo cambio en la política federal de Medicare (Programa de asistencia médica para personas mayores de 65 años).

Sin ninguna duda, estas fuerzas y factores que influyen de forma más evidente en la demanda actual son importantes. Pero si su análisis se limita sólo a lo evidente, es poco probable que lleguemos a contar con una información de la que carezcan nuestros competidores. Para desvelar las fuerzas y los factores ocultos, sutiles o aparentemente tangenciales que subyacen a la demanda actual o naciente, su análisis debe ir más allá de lo superficial.

Análisis de fuerzas y factores

La elaboración de un análisis exclusivo de fuerzas y factores consta de tres pasos críticos. Primero, hay que descubrir qué forjó la demanda en el pasado. A continuación, hemos de examinar nuestra situación actual para ver si esas fuerzas y factores continúan influyendo en la demanda o si han sido sustituidos o modificados por otros. Finalmente, tenemos que plantear hipótesis sobre la demanda naciente, basándonos en las fuerzas y los factores que tienen el potencial para forjar o influir en la demanda y que son cada vez más visibles en nuestro sector de negocio. Analicemos estos tres pasos de uno en uno.

1. Comprender las fuerzas y los factores del pasado

Se puede entender más a fondo la demanda presente si se examina a la luz de cómo se forjó en el pasado y luego se determina cómo ha cambiado y por qué. Como Winston Churchill dijo una vez: «Cuanto más lejos hacia atrás miramos, más lejos hacia delante es probable que veamos.» Entre los cambios significativos puede estar la expansión o constricción de su categoría de producto o servicio o el crecimiento o contracción de sus competidores.

Al revisar los modelos anteriores, una directora quizá pueda ver que el conjunto de fuerzas y factores al que se enfrenta ahora es, en realidad, una recurrencia o repetición de fuerzas que ya ha experimentado anteriormente. Esta información puede proporcionarle una ventaja de salida cuando planifique y responda a la demanda, actual y naciente. Por desgracia, prácticamente todas las empresas son susceptibles de sufrir «mala memoria institucional». Las personas que se enfrentaron a cambios similares en la demanda en el pasado, quizás, estén ahora en otros puestos dentro de la empresa o hayan cambiado de aires, llevándose su experiencia con ellos. Crear una base de datos para el análisis de factores y fuerzas puede ser una herramienta de incalculable valor para los directores futuros. De esa manera, la experiencia pasada puede continuar ayudando a forjar éxito en el futuro.

Por ejemplo, hace unos años, trabajamos con el vicepresidente ejecutivo de un importante fabricante de cereales que estaba furioso por una caída importante de las ventas y beneficios en el grupo de cereales dedicados a los niños. Me dijo: «Hace diez años, aprendimos que estos cereales hay que volverlos a lanzar cada dos o tres años porque hay muchos niños que entran o salen del grupo que los toma.» Pero, como yo le expliqué: «nosotros» no habíamos aprendido eso; él y su anterior equipo sí, diez años atrás. Como nunca se recogió por escrito, esa importante información nunca pasó a los nuevos directivos. El bajón en su negocio de cereales, así como la erosión de los beneficios, habrían podido evitarse, si los actuales directivos hubieran contado con la información y los beneficios de la anterior experiencia de la empresa.

Además, el análisis de las fuerzas y los factores del pasado es una herramienta de incalculable valor para los directivos de alto nivel que gobiernan muchas empresas de forma simultánea. Un resumen anual de fuerzas y factores (por lo general, un documento de dos o tres páginas) estudiado por los directores de empresa y compartido con los directivos de alto nivel libera a éstos de tener que vigilar todos los detalles de la empresa. Existe la tendencia a dirigir un negocio basándose en lo que hizo que la empresa, el departamento o el producto tuvieran éxito en el pasado, cuando el anterior presidente llevaba ese departamento. Varios años de análisis de fuerzas y factores pueden actuar como recordatorios de las influencias que causan la evolución de la demanda.

Hace unos años, una empresa del sector de la confección estudió a fondo su análisis de fuerzas y factores y descubrió un cuadro inquietante. En este negocio, la demanda se rige por el estilo, el precio, la edad y el sexo del consumidor y el canal por el que se vende el producto. Y la empresa no estaba a la altura en ninguno de esos aspectos. Los precios no estaban en línea con sus competidores de bajo precio que habían inundado esa categoría en los últimos cinco años. La compañía seguía queriendo imponer un precio alto por unos productos básicos que no había diferenciado en diez años.

Hicimos el análisis que ilustramos en el cuadro de la página 93 para el nuevo director general de la compañía. Después de examinarlo, supo exactamente qué pasos eran necesarios para dar la vuelta a la situación.

La compañía se hundía porque, a lo largo de los años, sus planificadores habían perdido el contacto con lo que los hombres y mujeres de los diversos grupos de edad vestían, con los canales que serían más apropiados para vender sus productos y con los precios que les darían la oportunidad de competir adecuadamente. Como la oferta de la empresa dejaba dolorosamente claro, se había ignorado o malinterpretado la demanda del sector. El análisis puso de relieve los problemas, de forma que el nuevo director general pudo poner en marcha medidas para corregir la situación inmediatamente. Al cabo de un año de su llegada, los márgenes brutos aumentaron en un 10% y los ingresos netos se dispararon en un 97%.

2. Evaluar las fuerzas y los factores actuales

Muchas compañías empiezan, y a veces terminan, su análisis del mercado desde la perspectiva de la oferta (véase gráfico de la página 94). Los Estrategas de la Demanda empiezan con la demanda, aunque puedan trabajar en otras vías paralelas de forma simultánea (véase gráficos páginas 95-96). Por ejemplo, pueden examinar cómo ha evolucionado su sector y otros sectores comparables y, al mismo tiempo, evaluar a sus competidores.

Entre los aspectos más significativos que hay que buscar están las anomalías o discrepancias inexplicadas en los datos. Por ejemplo, al cotejar el supuesto de que los usuarios de las tarjetas de crédito de Sears se veían influidos, principalmente, por los tipos de interés con los que pagaban realmente por sus Visas y MasterCards, descubrimos que más del 90% pagaban un tipo de interés mucho más alto que el mínimo disponible. Ese es precisamente el tipo de anomalía que buscamos porque, cuando consigamos explicarla, lo que averigüemos nos llevará a comprender más a fondo las causas de la demanda.

Fue una anomalía en el sector de las telecomunicaciones lo que nos permitió buscar la respuesta al problema de uno de nuestros clientes. Por aquel entonces, las compañías de telecomunicaciones gastaban cientos de millones de dólares en campañas de marketing por teléfono, compitiendo en busca de nuevos consumidores. Aunque, cada mes, nuestro cliente ganaba más hogares que sus competidores, las ventas y beneficios de éstos aumentaban más rápidamente. Para comprender por qué sucedía eso, The Cambridge Group junto con el equipo de nuestro cliente realizamos una análisis de fuerzas y factores.

Por medio de este análisis descubrimos que la competencia se concentraba en hogares donde se usaban mucho las telecomunicaciones; nuestro cliente se esforzaba por añadir el mayor número de hoga-

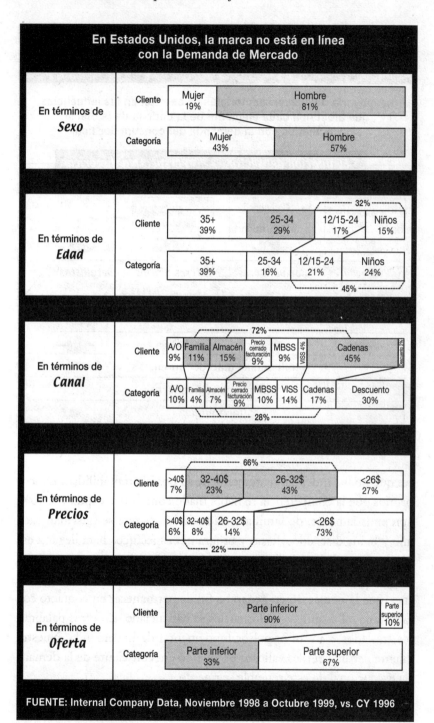

En Estados Unidos, la marca no está en línea con la Demanda de Mercado

En términos de Sexo

Cliente	Mujer 19%	Hombre 81%
Categoría	Mujer 43%	Hombre 57%

En términos de Edad

Cliente	35+ 39%	25-34 29%	12/15-24 17%	Niños 15%
Categoría	35+ 39%	25-34 16%	12/15-24 21%	Niños 24%

32% — 45%

En términos de Canal

Cliente	A/O 9%	Familia 11%	Almacén 15%	Precio cerrado facturación 9%	MBSS 9%	VISS 4%	Cadenas 45%	Descuento 2%
Categoría	A/O 10%	Familia 4%	Almacén 7%	Precio cerrado facturación 9%	MBSS 10%	VISS 14%	Cadenas 17%	Descuento 30%

72% — 28%

En términos de Precios

Cliente	>40$ 7%	32-40$ 23%	26-32$ 43%	<26$ 27%
Categoría	>40$ 6%	32-40$ 8%	26-32$ 14%	<26$ 73%

66% — 22%

En términos de Oferta

Cliente	Parte inferior 90%	Parte superior 10%
Categoría	Parte inferior 33%	Parte superior 67%

FUENTE: Internal Company Data, Noviembre 1998 a Octubre 1999, vs. CY 1996

res que podía, independientemente de su posible rentabilidad. Descubrimos que la competencia se había fijado como meta captar ese 16%, aproximadamente, de familias estadounidenses que se trasladan cada año y había diseñado ofertas y programas específicos para llegar a ese grupo. Cuando lo estudiamos más a fondo, descubrimos que este grupo gasta, por término medio, un 40% más en telecomunicaciones, al mes, que la población en general a fin de permanecer en contacto con la familia o los amigos de los cuales se han alejado. En otras palabras, los traslados eran un impulsor fundamental de la demanda. Nuestro cliente perdía clientes valiosos porque no era consciente de la demanda excepcional de este rentable segmento.

La empresa que conoce mejor la demanda del consumidor final y actúa con decisión puede mejorar su situación.

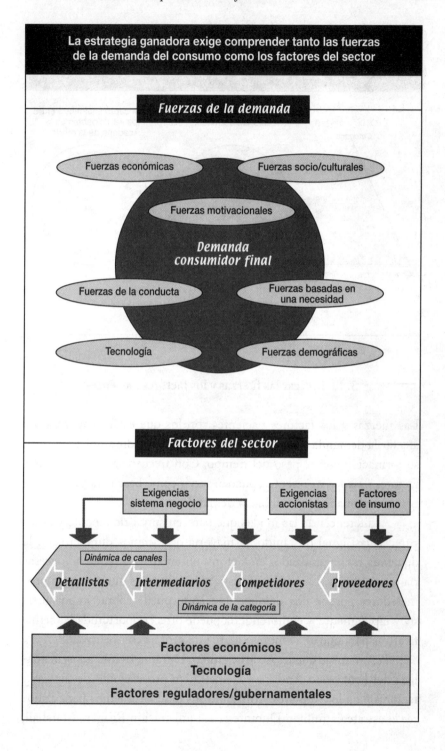

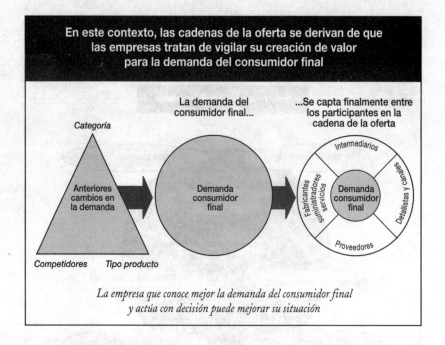

En este contexto, las cadenas de la oferta se derivan de que las empresas tratan de vigilar su creación de valor para la demanda del consumidor final

La demanda del consumidor final...

...Se capta finalmente entre los participantes en la cadena de la oferta

Categoría

Anteriores cambios en la demanda

Demanda consumidor final

Intermediarios

Fabricantes suministradores servicios

Demanda consumidor final

Detallistas y canales

Proveedores

Competidores   Tipo producto

La empresa que conoce mejor la demanda del consumidor final y actúa con decisión puede mejorar su situación

3. Identificar las fuerzas y los factores nacientes

Las fuerzas y los factores nacientes son los que están empezando a afectar la demanda y muestran el potencial de incidir ampliamente en su formación con el paso del tiempo. Con frecuencia, unas fuerzas y factores pasados y presentes, pueden servir como base para pronosticar cómo es probable que cambie la demanda.

A diferencia de las modas que parecen surgir de repente y desaparecer casi igual de rápido, la mayoría de cambios duraderos en la demanda están enraizados en factores observables, aunque no necesariamente obvios. Es preciso investigar los patrones que parezcan prometedores porque una demanda naciente puede cobrar importancia muy rápidamente, y comprenderla puede ofrecer oportunidades significativas para que una empresa logre una ventaja competitiva.

Permítanme que les dé un ejemplo. Durante treinta años, el analista del Pentágono Andrew Marshall hizo proyecciones de fuerzas y factores para los militares, utilizando sus descubrimientos para elaborar la estrategia militar. Durante la administración Reagan, Marshall, estudiando crípticos datos económicos y demográficos, fue de los primeros en reconocer que la antigua Unión Soviética, como informaba *Newsweek*, estaba «en crisis y gastaba en defensa una parte mucho mayor de su renta nacional de lo que nadie sospechaba». La respuesta de Marshall fue hacer gastar a los soviéticos hasta arruinarlos. La administración Reagan siguió la estrategia de Marshall y, como éste había predicho, unos años después, el imperio soviético se hundió al tratar de igualar el demencial gasto en defensa de la era Reagan. Según *Newsweek*, «Marshall parecía clarividente».

La «clarividencia» de Marshall era, por supuesto, su capacidad para identificar unos patrones nacientes y sacar, sistemáticamente, conclusiones de lo que descubría. No todos los directivos son capaces de ver estos patrones, incluso cuando se presentan respaldados por datos irrefutables. Es necesario que aprendan a identificarlos para aprovechar todas las oportunidades de adecuar la oferta de su empresa a la incipiente nueva demanda.

Fred Smith, de FedEx Corporation presentó, por primera vez, su idea para un negocio de entrega de paquetes en un plazo de veinticuatro horas en un trabajo de fin de trimestre escrito cuando estudiaba en Yale. En ese trabajo, preveía exactamente la economía de servicios de ciclo rápido actual (es harto conocido que la calificación que obtuvo fue sólo una C). El resultado es uno de los mayores éxitos de la empresa moderna. El éxito depende de la habilidad para detectar acertadamente lo que ofrece la naciente demanda.

A principios del 2000, el director general de Medtronic, Bill George, preparó una visión a diez años para la empresa, fabricante de aparatos médicos de gran éxito. Hasta entonces, la compañía se había centrado en productos cardiovasculares. En 1957, los fundadores de Medtronic habían creado el primer marcapasos externo, con pilas, y hasta hacía poco, esos aparatos representaban casi la mitad del total de ventas. Medtronic produce, asimismo, válvulas mecánicas y de tejido, *stents*, cables guía y catéteres utilizados en angioplastia y desfibriladores. Fuera de la esfera cardiovascular, fabrica productos utilizados para tratar dolencias neurológicas, como la enfermedad de Parkinson, y otros destinados a aliviar el dolor crónico.

En su plan a diez años, George identificó cinco factores importantes del sector, que creía, basándose en las investigaciones de su empresa, que afectarían profundamente la demanda en el mercado de la atención sanitaria. Todos están relacionados con la aparición de los cuidados de las enfermedades crónicas, un mercado que George quiere que Medtronic lidere para 2010.

George identificó los siguiente factores del sector: Primero, casi un 80% de los gastos actuales en atención sanitaria en Estados Unidos se destinan al cuidado de enfermedades crónicas. Segundo, es probable que la población de edad avanzada aumente cuando los nacidos durante el auge de natalidad de la posguerra vayan ganando años, lo que incrementa el predominio de las enfermedades crónicas. Tercero, es poco probable que las ciencias biológicas obtengan curas para esas dolencias en la próxima década. Cuarto, la importante necesidad de mejorar la calidad de vida de quienes sufren enfermedades crónicas todavía no se ha visto satisfecha. Finalmente, integrar la informática y la tecnología médica ofrece nuevas oportunidades para atender esas enfermedades crónicas.

Medtronic utilizó una base de datos que le ayudó a identificar las fuerzas y los factores que cambiarían la demanda en la atención sanitaria durante los próximos diez años. En un comunicado claro y decisivo a sus accionistas, Bill George explicaba que Medtronic preveía una demanda que estaba obligada a satisfacer y que estaba elaborando la oferta para hacerlo. Sus objetivos ofrecen unas mejoras inconmensurables para las personas que viven con enfermedades crónicas y beneficios económicos para la empresa.

Aunque es relativamente fácil que un directivo esté *alerta* ante la aparición de una nueva demanda, es difícil calibrarla con precisión. No obstante, hay muchas compañías que han creado instrumentos de investigación para predecirla. Hay que tener cuidado y no dejar que cualquier tipo de fuerzas y factores, individuales o en conjunto, nos obsesione; no podemos permitirnos ignorar otros factores que podrían hacernos vulnerables. Por otro lado, aunque los cambios en la demanda representan una amenaza para los directivos satisfechos de sí mismos, son oportunidades para los Estrategas de la Demanda que estén preparados para aprovechar las ventajas.

Por supuesto, puede ser difícil procurarse una información fiable sobre la que basar las previsiones, especialmente en mercados nacientes o en rápido cambio. El mejor ejemplo sobre este particular es el extraordinario auge y descalabro de Internet. Ahora sabemos que las proyecciones que proclamaban que Internet iba a reescribir las reglas de los negocios y convertiría en obsoletas las empresas de la «vieja economía», eran absurdamente exageradas. En retrospectiva, las previsiones de ingresos para muchas de las punto.com parecen absurdas porque un enorme porcentaje de las transacciones existentes fuera de la red tendría que pasarse al comercio electrónico para aproximarse siquiera a algunas de esas previsiones.

Considerado aisladamente, es posible comprender cómo hombres y mujeres de negocios sensatos y responsables se dejaron atrapar por la euforia de Internet y creyeron sinceramente en sus propias previsiones de ventas. No obstante, la única manera de predecir ajustadamente las ventas electrónicas era calcular tanto éstas como las no electrónicas de forma que el total de los dos canales diferentes guardara algún parecido con el gasto total en la categoría antes de Internet. Por ejemplo, algunas de las empresas on line de crédito hipotecario previeron unas cifras tan altas que los mejores analistas económicos empezaron a poner en duda la fuente de donde procedían, ya que al sumar las previsiones de ventas electrónicas y no electrónicas, resultaba que la venta de viviendas en Estados Unidos se habría más que doblado en un solo año. De nuevo, para que las previsiones fueran exactas había que estudiarlas en un contexto más amplio.

Ahora, la mayoría de empresarios realizan una planificación adecuada para Internet, teniendo en cuenta que es un canal adicional que hay que unir a las tiendas detallistas y a la venta por correo. Internet no va a transformar el mundo de la noche a la mañana como se pensaba, pero continuará creciendo como canal para llegar a los consumidores con nuestro mensaje, proporcionar información detallada del producto, ofrecer apoyo al consumidor y llevar a cabo transacciones. Como resultado, las empresas tendrían que analizar cómo aprovechar los avances de Internet en lugar de dejarlos por completo de lado.

Los directivos de Iridium, la empresa de telefonía por satélite tan anunciada, creada por Motorola, creía que millones de personas en todo el mundo querrían teléfonos móviles que pudieran usarse incluso desde los lugares más remotos, lugares mucho más allá del alcance de las torres de teléfonos celulares existentes. Iridium y sus inversores vertieron cinco mil millones de dólares en el desarrollo de su servicio basado en satélites para satisfacer la demanda que preveían. Pero la demanda con que la contaban nunca llegó a materializarse. En lugar de atraer millones de clientes, Iridum sólo consiguió 55.000. Como resultado, la empresa fue a la ruina en menos de un año después de lanzar su nuevo servicio.

Aunque, evidentemente, los consumidores son esenciales para establecer la demanda, es fácil que cometamos errores graves si son la única fuente de nuestras previsiones de oferta y demanda. Esto pone de relieve uno de los principales problemas con los sistemas que abogan por la intimidad del consumidor o por su centralidad. Por supuesto, los consumidores son la clave para comprender la demanda, pero no deberían ser nuestra única fuente de información. Para comprender plenamente la demanda, hay que contar con un contexto dentro del cual podamos valorar lo que los clientes nos dicen. Sin ese contexto, dejamos a nuestra empresa tan expuesta económicamente como lo estuvo Iridium y las muchas punto.com que fracasaron.

Hoy es indispensable comprender primero las fuerzas y los factores. Hemos de ser selectivos al decidir con qué consumidores hemos de hablar pues el concepto de «consumidores» es demasiado amplio. ¿Incluye a los que más nos compran en la actualidad? ¿Incluye a anteriores clientes? Para reunir una información pertinente, debemos definir cuáles de estos consumidores ofrecen más probabilidades de resultarnos útiles.

Además, en el actual ciclo de negocio, que cambia tan rápidamente y que utiliza una tal multiplicidad de canales, también debemos incluir a los consumidores finales de nuestros propios clientes. En una economía regida por la oferta, no siempre era necesario contar con una información y una comprensión del mercado tan profunda, porque la oferta era absorbida, frecuentemente, por la demanda existente. En cambio, en la actual economía de la demanda, debemos recoger información de los competidores y de los fabricantes de equipamientos originales o de otros proveedores compartidos antes de tomar decisiones sobre nuestros productos. Un análisis de las fuerzas y los factores nos proporcionará el contexto que nos permita entender la información que hemos reunido y elaborar un sistema continuado para evaluar la demanda.

Hay fuerzas y factores que afectan virtualmente a todas las empresas; la economía en general, la estructura del mercado específico de una empresa, la competencia, el crecimiento del mercado y su rentabilidad, innovaciones tecnológicas y de otro tipo, los cambios demográficos y las megatendencias sociales. Por supuesto, al igual que las huellas digitales, las fuerzas y los factores que subyacen a los cambios en la demanda son exclusivos de cada sector.

La economía en general

Hace unos años, la Harvard Business School dejó de ofrecer su curso sobre los ciclos económicos, que en un tiempo había sido uno de los más populares. El anterior secretario del Tesoro de Estados Unidos, Robert E.Rubin comentó, mordaz: «No creo que nadie haya revocado los ciclos económicos. Se puede creer en la experiencia de los últimos años o se puede creer en toda la historia económica. Yo he decidido creer en toda la historia económica.» En 2001 se demostró que tenía razón.

Con la actual economía global, los ciclos económicos trascienden las fronteras nacionales. Como resultado, hemos de prestar atención a las tendencias macroeconómicas que van mucho más allá de las costas de Estados Unidos y requieren mucho más que seguir la pista a los tipos de interés de Estados Unidos. Unos cambios inesperados, que van desde el agotamiento de las pesquerías mundiales hasta el hundimiento del peso mexicano, pueden afectar a las empresas en Estados Unidos y en todo el mundo. La devaluación del *baht* tailandés no sólo puede disparar una crisis económica general en Asia, sino también tener graves repercusiones para los inversores y las empresas de Estados Unidos. Aunque el euro puede amenazar o no el dominio del dólar estadounidense, no cabe duda de que no podemos dejar de prestarle atención.

No obstante, muchos acontecimientos pueden preverse. Por ejemplo, en el momento en que escribimos esto, sabemos que las importaciones de China hechas por Estados Unidos han alcanzado unos niveles sin precedentes. En 1999, la electrónica, los juguetes, el calzado y la ropa representaban casi la mitad de esas importaciones. Podemos prever, sin temor a equivocarnos, que seguirán aumentando cuando, en el 2005, la Organización Mundial del Comercio reduzca las actuales barreras y aranceles comerciales.

Sin embargo, algunas empresas se aplican con entusiasmo a ignorar esos cambios. Pueden ver cada dato concreto; ser conscientes del actual comercio con China, percibir las categorías clave de las importaciones y reconocer la existencia de los acuerdos de la OMC, pero no llegar a ver que, unidos, tejen un único tapiz.

La estructura de nuestro mercado

La estructura de un mercado es el proceso mediante el cual los productos van desde la fabricación a la entrega al cliente. Los canales hacia arriba y hacia abajo no son inamovibles y siempre pueden cambiarse. Por ejemplo, para alcanzar su parte del beneficio total de un producto dado, el mayorista medio soporta muchas existencias. Por otro lado, Dell Computer Corporation, que fabrica ordenadores según las especificaciones del usuario, pasa por encima tanto de los mayoristas como de los minoristas, reduciendo las existencias de forma importante. El mercado de una empresa puede estructurarse de mil maneras diferentes.

Cuando trabajábamos para United Cargo, la división de carga de United Airlines, nuestra primera tarea fue averiguar cómo los cambios en la demanda habían modificado la estructura fundamental de su mercado. United Cargo sirve, principalmemte, a grandes agencias de transporte de mercancías, que agrupan el transporte de las mercancias enviadas por consignadores más pequeños a sus consignatarios. Para comprender cómo evolucionaría la demanda en esas grandes agencias, teníamos que saber cómo estaba cambiando la demanda entre los consignadores a los que servían.

Por una serie de razones, los segmentos clave de los consignadores se había vuelto más sensibles al tiempo y más interesados en los servicios de logística integrados. Por ejemplo, muchos reformaban sus cadenas de oferta para proporcionar una entrega *justo a tiempo* y más servicios a medida del cliente, completando el montaje después del envío. Como resultado, necesitaban más certidumbre y más apoyo logístico que nunca antes. Cuando sus necesidades se hicieron más complejas, los consignadores querían asociarse con un número menor de grandes agencias de transporte. Estaba claro que, para hacerse con esta naciente demanda, las grandes agencias tendrían que hacer algo más que transportar mercancías.

Basándonos en lo que averiguamos, así como en la estructura existente en el sector de las grandes agencias, pudimos prever cómo iba a evolucionar ese sector. La demanda general de transporte seguiría siendo fuerte y algunas agencias continuarían concentrándose en ella, compitiendo principalmente en precios y disponibilidad. Otras, ofrecerían una mayor fiabilidad a precios más altos. Un tercer segmento se diferenciaría gestionando toda la información relacionada con sus envíos. Finalmente, un cuarto grupo de grandes transportistas invertiría para crear las capacidades logísticas diferenciadas que les permitirían ser socios con valor añadido de los consignadores más avanzados.

Así ha sido como el sector del transporte de mercancías ha evolucionado a lo largo de los años. Las cambiantes demandas de los consignadores generaron un cambio paralelo en la estructura de los transportistas. Nuestro análisis de fuerzas y factores hizo que United Cargo pudiera adaptarse a esos cambios, poner la mira en las empresas que más invierten en el transporte y adecuarse, así, a la demanda más rentable. Esta estrategia produjo cambios específicos en la oferta de servicios de United Cargo, así como en su modelo de negocio. El resultado de estos cambios fue que consiguieron mayores márgenes y un mayor volumen.

A veces, todo un canal de distribución puede verse amenazado por otro nuevo. Cuando Amazon.com, Inc. abrió su negocio en Internet, sus bajos gastos generales y sus precios bajísimos representaron una amenaza para las librerías convencionales; un proceso que los economistas llaman *eliminación de intermediarios*. Pero las tiendas respondieron abriendo cafés e instalando asientos cómodos que invitaban a ojear los libros. Se diferenciaron haciendo que comprar en sus tiendas fuera una experiencia agradable.

Por lo general, un cambio en la estructura de mercado es la respuesta de un directivo alerta que reacciona ante un nuevo modelo de demanda. El catálogo de venta minorista por correo, por ejemplo, se convirtió en un canal de distribución en el siglo XIX, al querer llegar a las comunidades rurales donde había pocas tiendas o ninguna. La compra por catálogo surgió de nuevo en los años ochenta, para servir a quienes necesitan comprar o les gusta hacerlo, pero no disponen de tiempo.

Competencia

En cualquier mercado, los beneficios se ven limitados por el grado de competencia, que siempre puede cambiar. En 1999, cuando México se asoció con la entonces ineficaz OPEP (Organización de Países Exportadores de Petróleo) para limitar la producción, el menor número de competidores disparó los precios del petróleo en todo el mundo. También pueden surgir nuevos competidores de forma imprevisible. La popularidad de la relativamente nueva transmisión por fax, que alcanzó gran importancia a principios de los noventa, se vio seriamente dañada por la llegada de la era Internet.

Siempre ha sido importante prestar atención a los nuevos productos o técnicas de producción de la competencia. Hoy es absolutamente vital. Sólo media hora dedicada a revisar los sitios web de la competencia nos aportará una cantidad de datos asombrosa.

Por supuesto, también la competencia puede averiguar lo mismo sobre nuestras operaciones, razón por la cual debemos proteger nuestro negocio, dotándolo de unas características diferenciales que nuestros rivales no puedan igualar fácilmente. Podemos considerarnos afortunados si tenemos un sistema o patente exclusivos o un nombre de marca registrado muy fuerte. En algunos casos, podemos protegernos haciéndonos indispensables para nuestros socios en la distribución. De forma creciente, la protección contra la competencia puede lograrse por medio de asociaciones, empresas conjuntas o relaciones de trabajo con clientes, proveedores o antiguos competidores.

Es evidente que hay que estar alerta ante los competidores directos. Pero los indirectos, que pueden satisfacer las necesidades de los clientes adecuadamente con tecnologías nuevas y unas estructuras de costes completamente diferentes, son igualmente peligrosos, si no más.

Xerox Corporation nos ofrece un llamativo ejemplo de la importancia de estar atento a la competencia desde el punto de vista de la demanda, en lugar del de la oferta. Xerox ha sufrido enormes pérdidas económicas en los últimos años debido, en parte, a que definía su mercado por lo que vendía; es decir, su oferta, las fotocopiadoras. En cambio, podía haber abordado la demanda de productos que facilitan compartir la información, una necesidad que puede satisfacerse de muchas maneras.

Desde 1959 a 1973, la fotocopiadora Xerox 914 patentada actuó como una máquina de hacer dinero para la empresa. La 914, el producto industrial de más venta hasta entonces, rendía unos márgenes brutos de beneficio del 70%. Además, por cada máquina vendida, Xerox podía prever unos beneficios adicionales y continuados por el tóner, el papel y los contratos de mantenimiento. Finalmenrte, la cuota porcentual de mercado del 95% en manos de Xerox quedaba prácticamente garantizada debido a su tecnología protegida por patente.

Estaba claro que las patentes de Xerox eran un factor importante en el sector, que mantenía a raya a la competencia y, prácticamente, le aseguraba el monopolio a la empresa. Lo que resulta increíble es que Xerox no hiciera planes para el momento en que, a principios de los setenta, expiraran sus patentes y una oleada de productos competidores, que estaban esperando para aparecer, inundara el mercado. Sin la protección de las patentes, la cuota de mercado de Xerox se redujo considerablemente; para 1982 había caído hasta un mero 13%, debido principalmente a la competencia de bajo coste procedente de Japón.

Para sobrevivir, Xerox puso en marcha una espectacular reducción de costes y mejoras de calidad. Con los costes y la calidad de nuevo concertados, volvió a ganar negocio y cuota de mercado. La empresa introdujo Document Centre, la primera fotocopiadora digital, en 1994, que fue una innovación de gran éxito y se convirtió, rápidamente, en un negocio de tres mil millones de dólares para Xerox.

Es irónico que el éxito de Document Centre pueda explicar por qué Xerox estaba ciega ante una nueva amenaza competitiva; la impresora de chorro de tinta. Mientras la empresa se concentraba en el nivel alto del mercado de las fotocopiadoras con su máquina digital, un nuevo conjunto de fuerzas y factores estaba impulsando unas ventas enormes de impresoras de chorro de tinta. Había surgido un nuevo segmento de demanda, un mercado de rápido crecimiento, el de las oficinas pequeñas y las oficinas en casa (OPOC), un mercado prácticamente dejado de lado por Xerox. Las máquinas de Xerox no eran apropiadas para ese sector porque resultaban demasiado caras, grandes y difíciles de mantener. Así que las pequeñas impresoras de sobremesa, relativamente baratas y fáciles de usar, dominadas por Hewlett-Packard Company y otras se convirtieron en el artículo principal del mercado OPOC.

Con el tiempo, Xerox comprendió que las impresoras iban disminuyendo la necesidad de fotocopiadoras. Pulsando un par de teclas, se pueden imprimir múltiples copias de documentos sin levantarse de la mesa. Aunque HP no era uno de los competidores directos de Xerox (HP no fabricaba fotocopiadoras), sus impresoras le arrebataron una importante cuota de mercado. Finalmente, Xerox hizo una fuerte inversión para entrar en el mercado de las impresoras, pero lo hizo demasiado tarde; el dominio de HP estaba firmemente asentado. Xerox cometió un «error estratégico de consecuencias catastróficas (...) al desafiar tardíamente a HP», según *Business Week* y, como resultado, sufrió un grave revés de fortuna.

Crecimiento de mercado y rentabilidad

Lo habitual es que los márgenes de beneficio sean mayores en los mercados en expansión, donde las empresas son vanguardistas en la solución de problemas o en tecnología, y menores en los mercados maduros, donde los productos se venden como mercancías genéricas. Esto significa que el crecimiento y la rentabilidad intrínsecas de un mercado o segmento de mercado es un factor sectorial crítico. Aunque es posible prosperar tanto en uno como en otro tipo de mercado, los conocimientos y organización requeridos son enormemente diferentes.

El crecimiento y la rentabilidad del sector no sólo influyen en la demanda; también inciden en la manera de elaborar la oferta que la satisfará. Por ejemplo, si su personal no tiene los conocimientos necesarios para identificar detalles de la cadena de montaje que rebajarán un penique de los costes, tendría que evitar un mercado de productos generales o un mercado donde la fijación de precios tiende a la baja. Si su empresa no puede dar saltos intuitivos para llegar a nuevas soluciones o servicios creativos, ni la informática ni la publicidad son el lugar adecuado para usted. Por eso, es esencial que las empresas analicen sus aptitudes y conocimientos con claridad y objetividad antes de poner la mira en unos segmentos de mercado específicos.

El objetivo final siempre es la rentabilidad; siempre se debe elegir el negocio y la demanda que rendirá los mejores beneficios. Algunas empresas prefieren ceder cuota de mercado antes que participar en una guerra de precios. Por ejemplo, una de las estrategias fundamentales de 3M gira en torno a la creación de productos. En cinco años, aproximadamente un 40% de sus ingresos procede de productos nuevos. En varias ocasiones, ha huido de una guerra de precios. En los noventa, cuando la competencia de los proveedores de gran volumen y márgenes bajos hizo descender el coste de las cintas de vídeo, 3M (que las había inventado) dejó el negocio. Y no lamenta haber tomado esa decisión. Igualmente, Schwab prefirió evitar una guerra de precios con sus competidores en la web y encontró otros medios para añadir valor. Como resultado, sus acciones despegaron.

Las innovaciones tecnológicas y de otros tipos

En 1965, Gordon Moore propuso la «ley» que dice que la velocidad de los procesadores de los ordenadores se multiplica por dos y los costes se reducen a la mitad cada dieciocho meses y, hasta ahora ha sido verdad. Aunque el progreso tecnológico no se limita a los ordenadores, éstos fijan el ritmo a una tasa de cambio geométrica más que aritmética. Y ahora los investigadores están a punto de miniaturizar la tecnología de circuitos hasta un nivel literalmente molecular. Esto podría crear una era de nuevos ordenadores, en la cual las máquinas cuánticas revolucionarán la tecnología de la información y ofrecerán una velocidad y potencia informática alucinantes.

Aunque los ordenadores la facilitaron, Internet está ahora empeñada en su propia revolución, con formas completamente nuevas de hacer negocios. Y dado que el progreso tecnológico no es sinónimo de los ordenadores, las innovaciones pueden incluir más que tecnología o desarrollo de productos. En los últimos veinte años, hemos elaborado nuevas maneras de analizar los mercados, dirigir las empresas y planificar nuestra propia carrera y, cada una, tiene que ver con las fuerzas y factores del mercado. La innovación se vuelve más fácil y menos arriesgada cuando se comprende que la demanda debe preceder a la oferta. Quizá la definición más útil de qué es una innovación la haya dado Alvaro de Souza, anterior presidente de Citibank North America, cuando dijo: «No es una innovación si no aporta un beneficio al consumidor.»

Para hacer realidad todo su potencial, cualquier campaña de innovación debe incorporar estas tres categorías principales: puesta al día de las líneas de productos, nuevas plataformas y transformaciones del negocio impulsadas por factores internos o externos. Si se concentra por completo en la puesta al día de la línea de productos, probablemente, está pasando por alto opciones a más largo plazo que quizá tendrían un mayor impacto. Por otro lado, si se concentra exclusivamente en las transformaciones, quizá deje de lado otras alternativas relativamente fáciles que tiene más a mano.

Nuestra experiencia en tareas de innovación nos ha llevado a la conclusión de que todo el mundo dentro de la organización tendría que centrarse en aquellas innovaciones para las que está mejor preparado. Un director o directora de marca puede identificar rápidamente medios de ampliar, mejorar o poner al día esa marca. No obstante, transformar un negocio puede exigir personas con conocimientos diferentes, quizá técnicos en investigación y desarrollo de dentro o, incluso, de fuera de la empresa.

Las campañas de innovación de Microsoft Corporation abarcan las tres zonas. La empresa mejora y pone al día periódicamente su ubicuo sistema operativo Windows y las aplicaciones que soporta, luego distribuye nuevas versiones. Aunque Windows 95, 98 y 2000 amplían la versión anterior de forma significativa, ninguna de ellas es considerada una nueva plataforma de crecimiento.

Pero la empresa ha presentado últimamente una nueva plataforma, la tecnología de juegos Xbox, que le da a Microsoft el potencial para entrar en un nuevo mercado, el mercado de los juegos de consola, con sus siete mil millones de dólares, que está dirigido principalmente hacia los chicos preadolescentes y adolescentes. Sony Corporation, Nintendo Co., Ltd. y Sega Enterprises, Ltd. han dominado este mercado durante los últimos años. Microsoft confía en que Xbox va a cambiar esto.

Aunque la respuesta inicial de Microsoft hacia Internet fue prácticamente ignorarlo, Bill Gates comprendió que podía transformar todo el sector de la tecnología de la información y empujó a Microsoft a crear productos para Internet lo más rápidamente posible. Después de un poco habitual juego de «corre y pilla», ahora Microsoft es reconocida como líder en el acceso y el *software* de Internet.

La innovación también tiene lugar fuera del ámbito de la tecnología. Con frecuencia, descubrimos oportunidades en categorías relativamente adormiladas que no han experimentado grandes cambios desde hace mucho tiempo. Es lo que hizo uno de mis anteriores socios en The Cambridge Group, Peter Klein, cuando ayudó a Oscar Mayer a crear Lunchables.

Durante generaciones, los padres habían preparado los almuerzos de sus hijos cuando éstos iban a la escuela o de campamento. En cientos de miles de casas en todo Estados Unidos, la rutina matinal de los días de entre semana era bien sabida. Por lo general, mamá preparaba el almuerzo, que solía ser un bocadillo y una fruta. Cuando Peter empezó a trabajar con Bob Drane, de Oscar Mayer, había dos fuerzas y factores muy poderosos en marcha, ambos relacionados con la frustración que esa tarea provocaba en las madres.

La primera cuestión era el tiempo. En la mayor parte de los casos, las mujeres trabajan y preparar almuerzos solía ser un trabajo de primera hora de la mañana. La segunda tenía que ver con la reacción de los niños, que con frecuencia se quejaban de los almuerzos que su madre les hacía; querían algo que fuera más apetitoso y más divertido que un bocadillo.

Una demanda clara de una alternativa en la que todos ganaran pedía una solución. Y el importante negocio de fiambres de Oscar

Mayer llevó a la empresa a resolver el problema. Cuando en 1988, se introdujo Lunchables, las comidas listas para comer, rápidas y divertidas tenían un aspecto muy prometedor.

Un lunchable típico es una ración portátil compuesta de carne, queso y galletas que va acompañada de un refresco y algo extra. Lunchables permitió que Oscar Mayer aprovechara dos marcas propiedad de su corporación matriz para que le proporcionaran queso (Kraft) y bebidas como Koolaid y Capri Sun (General Foods). Este volumen no sólo fue útil para la corporación, sino que, además, estas bien conocidas marcas atrajeron a padres y chicos. Apoyarse en las marcas proporcionó a Lunchables un punto singular de diferenciación. Además, al potenciar su exclusivo sistema de distribución refrigerado y vender el producto en la sección de refrigerados de los supermercados para exhibir una frescura tanto real como percibida, Oscar Mayer consiguió dejar fuera a los competidores. Lunchables acabó creando una nueva plataforma para soluciones cómodas para comer. Hoy, la idea se ha ampliado y hay paquetes variados, paquetes divertidos, versiones de alimentos bajos en grasa, pizza y más cosas.

En tanto que comida cómoda de llevar y comer, hecha con marcas de confianza y que a los niños les encanta, Lunchables aborda las dos cuestiones de fuerzas y factores, beneficios por los que quizá valga la pena pagar un poco más. Para los niños, estos almuerzos son divertidos, diferentes, no monótonos y tienen buen sabor. Para Oscar Mayer, Lunchables es más que una ampliación de la línea o una puesta al día del producto. Reflejo de una mentalidad innovadora, de la comida de fiambrera, Lunchables es una plataforma lucrativa para nuevo crecimiento que ahora vale casi mil millones de dólares y domina el 85% del mercado de los almuerzos preparados y envasados para niños.

Los productos y servicios innovadores pueden llevar a un éxito espectacular. Pero la innovación no debería convertirse en un *mantra* que no presta atención a otros factores. No se puede competir en los rápidos ciclos de vida de la economía de la demanda sólo basándose en la innovación; es demasiado fácil copiar o imitar cualquier producto. La innovación como estrategia no funcionará, dado que es, por definición, imprevisible. De hecho, a menos que surja de una Estrategia de la Demanda y satisfaga una demanda o necesidad reales, la innovación por sí sola únicamente es eficaz en raros casos. En realidad, es más acertado definir la innovación en los negocios como un medio nuevo y mejor de satisfacer la demanda, tanto si la demanda procede de los consumidores, los fabricantes, los detallistas o de cualesquiera otros que sean fundamentales para el éxito de su empresa.

Cambios demográficos

El *baby boom* (auge de natalidad) de después de la Segunda Guerra Mundial ha ayudado a moldear la economía en general y ciertos mercados en particular desde 1946. Ha provocado sucesivos flujos y reflujos en empresas tan diversas como las fábricas de pañales, la construcción de escuelas, los vestidos de novia, las urbanizaciones y la asesoría financiera. Encabezando el movimiento de población hacia las afueras y el cinturón del sol (los estados del sur y el suroeste), los *baby boomers* —responsables del éxito de las pequeñas furgonetas y ahora de los utilitarios deportivos— han alimentado los mercados de muebles, barbacoas, minicams y aparatos de vídeo. Conforme envejezcan, querrán hogares para jubilados, actividades de ocio para personas de edad, seguros para asistencia de larga duración y clínicas de salud.

Hoy, las empresas están tratando de hacerse con la más reciente generación de la población de Estados Unidos. Llamada a veces, la generación del milenio, incluye a todos los nacidos en o después de 1985. Son unos 80 millones, listos para influir en la sociedad de Estados Unidos tanto o más que los *baby boomers*.

Pese a su importancia, ambas generaciones sólo explican parcialmente los trastornos demográficos que el mundo está experimentando en estos momentos. Según Peter Drucker, la demografía es «el factor más importante al que nadie presta atención y, cuando alguien se la presta, no entienden qué pasa».

La tendencia que cambiará profundamente el mundo y, literalmente, todos los mercados, está siendo pasada por alto; hablo de la rápida disminución de la población. El número total y el porcentaje de nacimientos en los países desarrollados han decrecido de forma significativa. En el sur de Europa, que incluye Portugal, España, el sur de

Francia, Italia y Grecia, la tasa de natalidad ha bajado hasta sólo un niño nacido vivo por mujer, menos de la mitad de los 2,2 nacimientos por mujer que serían necesarios para conservar la población. En Alemania y Japón la tasa es de 1,4. En Estados Unidos, la inmigración procedente de países con tasas de natalidad altas ha mantenido el nivel de reposición, pero los demógrafos predicen que también caerá hacia 2010.

Aunque es imposible calcular los efectos que esto pueda tener en la economía, es fácil decir que serán espectaculares. En Japón, si la tendencia continúa, la población total bajará de los 135 millones de hoy hasta sólo 50 millones dentro de un siglo. En Europa meridional, las repercusiones serán todavía más drásticas. Sin un número adecuado de jóvenes para mantener en marcha la economía, las naciones desarrolladas tendrán que confiar en que sus poblaciones de más edad, que tendrán más salud y vivirán más, prolonguen su vida laboral debido a la necesidad de trabajadores temporales, profesores y asesores. Y hacia 2020, pese a la caída en la población de Japón, la región de Asia-Pacífico albergará casi al 55% de la población mundial.

Megatendencias en la sociedad

Algunos cambios radicales evolucionan gradualmente y se observan y analizan mientras se producen. La revolución sexual de los sesenta y setenta es un ejemplo. Otros llegan de la noche a la mañana, como la oleada de racismo antijaponés que transformó a Estados Unidos después del bombardeo de Pearl Harbour en 1941 o la preocupación por la seguridad, tan radicalmente extremada, surgida en todo el mundo después del ataque terrorista contra el World Trade Center y el Pentágono en 2001.

Indiferentemente de cómo aparezcan, las megatendencias sociales son fuerzas y factores que afectan profundamente los mercados en todas partes. Un ejemplo muy simplista es el efecto de la Segunda Guerra Mundial en la fuerza laboral de muchos países. Los hombres fueron a la guerra, las mujeres ocuparon su lugar en los puestos de trabajo, la comida y el abastecimiento en general sufrieron restricciones y la disponibilidad de bienes de consumo desapareció mientras duró la guerra. Como resultado, la explosión de la posguerra, alimentada por una demanda acumulada impulsó la producción en serie y creó una sociedad de posguerra marcada por el consumismo, los barrios residenciales y la irrupción de la clase media.

La llegada de la píldora anticonceptiva llevó directamente a la revolución sexual, a parejas que cohabitaban abiertamente, sin casarse, a decisiones para retrasar la formación de una familia, a la tercera oleada del movimiento feminista, a más mujeres en la fuerza laboral y a la evolución del sector de atención a los niños, entre muchas otras consecuencias.

Docenas de megatendencias afectan la demanda moldeando las necesidades y deseos de la gente. Por ejemplo, desde mediados de los ochenta hasta los noventa, tomó forma una tendencia, que continúa creciendo, hacia «un disfrute activo de la vida» y un alejamiento del ocio sedentario. Al sentirse aislada del mundo natural, la gente tenía la necesidad de relacionarse con la naturaleza de forma más directa y experimentar la vida con mayor atrevimiento. Las rancheras y las furgonetas fueron sustituidas por resistentes SUVs (vehículos que son una combinación de todo terreno y utilitario) que ofrecían la posibilidad de aventuras en cualquier terreno o sólo la sensación de ser más aventureros. Las vacaciones en la playa o los viajes a otros países cedieron el paso a los viajes de aventura. Se quería vivir un safari africano, recorrer a pie la cordillera del Himalaya o hacer submarinismo en la Gran Barrera de Coral. Los deportes X, o extremos, —ciclismo de montaña, el *snowboard*, el *heliesquí* y el salto sujetos a una cuerda elástica —se convirtieron en un medio de coquetear con el peligro que parecía satisfacer el deseo de emociones que se perseguía.

Sintiéndose decepcionados y traicionados por muchas de las instituciones de Estados Unidos en las que siempre habían confiado y se habían apoyado —el gobierno, las corporaciones, las escuelas, las iglesias, incluso la familia— en las dos últimas décadas, los *baby boomers* se han vuelto menos confiados y también más independientes. Los funcionarios públicos se han visto acosados por los escándalos, un puesto de trabajo para toda la vida es cosa del pasado, el empleo mismo suele ser algo endeble.

Como resultado, se buscan estilos de vida en los cuales sea posible ejercer un mayor control y depender menos de los demás. Esta megatendencia se manifiesta en una mayor demanda de estudios en casa y de oficinas en casa y quizás explique incluso el atractivo de Home Depot, «hágalo usted mismo», en lugar de fiarse de un fontanero o un contratista. Entre otras tendencias hay una mayor valoración de la diversidad cultural y racial en Estados Unidos, así como un mayor deseo de individualidad.

La naturaleza intrínseca de las megatendencias hace que sean difíciles de predecir. No obstante, cuando las empresas observan que hay una en marcha, es esencial que la utilicen para comprender mejor la demanda y sus comunicaciones con los consumidores que quiere captar. Sólo si las empresas están alertas ante el efecto que una megatendencia tiene en las fuerzas y los factores y luego en la demanda actual y naciente, estarán preparadas para utilizarla en su beneficio.

Fuerzas y factores adicionales

He hablado en términos generales de siete de las más destacadas fuerzas y factores de gran envergadura. Por supuesto, no puedo decirles cuáles son las más importantes en cada sector, empresa o situación particular, pero aquí presento algunas otras a tener presentes al pensar en un negocio en concreto.

Fuerzas y factores que afectan a la cadena de la oferta
- proveedores
- capacidad de oferta
- paso de la base de la oferta a otras zonas
- tecnologías de fabricación
- coste de aumentar capacidad
- costes materiales de fabricantes de equipos originales
- fabricación externalizada en lugar de integración vertical
- eliminación de intermediarios
- cambios en la distribución
- intercambios por Internet

- nuevos proveedores o productos de sustitución
- productos con marca privada
- conocimientos, cobertura e incentivos de la fuerza de ventas

Fuerzas y factores que afectan la naturaleza de sus relaciones con los consumidores.
- demografía
- situación geográfica
- nivel de renta
- origen étnico
- sexo
- estilo de vida y etapa en la vida
- mujeres que trabajan
- empobrecimiento del tiempo
- uso de los medios
- nueva tecnología de la comunicación
- canales desde los cuales comprar; desde vendedores a gran escala y especialistas en fusilar categorías, hasta Internet y la venta por catálogo.

Fuerzas y factores relacionados con el gobierno.
- gasto gubernamental
- legislación
- regulación o (cada vez más) desregulación
- leyes de igualdad en el trabajo

La cuestión fundamental es: ¿Cómo puede una organización comprender y trabajar con estos y otros fuerzas y factores? Es importante que los directores y ejecutivos mantengan una actitud abierta y lleven a cabo una evaluación objetiva de la posición de su empresa en el mercado. Cada organización debe elaborar su propia base de datos con las fuerzas y los factores pertinentes a su situación actual exclusiva. Hay que preparar a todos los miembros de la empresa para que lo consideren así, a fin de que llevarlo a la práctica se convierta en un control automático dentro de la cultura de la misma. Una base de datos permitirá alterar los procedimientos y estrategias de la empresa ya que aclarará qué cambios importantes están teniendo o han tenido lugar.

Las fuerzas y los factores de la base de datos se unen para formar un mosaico que representa a la empresa desde una perspectiva que, muy probablemente, todavía no se habrá considerado plenamente. Cuando se examinen las relaciones e interacciones entre las diversas fuerzas y factores, se verán posibilidades para reforzar la empresa que probablemente nunca antes se habían imaginado. Aunque quizá se haya reconocido cada faceta individual, es probable que se tuviera una perspectiva escasa de cómo esos fuerzas y factores interactuaban e influían unos en otros. Ahora será posible adelantarse a los cambios y liderar el mercado en lugar de aceptar las consecuencias de seguir a los competidores.

Este proceso está pensado para proporcionar un punto de referencia objetivo. En la actual economía de la demanda, todo sucede más rápidamente y está más interconectado que antes. Cuando las cosas se mueven rápidamente y se trabaja en medio de la agitación y la confusión, un directivo o una directiva que comprenda a fondo las fuerzas y los factores que impulsan la demanda de su mercado tiene una idea mucho mejor de cómo liderar y reaccionar.

En el capítulo 5, me centraré en el siguiente paso de este proceso; cómo identificar y tratar de llegar a los clientes más rentables. En el capítulo 6, mostraré cómo se pueden combinar diferentes respuestas a las fuerzas y los factores con las necesidades de la demanda que se quiere captar, a fin de crear una Propuesta de Valor para la Demanda, algo que pasará a formar una parte duradera de la Estrategia de la Demanda de cada empresa.

5

Segundo Principio

Seleccione los segmentos de la demanda más rentables

Hay dos maneras de llevar un negocio. Podemos creer que nuestros clientes son todos parecidos en cuanto a lo que quieren o buscan en nuestros productos y, por lo tanto, tenemos un mercado gigantesco, de productos en serie. También podemos reconocer que los consumidores tienen diferentes deseos, necesidades y demandas, tanto si hablamos de galletas como de coches, de bancos como de comida para perros. La Estrategia de la Demanda se basa en el segundo caso.

Una de las premisas fundamentales de la Estrategia de la Demanda es que hay que dividir cada categoría de negocio en segmentos para comprender qué motiva a los clientes de cada segmento y por qué toman sus decisiones. Sólo después de saberlo es posible poner en práctica la Estrategia de la Demanda.

En todos los sectores, es posible dividir la demanda total en segmentos, grupos o conjuntos de consumidores que compran por razones similares. De un segmento a otro, las necesidades que subyacen a las compras específicas pueden variar mucho, razón por la que practicar esta fragmentación es tan importante para la Estrategia de la Demanda.

Cada sector se puede segmentar de diversas maneras. Por ejemplo, el sector del automóvil puede dividirse según los vehículos que los usuarios han comprado en el pasado: *sedanes*, deportivos, todo terreno+utilitario, pequeñas furgonetas, coches nuevos o coches usados. El mercado se puede segmentar basándonos en factores demográficos como los grupos de edad o el nivel de ingresos. También se puede segmentar según lo que motiva a una persona de un determinado segmento a elegir, basándonos en los atributos del auto; por ejemplo, un buen consumo de combustible o la seguridad. Saber todo lo posible de cada segmento nos permite crear una oferta que satisfará su demanda específica.

Detengámonos un poco más en el sector del automóvil. Todas las compañías de automóviles creen que su negocio se divide en segmentos. Como resultado, los fabricantes ofrecen tipos muy diferentes de coche para satisfacer a los diferentes segmentos de demanda. Los factores demográficos, los patrones de uso, las necesidades y la demanda son algunas de las maneras de segmentar el mercado. Cuando los fabricantes analizan los datos demográficos, descubren que las familias jóvenes optan por las pequeñas furgonetas , mientras que los solteros prefieren los coches deportivos y las personas de más edad se inclinan por la comodidad y la potencia de los grandes *sedanes*. Por otro lado, al examinar los patrones de uso, un fabricante puede descubrir que los principales usuarios de camionetas aparecen en todos los grupos de edad y viven en comunidades rurales. Evaluar las necesidades puede revelar un mercado para un pequeño coche utilitario para ir al trabajo o un coche que pueda arrastrar un remolque con un barco. La demanda del consumidor puede usarse para determinar quién quiere qué; es decir, algunas personas buscan el prestigio de un coche de lujo, mientras otras miran el coste y otras más quieren un coche que consuma poco.

Aunque hay muchas maneras de clasificar o segmentar un sector, pensamos que la segmentación según la *demanda* es la más útil para cualquier negocio. Dado que aclara la demanda actual, identifica inmediatamente oportunidades para mejorar un negocio, centrándose en los segmentos de la demanda prioritarios. La mayoría de maneras de cómo se aborda la segmentación describen qué sucedió en el pasado y, al no analizar las motivaciones que hay detrás de la demanda, no identifican ese porqué que puede ayudar a las empresas a planear el futuro.

Como decíamos en el capítulo 1, la demanda más importante que hacían los adolescentes de todo el mundo para los coches que comprarán dentro de cinco o diez años resultó muy sorprendente para nuestro cliente. Los directivos con quienes trabajábamos en una importante empresa automovilística creían que los jóvenes querrían velocidad, líneas aerodinámicas y excelentes sistemas de sonido estéreo. Después de todo, eso es lo que las anteriores generaciones de jóvenes querían en sus coches. Sin embargo, cuando dividimos el mercado usando la segmentación por demanda, descubrimos que la mayoría de adolescentes daban prioridad a la seguridad —protección contra el daño físico y un fabricante que les proporcionara seguridad emocional— como el elemento más importante para ellos. Esta información, enormemente valiosa, quizá no hubiera sido desvelada por ningún otro sistema de segmentación. En retrospectiva, la necesidad de seguridad que sienten los adolescentes es menos sorprendente, dados los tiroteos en las escuelas, la presencia de bandas, los altos niveles de lesiones y muerte entre conductores y pasajeros adolescentes y otros factores que amenazan de forma creciente su seguridad física.

Aunque los automóviles se pueden dividir en segmentos bastante obvios, no sucede lo mismo con la mayoría de categorías de productos. Sin embargo, seleccionar los segmentos en que vamos a concentrarnos es una decisión crítica. Los segmentos de la demanda son el sistema nervioso central de la Estrategia de la Demanda porque no puede darse ningún paso eficaz si se apunta a los segmentos equivocados.

Pese al papel fundamental que tiene la fijación de miras en el éxito de una empresa, continuamos encontrando compañías que funcionan igual que hacían décadas atrás, contando sólo con una vaga noción de quién es el cliente que quieren captar, unos objetivos demográficos vagos (por ejemplo, mujeres entre veintinueve y cuarenta y cinco años) o sencillamente equivocados. Por ejemplo, no hace mucho trabajamos con una famosa empresa de refrescos que siempre había apuntado a quienes creía que eran sus consumidores más importantes, las mujeres de más de cincuenta y cinco años que vivían en las comunidades acomodadas situadas principalmente en la Costa Este, donde se fundó la compañía un siglo atrás. En realidad, descubrimos que los máximos consumidores de esta categoría eran familias numerosas con un ingrediente étnico y que vivían principalmente en las comunidades rurales del sur. Como suele suceder, este descubrimiento fue la clave para poner en marcha un crecimiento rentable para nuestro cliente. Al comprender más a fondo la demanda entre sus consumidores más valiosos, la empresa pudo crear nuevos productos, envases, mensajes de publicidad y estrategias de distribución para satisfacer la demanda de los segmentos más numerosos y rentables.

Según mi experiencia, definir el cliente que buscamos es aún más crítico para el comercio entre empresas, porque cada venta o contrato, que suele apoyarse en lo bien que conocemos al consumidor, puede valer millones de dólares. En el caso de una compañía editora de periódicos con quien hemos trabajado recientemente, abordaban a todos los anunciantes exactamente del mismo modo que lo habían hecho durante cincuenta años; con una única oferta básica. De hecho, la capacidad de producir anuncios en color en sus periódicos era el único cambio real habido en su planteamiento de mercado durante décadas. Cuando llevamos a cabo una segmentación de la demanda, descubrimos que sus principales anunciantes tenían demandas muy diferentes y, por lo tanto, respondían de forma diferente a las ofertas específicas. Algunos se centraban en forjar imagen de marca, otros querían llevar clientes a sus establecimientos los días en que aparecían los anuncios, otros querían generar un contacto telefónico y otros trataban de conseguir que los conocieran y probaran sus productos. Cuando la empresa creó ofertas de publicidad específicas para cada uno de esos segmentos de la demanda tan diferentes, el periódico aumentó la eficacia de la fuerza de ventas en un 40%. Los vendedores estaban mucho mejor informados de las necesidades de los diferentes tipos de consumidor y preparaban sus ofertas en consecuencia.

En el caso de otro cliente que vendía de empresa a empresa, unos cambios espectaculares entre sus clientes exigieron un nuevo planteamiento de mercado. En parte debido a su organización cerrada, estructurada en departamentos, este proveedor de equipamientos y servicios no se dio cuenta de que la reingeniería y rápida concentración entre sus empresas clientes estaba creando un nuevo conjunto de demandas entre ellas. Como consecuencia de los cambios y presiones de los costes derivados de esa reingeniería y concentración, los grandes clientes necesitaban ahora menos proveedores estratégicos con quienes poder contratar, externamente, amplios grupos de necesidades. Hasta que comprendieron lo importante que llegaría a ser esta creciente demanda, los departamentos del proveedor se habían convertido en una barrera importante para trabajar con los grandes consumidores a quienes era más rentable servir. Estos clientes querían un único punto de contacto para externalizar todas sus necesidades, en lugar de tener que tratar con seis departamentos independientes.

El objetivo es seleccionar los segmentos que más probablemente rendirán los mayores beneficios, teniendo en cuenta nuestro sistema de negocio, infraestructura, competencia y aptitudes fundamentales. Una vez hecho esto, habremos dado un paso enorme para conseguir el control de las actividades y la rentabilidad de nuestra empresa.

Aunque habrá bastantes casos de solapamiento, cada segmento tendrá algo que lo diferenciará de los otros. Comprender qué valora cada segmento nos ofrecerá una ventaja competitiva importante. Además, nos permitirá adecuar nuestra oferta a lo que ese segmento valora. Al hacerlo, conseguiremos el poder de fijar los precios, porque tendremos la oportunidad de crear una oferta diferenciada que disfruta de unos precios relativamente inelásticos.

La mejor manera de segmentar cualquier mercado es considerar los tipos de demanda que lo componen. Con esto me refiero a saber con certeza qué motiva a comprar a los miembros de cada segmento.

La segmentación empieza con una investigación *cualitativa*. El análisis cuantitativo puede decirnos cuántas personas hay en cada segmento, cuánto gastan y cómo valoran las diferentes opciones. Los directivos que se sienten más cómodos con las investigaciones cuantitativas están, a veces, ansiosos por saltarse esa etapa cualitativa. Pero es un paso crucial, porque es aquí donde formamos nuestras hipótesis sobre lo que quiere la gente. Una y otra vez vemos trabajos de segmentación en los cuales los directivos se saltaron la etapa cualitativa y, al hacerlo, perdieron una importante ocasión para averiguar algo nuevo de sus consumidores y de lo que los motiva.

Antes de que Coca-Cola Company introdujera New Coke, por ejemplo, llevó a cabo miles de pruebas de sabor en todos los segmentos de bebedores de cola, en los cuales New Coke ganó de forma decisiva contra la Coke original, conocida ahora como Classic Coke. Si la empresa hubiera completado primero la necesaria investigación cualitativa, habría descubierto que la gente pensaba que les ofrecían la nueva *además* de la vieja Coke, y no un sustituto de la vieja Coke. Aunque a los consumidores les gustaba New Coke, les preocupó, incluso les hizo sentirse furiosos, descubrir que estaba pensada para sustituir a la bebida original que habían llegado a querer como algo propio.

Una de las empresas de cereales más importantes fracasó, como resultado de su apresurada investigación cuantitativa, en su introducción de un cereal sano para adultos, muy rentable. Esa investigación mostró que el producto propuesto sería un desastre económico.

Varios meses más tarde, un competidor con la misma idea llevó a cabo una investigación cualitativa entre diversos segmentos de la demanda. Los resultados aclararon el hecho de que, entre siete grandes sengmentos de consumidores de cereales listos para usar, había dos preocupados por la salud a quienes gustaba la idea. Cuando se hizo el trabajo cuantitativo entre los segmentos que ya compraban cereales sanos, los resultados fueron abrumadoramente positivos. Seis meses depués, el nuevo cereal estaba en las estanterías de los supermercados y era más popular que cualquier otro introducido en la categoría de listo para comer desde hacía varios años.

La primera compañía erró al hacer que sus investigadores cuantitativos pidieran a los componentes de todos los segmentos de cereales listos para comer que reaccionaran ante el producto más sano. El problema era que más de la mitad de esos consumidores comían cereales ya endulzados, nunca leían los ingredientes anotados en la caja y no les interesaba en absoluto encontrar un nuevo cereal más sano y de buen sabor. Los investigadores no se concentraron en los segmentos de la demanda formados por personas que buscan cereales más sanos. Fue una grave equivocación.

Mirar el mercado a través del cristal de la segmentación de la demanda nos permite alcanzar tres fines cruciales. El primero es la mejor comprensión del volumen y valor económico de varios segmentos.

A su vez, estos datos pueden permitirnos concentrarnos y asignar recursos a los segmentos específicos de la demanda que pueden ofrecernos los máximos beneficios. Finalmente, podemos obtener unas indicaciones maravillosamente ricas para innovar, diferenciar y comunicar por medio de unas sencillas comparaciones de preferencias.

Asignar nuestros recursos a los segmentos que pueden darnos el máximo beneficio, no significa que sean nuestra única fuente de negocio. Pero al satisfacer la demanda de uno o dos segmentos mejor que cualquiera de nuestros competidores, no sólo nos haremos con una cuota mayor de negocio, también conseguiremos una cierta porción del negocio de los segmentos adyacentes, que pueden sentirse atraídos hacia nuestra oferta cuando buscan variedad o porque es la que más se adecua a algunas de sus necesidades, pese a haber sido pensada para otros segmentos de la demanda. Sus campañas deberían ser inclusivas, no excluyentes, porque los segmentos reflejan tendencias, no comportamientos absolutos. Los segmentos no son algo aplicable a rajatabla, o blanco o negro; con frecuencia presentan diferentes matices de gris.

La demanda suele dividirse en cinco o seis grandes segmentos y, dependiendo de la naturaleza del negocio, puede subdividirse en una serie de subsegmentos. Para cada segmento, es esencial que determinemos el tamaño y la naturaleza de la demanda y si podemos o no ganar un beneficio al satisfacerla.

Cuando empiece a poner la mira en un segmento de la demanda, es también importante pensar cómo puede cambiar en el futuro.

Veamos el ejemplo de la segmentación de la demanda en un único mercado, en apariencia poco complicado; el sector de la comida para perros.

Antes de la Segunda Guerra Mundial, cuando la vida rural seguía siendo la norma en muchas partes de Estados Unidos, las relaciones entre los adultos y sus perros eran amistosas, pero distantes. «Cuando el centro de la vida estadounidense se volvió urbano —observó Michael Garvey, un veterinario de Nueva York, no hace mucho— los animales de compañía entraron en casa y la gente empezó a pasar más tiempo con ellos. Cuando la vida moderna se hizo más rápida e impersonal, el animal pasó a ocupar el lugar de los amigos y la familia».

Cuando aumentó la población de edad avanzada y más personas vivían solas, la industria de la comida para mascotas puso en marcha una campaña de marketing que insistía en los efectos beneficiosos que un animal de compañía tiene en la salud y calidad general de la vida de los humanos.

Hace varios años, me pidieron que asesorara a una compañía de comida para animales que iba perdiendo terreno de forma constante. Descubrimos que sus directivos no podían responder a preguntas básicas sobre segmentos, canales o el cambiante conjunto de productos que sus consumidores compraban. Como resultado, les aconsejé que hicieran una segmentación de la demanda. Hasta aquel momento, el mercado estaba dividido según el tipo de comida, enlatada o seca, con muchos segmentos intermedios.

Los resultados de la segmentación fueron extraordinarios. Mostraban que en la industria de comida para perros, los segmentos vienen determinados por la relación que los propietarios quieren tener con sus perros. El primer segmento, que llamamos de personas «afectuosas y consentidoras», suele estar formado por mujeres cuyos hijos ya se han marchado de casa y para quienes el perro llega a ser, consciente o inconscientemente, un sustituto de esos hijos. La demanda primordial para los miembros de este segmento es ser amados por su perro. No les importa lo que cueste la comida siempre que sientan que, al comprarla, están complaciendo al animal.

En el otro extremo del espectro, tanto en actitud hacia el perro como en sensibilidad hacia el precio, están los propietarios que llamamos «funcionalistas tolerantes». Son lo que queda de la comunidad rural anterior a la guerra y consideran al perro como un instrumento o una herramienta de la granja. Compran las marcas más baratas en los sacos más grandes que encuentran.

Entre los dos polos hay tres segmentos más de la demanda. Los «compañeros cariñosos» aceptan los perros como parte de la familia; quieren comida de calidad y están dispuestos a probar nuevas marcas si piensan que le pueden gustar al animal, pero son reacios a gastar en exquisiteces caras.

Los componentes del segmento de «nutricionistas activos» ven en sus perros compañeros de deporte o de viaje. Estas personas se preocupan por la salud de su perro y exigen que tome alimentos nutritivos. Están dispuestos a comprar en tiendas especializadas que ofrezcan la comida que satisfaga sus altos estándares.

El último segmento lo forman los «preocupados por el presupuesto». Quieren a sus perros, pero sus recursos económicos son limitados. Compran alimentos básicos para perros como parte de su compra habitual de comida.

La Three Dog Bakery, fundada en Kansas City, Missouri, en 1989, se centró casi exclusivamente en el segmento de los «afectuosos y consentidores». Elaboran caprichos de lujo para mascotas mimadas. Dedicados a servir manjares recién cocinados, como Beastro Biscotti (1,75 dólares la pieza) y Pet-it Fours (dos por 1,50 dólares), presume ahora de más de treinta franquicias por todo Estados Unidos. En ellas se ofrecen también caprichos especiales para las fiestas (Champ Pagne, agua con burbujas para Año Viejo, y trajes de Halloween que van desde jirafas a vikingos, pensados para ponérselos a los perros). No hay duda de que concentrarse en este segmento de la demanda, aunque sea un grupo relativamente pequeño, puede resultar muy rentable.

El sector de la comida para perros tiene que abastecer a propietarios en todas las categorías de precio, que abarcan todos los niveles de apego a sus mascotas. Sin tener en cuenta otros factores, la forma en que alguien percibe a su perro y el papel que quiere que éste represente en su vida —es decir, la naturaleza de la relación entre persona y animal— es el factor más importante para determinar qué estará dispuesto a pagar por su comida.

Recomendé a la empresa para la que trabajaba que observara de cerca la demanda naciente. Iams, por ejemplo, acababa de introducir su comida muy sana y las primeras reacciones habían sido muy positivas.

¿A qué segmento debería apuntar un Estratega de la Demanda en este sector? A primera vista, parecería que al de los «afectuosos y consentidores» es el que menos se preocupa por el precio. Pero decidir qué segmento queremos captar es más complicado. La Estrategia de la Demanda requiere que una compañía tome en consideración todas las fuerzas de la demanda y los factores del sector que sean relevantes antes de seleccionar los segmentos en que quiere centrarse.

En primer lugar, las empresas tienen que adecuar sus competencias básicas a las demandas de los diferentes segmentos. Esas competencias también tienen que adecuarse a la fuerza de la distribución y canales de oferta de una empresa en los ámbitos preferidos por cada segmento.

Por ejemplo, no hay duda de que el envejecimiento de la generación del *baby boom* aumentará el número de personas con el síndrome del nido vacío que pueden entrar en el segmento de personas «afectuosas y consentidoras» o en el de «compañeros cariñosos» de sus mascotas, una situación que alteraría de forma espectacular los aspectos económicos del sector. Por otro lado, una crisis económica podría hacer que la gente se preocupara más por el presupuesto y podría reducir las categorías superiores del sector.

Es igualmente vital que decidamos en qué segmentos de la demanda se concentran nuestros competidores para luego elegir el que nos ofrezca la mejor oportunidad para diferenciarnos. ¿Uno de nuestros rivales ha presentado una innovación de fabricación o distribución? ¿Podemos igualarla o incluso mejorarla?

Por último, nuestra empresa tendrá que adecuar su capacidad de producción, su infraestructura, sus recursos, ventas y campañas de marketing al segmento de la demanda que seleccione. Si siempre hemos sido una empresa de mercado a gran escala, conocida por sus precios económicos, por ejemplo, probablemente no querremos apuntar al segmento de personas «afectuosas y consentidoras». Del mismo modo, sería necesaria una inyección de capital enorme para que un fabricante de comida enlatada del nivel más alto pasara a preparar el pienso seco corriente que se vende en sacos de veinte kilos.

Dado que todos los sectores tienen más de un segmento de la demanda, cabe la posibilidad de que las empresas apliquen diversas Estrategias de la Demanda. En un barrio dado, una tintorería puede especializarse en la piel y en la limpieza técnicamente difícil mientras que a otra le va igualmente bien centrándose en el servicio dentro del mismo día. Ambos establecimientos son necesarios porque atraen diferentes tipos de demanda.

Evidentemente, ninguna fórmula única permitirá que cada empresa identifique el segmento más rentable para ella. Pero existen métodos basados en datos para investigar los factores económicos de diferentes sectores y decidir cuáles pueden rendirnos una mayor rentabilidad.

Southwest Airlines Corporation y UAL Corporation eran, hasta el ataque terrorista del 11 de septiembre, dos de las compañías aéreas más rentables del país. UAL's United utiliza los grandes aeropuertos, contrata empleados sindicados, tiene una flota de diecisiete tipos diferentes de avión y ofrece un trato especial a quien viaja por negocios. En cambio, Southwest utiliza aeropuertos secundarios y un sistema de rutas de punto a punto, no contrata empleados sindicados, sólo tiene aviones Boeing 737 y se ocupa de los que viajan sobre presupuesto. Cada compañía aérea sirve a un segmento de mercado diferente. Ambas son ideales para su mercado y ninguna podría competir con éxito en el dominio de la otra.

No hay una única respuesta correcta para decidir a qué segmentos hemos de apuntar en la segmentación de la demanda. Cada empresa y cada director debe evaluar sus puntos fuertes, infraestructura y sistema de negocio y decidir competir allí donde cuente con la máxima experiencia y pueda hacer más dinero. Como Internet, la venta por correo y los grandes almacenes dejan claro cada día, hoy los consumidores tienen más opciones entre las que elegir que nunca anteriormente. Como analizaré más adelante, ya no existe un público de mercado a gran escala. Ha sido sustituido por segmentos del mercado cuyas necesidades sólo quedan satisfechas por diversos beneficios y ofertas. El que unos compradores en particular nos elijan dependerá de lo bien que comprendamos y seleccionemos nuestros segmentos de la demanda y, por supuesto, de lo bien que creemos productos que los beneficien.

Hágase usted mismo, y hágasela a quienes dirigen su empresa, la siguiente pregunta: ¿Qué sabemos de nuestros segmentos de la demanda más rentables que nuestros competidores no sepan? Según mi experiencia, sólo una mínima fracción de directores de empresa en todo el mundo puede responder esa pregunta crítica. Y, sin embargo, seleccionar nuestro segmento de la demanda suele ser la *decisión más importante que podemos tomar.* Dejar que el destino decida cuál será ese segmento o elegir de forma poco sensata, casi con toda certeza condenará nuestra empresa al fracaso. Cuando usted y sus directores tengan varias buenas respuestas a la pregunta anterior, probablemente estén a punto de conseguir una importante alza de beneficios.

En los últimos años, los bancos han experimentado problemas al hacerse más complejo y competitivo el mercado de los servicios financieros. En este nuevo entorno, los bancos han perdido considerables depósitos en beneficio de competidores como las empresas de fondos mutuos y los agentes de bolsa. Anteriormente, los bancos eran los principales proveedores para la mayoría de usuarios, ofreciendo servicios que iban desde las cuentas corrientes y las tarjetas de crédito a las hipotecas. Hoy, en Estados Unidos, los campos que suelen proporcionar los máximos beneficios para los bancos han sido acaparados por competidores concentrados en una única línea como Countrywide y Norwest para las hipotecas y Capital One y MBNA para las tarjetas de crédito. Además la protección artificial ofrecida en Estados Unidos por las leyes bancarias interestatales (que impedían la fusión de bancos de estados diferentes) y la Ley Glass-Steagall (que mantenía separadas las empresas de banca, seguros y valores) ha desaparecido. Ahora los bancos locales y regionales luchan por defender sus relaciones con los clientes contra los ataques de sus competidores globales y nacionales, ricos en recursos, como Citigroup y J. P. Morgan Chase. Entretanto, servir a los clientes de los bancos es ahora más complejo que antes. La mayoría de bancos se han visto forzados a mantener las tradicionales sucursales mientras invierten, al mismo tiempo, en nuevos canales como cajeros automáticos e Internet.

The Cambridge Group ha ayudado al Bank Administration Institute (BAI), el mayor grupo del sector de bancos minoristas de Estados Unidos, a identificar y comprender los cambios de la demanda a fin de que pudieran crear unas estrategias más exitosas.

En tanto que una de las asociaciones más destacadas de la banca, el BAI quería determinar los nuevos retos a que se enfrentan los bancos. Sus propias investigaciones indicaban que uno de ellos era el hecho de que la dinámica de la competencia en el sector cambiaba muy rápidamente y que la vasta mayoría de bancos necesitaba una nueva estrategia para mantener su actual negocio y crecer.

Los objetivos de nuestro trabajo eran, sencillamente, crear «una nueva comprensión de la demanda y un nuevo planteamiento de salida al mercado» que permitiera que los bancos compitieran eficazmente en el terreno de los servicios financieros, que cambiaba tan rápidamente. Entre los objetivos principales estaban los siguientes:

• Aprendizaje referencial de empresas que prosperan en categorías maduras similares a las que experimenta ahora la industria bancaria.
• Fomento de una comprensión profunda de la nueva definición de los servicios financieros al consumidor.
• Aportación de conocimientos y herramientas para que fuera más fácil e inmediato poner en práctica lo descubierto que con los estudios tradicionales.

Mi socio Navtej Nandra dirigió el trabajo, del cual salió una segmentación de la demanda que llamamos «ADN de la Demanda». Con ella, vemos las diferencias en actitudes, motivaciones y demanda en cinco ámbitos clave que rigen las decisiones de los consumidores respecto a los servicios financieros. La primera es el principal objetivo económico del consumidor, que puede ir desde llegar a fin de mes a acumular fondos para comprar una casa, financiar los estudios de los hijos o retirarse. El segundo factor hace referencia a los usuarios que trabajan con asesores financieros, comparados con otros que prefieren planear y gestionar sus finanzas ellos mismos. Un tercer aspecto que distingue unos segmentos de otros es la tolerancia hacia el riesgo; algunas personas están más dispuestas a aceptarlo que otras. Un cuarto factor distingue entre personas que se sienten cómodas usando las nuevas tecnologías, como Internet, para gestionar sus finanzas o llevar a cabo operaciones y las que no lo están. Finalmente, algunos segmentos muestran una clara preferencia por los servicios personales en las sucursales, mientras que otros favorecen las operaciones a través de los cajeros automáticos y por teléfono.

Partiendo de las diferencias entre consumidores en estos cinco ámbitos, el «ADN de la Demanda» reveló ocho segmentos distintos. Los nombres están pensados para dar una visión condensada de las características que los distinguen.

1.   *Gestores de activos seguros de sí mismos.* Personas que tienen el valor neto medio más alto, son sagaces económica y tecnológicamente y se centran en inversiones de capital.

2. *Seguidores satisfechos de un plan*. Personas económicamente sólidas que siguen fielmente un plan económico que han ido elaborando a lo largo del tiempo, con frecuencia con ayuda de un asesor financiero.

3. *Tradicionalistas firmes*. Personas que tienen pocas preocupaciones económicas, que están centradas en el retiro y que prefieren claramente tratar con personas que con tecnología.

4. *Constructores del activo familiar*. Tienden a ser familias jóvenes que planean comprar una casa y que ahorran para la educación de los hijos; son muy afines a la tecnología.

5. *Miembros desconcertados de la generación del* «baby boom». Les preocupa su economía, especialmente en lo que se refiere al retiro y tienen poca confianza en su propia capacidad para planearla y gestionarla.

6. *Negociadores dominados por el tiempo*. Este grupo usa la tecnología para minimizar el tiempo y el esfuerzo exigidos para gestionar sus finanzas.

7. *Familias endeudadas con aprietos*. Aspiran a alcanzar las metas centradas en la familia, pero sufren importantes tensiones económicas.

8. *Supervivientes abrumados*. Estas personas o familias tienen unos recursos financieros relativamente limitados y se sienten abrumados tanto por las finanzas como por la tecnología.

Imaginemos ahora, por un momento, que es usted director de banco y quiere mejorar su servicio a los clientes. Con esta información en las manos, puede hacerle a un cliente una corta serie de lo que llamamos *preguntas de clasificación*. Basándose en las cinco motivaciones que hemos mencionado, es posible calcular cuáles de sus clientes pertenecen a qué segmento. Para hacerlo, podría utilizar información del cliente, quizá procedente de la solicitud de un préstamo o de los impresos utilizados para abrir una cuenta corriente. Podría conseguir unos resultados más exactos si pidiera a los clientes que rellenaran una pequeña encuesta —en la sucursal, on line o en su estado de cuentas mensual— en la cual irían icluidas sus preguntas de clasificación.

Con esa información en la mano, puede elaborar sus ofertas y adecuar sus actividades para asegurarse de que acrecienta tanto su captación y retención de clientes como sus beneficios dirigiendo la oferta adecuada a los usuarios cuya demanda conoce. Esto resulta mucho más fácil si satisface las demandas de cada cliente ofreciendo los productos, la atención al cliente y las actividades de venta adecuados, basándose en su conocimiento de las demandas de esos clientes.

En efecto, el auténtico conocimiento basado en la demanda le permite responder a las siguientes preguntas esenciales:

- ¿A quién tendría que apuntar en sus campañas de marketing?
- ¿Con qué oferta (productos, servicios, canales, precio)?
- ¿Cuál es el mejor medio para comunicarse (marca, posicionamiento, medios, mensajes)?
- ¿Cómo puede desplegar mejor sus recursos (personas, tecnología, I+D, alianzas, adquisición)?

Veamos un banco que trata de vender productos a sus clientes más acomodados, definidos demográficamente como hogares con más de 150.000 dólares en activos invertibles.

A primera vista, todos estos usuarios se parecen. Todos encajan en un criterio de alto valor neto y la mayoría utilizan una amplia serie de productos de inversión; compran seguros y no suelen incurrir en deudas importantes (comparadas con su patrimonio). Al contar con información sobre su situación, el banco puede apuntar con más éxito a ciertos productos y servicios.

Pero estamos describiendo una visión estática de la demanda, limitada a lo que los clientes ya tienen, que no nos dice si están interesados en otro producto o qué beneficios atraerán a unos clientes en particular. Si un banco ofrece productos «yo también», sólo la suerte puede explicar que un cliente compre otro producto al banco.

Si estudiamos qué motiva su demanda, podremos recoger una información que tendrá una profunda influencia tanto en lo que les vendamos como en el crecimiento que podamos lograr de esos consumidores.

Un 90% de ellos caen dentro de cinco de los segmentos que he definido antes:

Los *gestores de activos seguros de sí* comprenden un 25% de este grupo con otro 65% dividido casi por igual entre *seguidores satisfechos de un plan, tradicionalistas firmes, constructores del activo familiar y miembros desconcertados de la generación del* «baby boom». Los otros tres segmentos engloban el 10% restante de usuarios.

Digamos que, en primera instancia, apuntamos a los *Gestores de activos seguros de sí* y a los *Tradicionalistas firmes*.

Los *Gestores de activos seguros de sí* buscan una empresa orientada a las inversiones que les permita utilizar unos instrumentos de vanguardia para gestionar esos activos. Sería necesario destacar que ellos conservan el control, tienen acceso a la investigación, consiguen una ejecución fácil y pueden elegir entre el conjunto específico de nuestras ofertas. Dadas sus preferencias, nunca los invitaríamos a una sucursal o un seminario, sino que los remitiríamos a nuestra página web. En realidad, deberíamos tener a este tipo de clientes en mente al diseñar esa página, dado que ellos serán sus mayores usuarios. Como este segmento no acaba de estar convencido de que los bancos sean capaces de atender a sus necesidades, quizá tengamos que pensar en alianzas o en compartir marca con empresas de gestión de activos a fin de construir valor de marca.

Por otro lado, los tradicionalistas firmes buscan una institución de confianza que les trate con respeto y les ofrezca acceso a productos con los que se sientan cómodos. En su mayoría, son contrarios al riesgo y prefieren inversiones pensadas para ayudarles a conservar su capital. En nuestras comunicaciones, destacaríamos beneficios diferentes, entre ellos la confianza, la estabilidad, las relaciones personales y la seguridad. Este segmento, que añora los viejos tiempos cuando el trato con los bancos era más personal, utilizaría nuestra red de sucursales. Por lo tanto, emplearíamos esas sucursales como canal de ventas invitando a estos clientes a una reunión cara a cara para hablar de los planes y oportunidades de ahorro. También destacaríamos nuestra propia marca ya que este segmento cree que el valor de marca del banco es extremadamente sólido y flexible.

En resumen:

Objetivo	Gestor de activos seguro de sí	Tradicionalistas firmes
Productos	Corretaje, fondos de crecimiento, gestores monetarios, renta variable, renta vitalicia	Certificados de Depósito fondos de valores y bonos, anualidades fijas, renta vitalicia
Canal	En línea	En persona, sucursal
Énfasis en la comunicación	Control, acciones, investigación, fácil ejecución	Seguridad, estabilidad, confianza, relaciones personales
Asignación de recursos	Experiencia en línea, alianzas con gestores de activos	Formación para director de relaciones, instrumento sencillo para distribución activos

Imaginemos ahora que es usted un director de banco que sólo utiliza los datos demográficos para segmentar el mercado. Su información puede ayudarle a comprender las diferencias derivadas de cada etapa de la vida, digamos las necesidades de las familias jóvenes respecto a las de los consumidores en edad de retiro. No obstante, como hemos visto, estos datos no ayudan a comprender las importantes diferencias que hay entre los segmentos. Como resultado, quizás ofreciera una solución única para todas las personas de cincuenta y cinco años o más con unos ingresos ente 50.000 y 100.000 dólares. Por otra parte, un banquero con una segmentación de la demanda basada en las actitudes y motivaciones se adecuaría mucho más en sus ofertas a las demandas de cada segmento específico.

Por supuesto, los segmentos de la demanda más rentables de una empresa nunca permanecen inamovibles. Están permanentemente evolucionando, creciendo, cambiando, fusionándose y desapareciendo, razón por la cual es imperativo vigilar constantemente cómo las fuerzas de la demanda y los factores del sector afectan a esa demanda. Sólo haciéndolo así podremos continuar entendiendo las necesidades existentes antes de crear oferta y cosechar los beneficios de hacerlo.

Nuestra tarea a lo largo de la vida de nuestro negocio es poner al descubierto los segmentos de la demanda que prometan los beneficios más altos en el contexto de la infraestructura, cultura y competencia de nuestra empresa. Nuestro objetivo es ir más allá en nuestras investigaciones que nuestros competidores para descubrir las necesidades insatisfechas de los posibles segmentos de la demanda. Los datos demográficos son secundarios y, aunque útiles para describir cada segmento, no son un criterio utilizado en el proceso de segmentación.

En el sector de los negocios de empresa a empresa, un segmento de la demanda podría incluir aquellos clientes para quienes lo más importante es la rapidez con que se completa un trabajo, otro podría englobar a aquellos cuya prioridad es la calidad, y otros podrían fijar como prioridad la fiabilidad, la innovación o el bajo coste.

Es fascinante ver cómo cambia la naturaleza de la demanda cuando pasamos de una categoría a otra. Al hablar de la comida para perros, veíamos que la relación personal con el animal era el factor crítico. Sin embargo, en tecnología la mejor variable para segmentar es muy impersonal y descansa por completo en el rendimiento.

En las empresas de alta tecnología, hay tres segmentos de la demanda; el vanguardista, el competitivo y el zaguero.

- *Vanguardistas.* Las personas y empresas de este segmento dependen de la tecnología y quieren disponer de ella tan pronto como aparece en el mercado. Las instituciones financieras punteras, las empresas de *software* informático y las principales compañías aéreas son ejemplos de empresas que necesitan la ventaja que proporciona la nueva tecnología. Sin ella, no podrían satisfacer la demanda de sus propios clientes, también punteros. Por lo tanto, les preocupan menos los precios que a sus competidores de un segundo nivel.

- *Competitivos.* Las personas y empresas de ese segmento creen que la tecnología es importante, pero la quieren barata. Esperarán hasta que un producto esté en su segundo o tercer año o incluso la comprarán en mercados de segunda mano después de que las empresas de vanguardia hayan adoptado una nueva invención. Los bancos de nivel medio, las compañías aéreas de menor tamaño y los proveedores de automoción están dentro de este segmento.

• *Zagueros*. Las personas y empresas de este segmento necesitan la tecnología porque nadie puede sobrevivir sin ella, pero la van adoptando lentamente y son los más preocupados por el coste. Esto es debido, en gran parte, a que su negocio no depende de la tecnología de la información para tener éxito. Sus requisitos, tanto si son consumidores como ejecutivos en las transacciones de empresa a empresa, son relativamente sencillos.

Un ejemplo de empresa que eligió uno de sus segmentos de la demanda hace tiempo y que recientemente corrió un riesgo enorme para seguir contando con su fidelidad es la Minnesota Mining and Manufacturing Corporation (3M). Como comprendía los segmentos de la demanda, pudo resistir los duros embates de la competencia en el mercado de disquetes para ordenador. Cuando Kao Corporation sacó al mercado un disquete de bajo precio a principios de los noventa, 3M se resistió al impulso de bajar el precio de su marca, sabiendo que si lo hacía arriesgaba su imagen de alta calidad, así como sus beneficios. Además, quizá también incitaría a Kao a reducir el precio de nuevo.

Al igual que General Motors Corporation, 3M creó su empresa en forma de cartera de productos que atendían la demanda de muchos segmentos. La empresa decidió aplicar esa idea al mercado de disquetes para minimizar el riesgo y maximizar los beneficios. Como sucede con todos los mercados, éste tenía diferentes segmentos de demanda con diversos grados de sensibilidad hacia los precios. Si uno de los grupos elegía los disquetes basándose en el precio, otro no lo hacía. Y lo más importante, quienes eran indiferentes al precio consideraban que los disquetes baratos eran de mala calidad. Evitaban ese nivel bajo porque les preocupaba más el riesgo de perder datos que el pagar un precio alto.

En lugar de reducir precios, 3M lanzó una marca paralela de disquetes de bajo precio, llamada Highland, y consiguió unos beneficios importantes singularizando el segmento de la demanda más preocupado por los precios. Al mismo tiempo, al presentar la nueva línea bajo un nombre diferente, evitó la pérdida de sus clientes de mayor rentabilidad.

La misma información —que los mercados con muchos segmentos de la demanda soportarán diversos precios— es la base de las estrategias de muchas empresas de *software*. Por ejemplo, versiones ligeramente diferentes del mismo *software* de reconocimiento de voz tienen precios que van desde 79 a 8.000 dólares, dependiendo del segmento de la demanda.

Es importante pensar e investigar mucho a fin de identificar los segmentos de la demanda que resulten apropiados para cada uno. Además de observar cómo se conduce la gente, es preciso ser capaces de comprender esa conducta. Aunque las preguntas concretas que planteemos dependerán, en cada caso, de nuestro negocio, una buena segmentación de la demanda responderá a todas las cuestiones siguientes:

1. Después de examinar los factores que motivan la conducta de compra de los consumidores, ¿qué sectores de la demanda aparecen? En una empresa de éxito, todos comprenden a sus clientes, productos y competencia. Algunas compañías, como McDonald's, se organizan en torno a los segmentos que han identificado para centrar sus actividades. Entre los segmentos de McDonald's están los niños, los preadolescentes y los adolescentes.

2. ¿Qué potencial tiene cada segmento para generar ingresos y beneficios? ¿Qué se necesita para asegurarse una participación amplia de un segmento de demanda? ¿Qué grupos usan más ese producto?

3. ¿A qué mercados estamos ofreciendo productos? ¿Qué segmento de la demanda es prioritario para nosotros y por qué? En el caso de nuestro cliente de la compañía aérea descubrimos que un 9% de usuarios respondía de la mitad de los ingresos. Con esta nueva información, la compañía hizo de aquel grupo su objetivo prioritario.

4. ¿Dónde podríamos encontrar oportunidades de crecimiento que todavía no hayan sido desarrolladas o atendidas? ¿Cuáles son nuestros objetivos o perspectivas secundarios de desarrollo?

5. ¿Podemos descubrir oportunidades adicionales para penetrar en el mercado, profundizar relaciones y conservar clientes?

6. ¿Qué oportunidades vemos para la gestión y adecuación de la cartera de producto/marca? Bajo una marca dada, como Ford o Toyota, la mayoría de fabricantes de automóviles ofrece diversos

vehículos, incluyendo *sedanes*, deportivos + utilitarios, furgonetas y coches deportivos. Cada modelo de coche dentro de esa cartera está pensado para diferentes segmentos de consumidores.

7. Considerando sus características racionales y emocionales, su conducta y los datos demográficos, ¿qué tienen en común los miembros de un segmento concreto? ¿Qué repercusiones tendrá la captación de esos grupos para nuestra empresa?

8. ¿Qué podemos esperar ganar asignando recursos a esos segmentos? ¿Está nuestra organización dispuesta a actuar y preparada para aprovechar las oportunidades que se presenten?

9. ¿Cómo evolucionará el mercado con el tiempo? ¿Qué repercusiones tendrá en nuestro negocio? ¿De dónde puede surgir la demanda latente o nueva? Por ejemplo, ayudamos a un proveedor de tecnología a dividir los firmas de servicios financieros en segmentos. Una de las principales razones que nos llevaron a identificar los bancos minoristas como objetivos muy atractivos fue que, justo entonces, estaba empezando la oleada de fusiones y adquisiciones que creaba una necesidad importante de integrar los sistemas tecnológicos.

10. ¿Cuáles son los mejores canales y posibilidades de distribución de cada sector? ¿Hay oportunidades que se podrían explotar trabajando en asociación?

11. ¿Dónde hay campos en que la demanda no se satisface de forma adecuada o no se satisface en absoluto? Sears Credit capitalizó el hecho de que la demanda que sus clientes más rentables tenían de una tarjeta de crédito muy flexible, con pagos mensuales bajos, no se veía satisfecha por ninguna de las ofertas existentes.

12. ¿Dónde están nuestros competidores y por qué? ¿Cuáles son nuestras opciones para aumentar y defender su cuota de mercado? ¿Cuál es nuestra estrategia más poderosa para diferenciar nuestros productos? Una vez establecidos los rasgos exclusivos de nuestra organización, ¿cómo podemos proteger esos elementos distintivos para evitar que sean duplicados por la competencia?

13. ¿Qué rasgos o beneficios nos permitirán unos precios inelásticos?

14. ¿Cómo se comparan las ofertas de nuestros productos o marcas con las de nuestros competidores, en cada segmento? ¿Vemos po-

sibilidades de optimizar nuestra marca y el valor de nuestro producto?

15. ¿Cuál es el mejor canal y mensaje para las comunicaciones?
16. ¿Cómo podemos aprovechar la información que hemos acumulado para que nuestra empresa continúe beneficiándose de ella?

Como resultado de plantearse esas cuestiones, FedEx Corporation logró identificar un segmento de la demanda y luego actuar de
forma decidida para satisfacer esa demanda con un planteamiento que
ha demostrado tener mucho éxito. En el sector del transporte en un
plazo máximo de veinticuatro horas, tan saturado y competitivo, FedEx domina dos segmentos de la demanda que producen ingresos excepcionales. Uno de los grupos objetivo de FedEx, por ejemplo, es el de
quienes envían carga aérea muy valiosa y sensible al tiempo de entrega.
Aunque los miembros de este grupo sólo representan el 2% del peso
total expedido, este tipo de pedidos representan la mitad de todo el valor del comercio internacional. Después de seleccionar los grupos de
clientes que, según sus investigaciones, generarían los máximos beneficios, la empresa se comprometió seriamente a servirlos extraordina-
riamente bien.

La atención especial de FedEx hacia el transporte aéreo de alto
nivel contrasta con la estrategia de su rival, United Parcel Service, Inc.
(UPS). En 2000, UPS tenía ingresos de 30 mil millones de dólares,
comparados con los 18 mil millones de FedEx, es decir más de una vez
y media mayor que ésta. UPS se centra en los envíos por tierra y la entrega en casa del cliente. Las investigaciones de FedEx demostraron
que la entrega en casa de cada cliente cuesta mucho más que si se hace
en su lugar de trabajo. Esto se debe a que las viviendas, que por lo general reciben un solo paquete, están diseminadas por una amplia zona,
mientras que las empresas suelen estar concentradas en menos zonas y,
con frecuencia, reciben múltiples paquetes.

El otro objetivo de FedEx es servir a los clientes que usan o a
quienes les gustaría usar la distribución como ventaja competitiva estratégica. Por ejemplo, coordinando unas existencias *justo a tiempo* de
proveedores de componentes de todo el mundo, FedEx ayuda a las empresas que fabrican sobre pedido, como Dell y Cisco, a utilizar la rapi-

dez y la flexibilidad como ventaja competitiva. Previendo grandes beneficios derivados de servir a un segmento de la demanda que quiere soluciones integradas de la cadena de la oferta, FedEx se vende como la empresa que las corporaciones tendrían que contratar para la gestión de la cadena de la oferta, de la A a la Z.

En opinión de Fred Smith, fundador, presidente y director general de FedEx, la estrategia de su empresa, ofreciendo soluciones para toda la cadena de la oferta, es prácticamente inevitable ahora que el comercio, la información y las mercancías deben responder a «un nuevo nivel de requisitos por parte de unos consumidores exigentes».

Smith afirma que «Internet es el sistema neurálgico. Nosotros somos el esqueleto; nosotros en FedEx hacemos que el cuerpo se mueva». Como resultado, la empresa se reinventó como socio logístico integrado para una serie de empresas, entre ellas Cisco.

FedEx gastó más de 100 millones de dólares en crear los servicios y sistemas electrónicos que le permitirán convertirse en la «cinta transportadora» de Cisco, que realiza un 90% de sus ventas a través de Internet. A la larga, FedEx coordinará todos los envíos de Cisco y, al hacerlo, dejará desfasado el sistema de almacenaje de ésta.

En otras palabras, FedEx ha reconocido un segmento nuevo de la demanda que abarca más y es mucho más lucrativo que su negocio de transporte aéreo. Se está situando para proporcionar la gama completa de servicios para la cadena de la oferta basados en Internet, incluyendo centros de distribución electrónica para las mayores corporaciones actuales.

America Online, ahora subsidiaria de AOL Time Warner Inc., también debe mucho de su éxito al hecho de que calibra continuamente la demanda del consumidor con mayor precisión que sus competidores. Muy al principio de su historia, America Online identificó al amplio segmento de usuarios de Internet que querían, sobre todo, un acceso simple y cómodo a todos los servicios de la red; compras, información, entretenimiento y otros contenidos.

AOL suministra exactamente eso. Es el servicio on line que ofrece amplitud y contenido, sin comprometer un acceso sencillo, cómodo e ilimitado. Puso al descubierto un segmento de mercado que ha continuado creciendo y, hacia finales de los noventa, era la empresa más importante, grande, rica e influyente del sector on line. Además, como los servicios que ofrecía eran tan cómodos y fácil de usar, podía cargar un sobreprecio importante por ellos, lo cual no podían hacer sus principales competidores, algunos de los cuales proporcionaban acceso gratis a Internet. En 2001, AOL cobraba 23,90 dólares al mes por una conexión a Internet ilimitada, lo que la convertía en líder en precios entre los proveedores de servicios en Internet. Disfruta de un sobreprecio de casi un 10% respecto a sus rivales, MSN, EathLink y AT&T WorldNet y alrededor del 20% respecto a Prodigy. De forma simultánea, los competidores de AOL están perdiendo terreno pese a ofrecer sus servicios a un coste mucho más bajo e incluso gratis. Los 31 millones de socios de AOL en todo el mundo hacen que su base de clientes sea 4,4 veces mayor que la de MSN, 6,3 veces mayor que EarthLink, nueve veces mayor que la de Prodigy y 22 veces el tamaño de AT&T WorldNet.

En los ochenta, el director general de AOL, Steve Case, fue el primero en adivinar hacia dónde se encaminaba la demanda on line. Aunque ni él ni su visión fueron tomados en serio en aquel momento, Case vio posibilidades para la Web que trascendían la visión de los tecnófilos que estaban desarrollando el joven sector. Case pensó que su valor a largo plazo descansaba en el potencial para conectar ordenadores. Imaginó a millones de personas corrientes intercambiando opiniones, comprando, comparando precios, disfrutando de oportunidades para comprar miles de productos y disponiendo de acceso a una información sin límites. En opinión de Case, el futuro de Internet no estaba en los «locos» de la tecnología sino en satisfacer la demanda de «medios fáciles para hacer on line las cosas cotidianas, como comunicarnos, conseguir información, comprar, relacionarnos y enamorarnos».

Lo que Case previó fue la democratización de la Web. Comprendió que hacer realidad todo eso dependía de Internet y, por extensión, de que America Online fuera fácil de usar. Sabía, también, que llevar su visión a la práctica exigiría ofrecer un contenido que fuera tan amplio e interesante que usuarios de todo tipo volvieran a su página una y otra vez.

El siguiente dilema de AOL era averiguar quiénes, dentro del vasto universo de posibles clientes, eran los que America Online podía servir con mayor beneficio. En este caso, apostaron por personas inteligentes y bien informadas que veían en los ordenadores personales y en la Web un medio para conseguir un fin, en lugar de por las personas tecnológicamente sofisticadas que consideraban que los ordenadores e Internet eran fascinantes por sí mismos.

El segmento seleccionado estaba compuesto de personas que, en cierto modo, eran como el propio Case. A diferencia de Bill Gates, Case no era un experto en tecnología. De hecho, no se compró un ordenador hasta que empezó a trabajar en el departamento de marketing de Pizza Hut, años después de licenciarse en la universidad.

No fue hasta que, finalmente, se conectó a Source, uno de los primeros servicios on line, cuando comprendió que «estaba sucediendo algo mágico». La capacidad de enviar y recibir textos entre personas de todo el mundo, incluso en aquella etapa rudimentaria, despertó su imaginación.

En 1985, Case se unió al inversor James V. Kimsey para montar un servicio on line para quienes tuvieran un ordenador Commodore 64. En poco tiempo, el servicio atrajo usuarios de otras marcas de ordenadores y cuando los suscriptores superaron los cien mil, la empresa cambió de nombre para llamarse America Online.

Aunque fuera una cifra minúscula en comparación con los 31 millones de socios que tiene actualmente, esos primeros cien mil clientes eran la prueba de que Case y Kimsey habían identificado un segmento del consumo que valía la pena captar. Es significativo que este sector no estuviera definido por el tipo de ordenador o de programas ni por factores demográficos ni por su pericia técnica. American Online decidió atender a un segmento definido por su demanda de un servicio que permitiría explorar y utilizar las capacidades de la Web en su vida personal y profesional.

Case pensaba que los clientes que quería captar seguirían con America Online mientras fuera fácil de usar. Incluso era más probable que siguieran siéndole fieles si el contenido se enriquecía constantemente y la comunidad de usuarios se ampliaba. Además, Case estaba convencido de que si America Online satisfacía las necesidades de sus usuarios, estos no se preocuparían demasiado por el coste. ¡Pensaba como un auténtico Estratega de la Demanda!

Cuando America Online ofreció una tarifa mensual plana de 19,95 dólares para disfrutar de un acceso ilimitado a Internet, los escépticos dijeron que era una receta para el desastre. En realidad, America Online iba a enfrentarse a un problema grave, pero no aquel contra el que les habían advertido. La suscripción de tarifa plana atrajo un torrente tal de nuevos clientes que las líneas telefónicas quedaron desbordadas durante semanas. Los retrasos se multiplicaron y la temperatura de los clientes aumentó. Case contrató nuevos operadores e instaló miles de nuevas líneas de teléfono y consiguió evitar el desastre por los pelos. Surgiendo de la crisis más fuerte y más popular que nunca, America Online ha conseguido millones de nuevos suscriptores.

La clave de la empresa para sobrevivir en su sector, tan intensamente competitivo, ha sido su habilidad para crear nuevos servicios respondiendo a nuevas demandas; su estrategia global es lo que Case denomina «AOL en todas partes». En sus incesantes esfuerzos por alcanzar su objetivo, Case proclamaba en 1999: «Cualquiera puede ya comprobar sus *e-mails* en su Palm Pilot y pronto podrá charlar con sus amigos en línea mientras ve su programa favorito en la tele o consultar las cotizaciones de bolsa en su teléfono inteligente.» El notable y continuado éxito de America Online se debe, en gran medida, a su talento para definir y comprender la demanda y, basándose en esa información, crear una oferta que se adecua a ella.

En 1999, AOL y Time Warner anunciaron su intención de fusionarse. Además de nuevos y enormes recursos de contenido, la adquisición le proporcionó a America Online una capacidad de convergencia enormemente ampliada por medio del sistema de cable de Time Warner, que sirve a un 20% de los suscriptores de EE.UU.

Al explotar su temprana comprensión de las fuerzas y los factores que daban forma a su sector y al apuntar y satisfacer a los sectores con una demanda que busca simplicidad y comodidad, America Online ha podido mantener unas tarifas mensuales relativamente altas. Al proporcionar unos beneficios exclusivos, que millones de clientes piensan que no pueden encontrar en ningún otro sitio, ha ganado un poder de fijación de precios muy inelástico. En mi opinión, éste es el logro más impresionante de la empresa. Ahora, cuando llega a acuerdos exclusivos con otras compañías, suele exigir a su posible socio que pague una importante tarifa por el privilegio de asociarse con la marca America Online. Y a diferencia de muchas otras empresas de menos éxito, America Online sigue tenazmente fiel a su concentración y búsqueda de estrategias que encajen en su Propuesta de Valor para la Demanda, que es simplicidad, comodidad y ubicuidad. Es más, ahora está en una posición que le permite influir y moldear a otras fuerzas de la demanda y otros factores del sector en el momento en que aparecen.

Llevar con éxito a la práctica la Estrategia de la Demanda exige que una empresa se concentre en las fuerzas y los factores que pueden precipitar incluso un ligero cambio en las demandas de sus clientes más rentables. Y es un hecho que cualquier compañía o segmento de la demanda es vulnerable a la incertidumbre; las crisis económicas, los cambios en la reglamentación gubernamental o las alteraciones en la moda o el gusto populares.

Por ejemplo, cuando los consumidores empezaron a preocuparse por el nivel de grasa de los alimentos, ConAgra, Inc., introdujo en el mercado sus comidas congeladas Healthy Choice. Fue una de las respuestas de mayor éxito a un cambio en la demanda dentro del sector alimentario. El presidente de Healthy Choice, Jim Tindall me pidió que estructurara un plan de crecimiento trienal para su nueva línea de productos. Aplicamos la Estrategia de la Demanda y propusimos un sistema ordenado para introducir nuevos productos. Planeamos cuidadosamente los productos, la secuencia de introducción y los atributos de cada producto exigibles para usar la marca Healthy Food. Lo llamamos «lanzar el guante» o reto de Healthy Choice. Hoy esta marca domina la división de productos bajos en grasa o sin grasa de la mayoría de las categorías de ConAgra en EE.UU, desde los platos exquisitos hasta las palomitas de maíz y los postres, en parte porque la empresa identificó la naciente demanda de miles de millones de dólares e inmediatamente se puso manos a la obra para satisfacerla.

Es preciso comprender a fondo las operaciones de la propia empresa y su lugar en su sector y en el mundo, antes de poder identificar con precisión cuáles son sus grupos de consumidores más rentables. Entre las preguntas que hay que hacerse sobre cada segmento de la demanda están las siguientes:

- ¿En qué manera las fuerzas y los factores actuales y nacientes cambiarán mi segmento de la demanda?
- ¿Cuáles son las tasas de crecimiento del sector, actuales y posibles para el futuro?
- ¿Qué canales de oferta y distribución son importantes para este segmento? ¿Serán importantes mañana?
- ¿Qué fuerza tiene mi empresa en estos canales respecto a sus competidores?
- ¿Cuento con la logística exigida para competir de forma rentable en estos segmentos?
- ¿Cuál es la tasa de innovación entre las empresas que sirven a este segmento?
- ¿Qué márgenes de beneficio podemos esperar de este negocio o de este segmento de la demanda?
- ¿Cuánto capital necesitaremos para entrar en el negocio o permanecer en él?
- ¿Qué nuevas tecnologías se exigirán probablemente en un cercano futuro y posteriormente? ¿Las tenemos? ¿Nuestros presupuestos de desembolso de capital harán que nos sea posible conseguirlas?
- ¿Disponemos ya de la tecnología necesaria? ¿Saben nuestros empleados actuales cómo utilizarla?
- ¿Cómo es la estructura de costes de nuestra compañía comparada con la de nuestros competidores actuales y potenciales?
- ¿Se adecuan nuestras capacidades fundamentales a las necesidades de este segmento de la demanda?
- ¿Cuán fuerte es nuestra marca y cuál es su valor en el contexto de este segmento de la demanda?
- ¿Qué costes de marketing tendríamos si seleccionáramos este segmento de la demanda? ¿Hay elasticidad en la fijación de precios? ¿Hasta qué punto serán fieles estos clientes?
- ¿Qué posibilidades geográficas tenemos si seleccionamos este segmento?
- ¿Tenemos un producto lo bastante diferenciado como para satisfacer la regla de escasez/insustituibilidad de Adam Smith?

Es raro que las empresas dediquen el tiempo y el esfuerzo necesarios para llevar a cabo este tipo de análisis, lo cual puede explicar su mediocre éxito.

Si hay una única cosa respecto a nuestra empresa de la que podemos estar absolutamente seguro, es que evolucionará y cambiará continuamente respondiendo a las fuerzas de la demanda y los factores del sector. Por lo tanto, tenemos que aprender a analizar nuestra posición en el universo económico y comprender cuáles de sus segmentos potenciales de la demanda van a rendirle el máximo beneficio.

Éstas son sólo algunas de las consideraciones derivadas de seleccionar los segmentos de la demanda para un negocio relativamente poco complicado. Están pensadas para ayudarle a reflexionar y decidir cómo identificar y servir a los segmentos de la demanda que resulten más lucrativos para usted. Seleccionar los segmentos de la demanda acertados puede representar la diferencia entre el éxito y el fracaso de su empresa.

6

Tercer Principio

Cree propuestas de valor duradero por medio de la diferenciación

Una vez hayamos establecido qué grupos de consumidores pueden aportarnos los máximos beneficios, el siguiente paso es convertir esa información y los conocimientos que de ella se desprenden en beneficios. Ese es el tema de este capítulo.

Para tener éxito, es esencial que nuestro producto o servicio se adecue a una necesidad insatisfecha dentro del segmento de la demanda seleccionado. Al mismo tiempo, tenemos que evaluar cómo diferencian nuestros competidores sus ofertas.

Cada paso que demos para elaborar una Estrategia de la Demanda proporcionará, por sí mismo, un manantial de información. Y conforme crezca la base de datos de la empresa, también lo hará nuestra comprensión del mercado.

Cuando hayamos completado el análisis de fuerzas y factores, tendríamos que conocer mucho mejor lo que crea y cambia la demanda en nuestro mercado. Como resultado de la segmentación de la demanda que hemos realizado, ahora sabemos qué grupos de consumidores tienen el potencial para ofrecer a nuestra empresa los mayores beneficios, además de tener numerosos datos sobre la demanda de esos grupos y sobre cómo satisfacerlos. Ahora estamos en condiciones de crear nuestra Propuesta de Valor para la Demanda. La PVD contiene entre cuatro y seis estrategias que definen cómo pensamos competir.

Cada Propuesta de Valor para la Demanda tiene múltiples plataformas o trampolines; aunque cada una de ellas es importante por sí misma, juntas forman una imagen integrada de nuestra propuesta y del valor que prometemos dar.

Una PVD define lo que los consumidores pueden esperar cuando usan nuestros productos o servicios; para decirlo sencillamente, es la promesa que les hacemos además de un resumen de la estrategia que usaremos para competir. La PVD tendría que ofrecer muchas ventajas y beneficios al mercado o mercados que queremos captar.

Las empresas suelen pertenecer a una de estas dos clases: las que tienen una estrategia duradera y las que recurren a estrategias episódicas. Una estrategia duradera es la que ha demostrado tener éxito en el mercado a lo largo del tiempo. Aunque evoluciona a la par que el sector y reacciona a los cambios en la demanda, sus plataformas y promesas clave cambian muy poco con el tiempo en lo que se refiere a los beneficios y valor que ofrece a los clientes.

Una empresa con una estrategia episódica está buscando constantemente la propuesta adecuada para el consumidor y para conseguir ese fin prueba con un planteamiento diferente de forma periódica —cada dos años más o menos— lo cual puede confundir a los consumidores. La desventaja es que esos consumidores quizás eviten los productos de la compañía porque no están seguros de lo que van a encontrar.

Según mi experiencia, las empresas con estrategias episódicas carecen de la información, la comprensión del mercado y la confianza necesarias para crear una propuesta de éxito duradera.

En casi todos los casos, las empresas de mucho éxito utilizan una estrategia duradera. Con empresas como Mercedes, Walt Disney Company, McDonald's Corporation, GE, Wal-Mart y Microsoft Corporation, el hecho de que sus estrategias sean conocidas tanto por los competidores como por los consumidores carece de importancia, porque sus operaciones y ejecución son muy superiores. Se parecen mucho al legendario equipo Green Bay Packers, entrenado por Vince

Lombardi en los sesenta. Sabías que Paul Hornung o Jim Taylor iba a llevar la pelota a la parte izquierda del campo, pero saberlo no cambiaba nada. Todos los jugadores eran tan excepcionales que hicieras lo que hicieras lo conseguían.

Las empresas con estrategias episódicas cambian sus fórmulas competitivas además de sus estrategias de salida al mercado frecuentemente, en un intento incesante de descubrir la fórmula que les permitirá vencer a sus competidores (los cuales es muy probable que tengan estrategias duraderas). En veinticinco años de consultoría con empresas de la lista Fortune 500 en todo el mundo, nunca he encontrado una empresa con una estrategia episódica que ganara de forma sistemática. Las compañías necesitan que su Propuesta de Valor para la Demanda sea duradera para contar tanto con la disciplina para adherirse a los principios que propone como con la flexibilidad para ponerlos al día cuando las cosas cambian. Emplear y ejecutar una estrategia duradera es fundamental para tener éxito. Cada vez que un cliente compra algo, lo hace con unas expectativas específicas de cómo va a funcionar. Una estrategia bien ejecutada y duradera satisfará o superará esas expectativas; una estrategia episódica sorprende a los consumidores, lo cual suele equivaler a decepcionarlos, dado que, al comprar el producto, tenían unas expectativas claras.

Todas las Propuestas de Valor para la Demanda tienen múltiples plataformas. ¿Por qué? Primero, porque todos los productos y servicios ofrecen varios beneficios. Por añadidura, unidas, esas plataformas, crean una propuesta de valor integrada que es mayor que la suma de sus partes individuales.

McDonald's, por ejemplo, no gana debido a sus zonas de juego para los niños ni porque sea rápida y amable. Gana porque su PVD combina varios beneficios individuales para crear un todo que resulta atractivo para padres y niños.

También el éxito de Wal-Mart Stores es el resultado de su PVD. Wal-Mart es líder en diversas plataformas: precios bajos, disponibilidad de los productos, excelente calidad respecto al precio y un servicio amable, por nombrar sólo unas cuantas.

Atraer a un segmento de la demanda desde diferentes plataformas protege a una empresa de sus competidores. Aunque alguno de ellos pueda imitar uno o dos de sus beneficios, es casi imposible que los copie todos.

McDonald's domina el mercado debido a la fuerza de su marca y a su convincente PVD. Podría parecer, a primera vista, que la comida rápida es un producto general en el cual el precio sería lo que decidiría al cliente. Pero eso pasa por alto la clara diferenciación de McDonald's; aunque sus hamburguesas sean más caras que las de Wendy o Burger King, el conjunto de su Propuesta de Valor —rapidez y buen sabor, ambiente acogedor para las familias, limpieza, ser parte de la comunidad local y, sobre todo, diversión— es lo que la distingue de todas las demás. Su PVD está cortada a medida del segmento al que apunta; padres y niños. McDonald's tiene una fórmula que, hasta ahora, ha sido imposible repetir; muchos competidores lo han intentado y aunque algunos tuvieron éxito en algunos aspectos, ninguno ha conseguido superar su PVD completa.

Cuarenta años después de que Ray Kroc fundara la empresa, McDonald's sigue compitiendo con su servicio eficaz y rápido. Como resultado de su superior funcionamiento, cada restaurante se esfuerza por estar a la altura de su compromiso para dar un servicio rápido, amable y eficaz.

La siguiente plataforma es la limpieza de los restaurantes, que, por supuesto, es fundamental. Si los clientes encontraran las instalaciones de un restaurante sucias, se preocuparían por el estado de la cocina y el cuidado con que se prepara la comida. Por lo tanto, pese al enorme número de clientes diarios, cada restaurante está extremadamente limpio.

Otro rasgo de la cadena McDonald's es su homogeneidad. Tanto si estás en Frankfurt, Kentucky, como en Frankfurt, Alemania, los productos tienen exactamente el mismo sabor. En McDonald's los clientes saben exactamente qué pueden esperar, desde la disposición física del mostrador y las mesas hasta la comida. Y es esa regularidad lo que hace que vayan una y otra vez, estén donde estén.

La siguiente plataforma en la PVD de McDonald's es su dedicación a los niños. Por medio de Ronald McDonald y otros personajes del País de McDonald, juguetes relacionados con personajes de películas, zonas de juego dentro del restaurante y Happy Meals, la empresa se esfuerza por conquistar el corazón y la mente de sus jóvenes clientes, cuya fidelidad puede conservar para toda la vida. Al estimular la demanda entre los niños, McDonald's conquista familias enteras porque saben qué pueden esperar y, también, que a sus hijos les encantará.

Pocas personas son conscientes de la última plataforma de la PVD de McDonald's; su atractivo dentro de la comunidad. Además de sus agencias nacionales de publicidad, la empresa tiene una agencia en cada una de las 213 ciudades más importantes de Estados Unidos. Utiliza estas relaciones para mantenerse al día de la demanda local y para enterarse de lo que pasa en esa comunidad en concreto. Las agencias

Propuesta de Valor para la Demanda de McDonald's		
Demanda del cliente	*Hipotética Propuesta de Valor de McDonald's*	*Estado de opinión del cliente*
«Tengo una vida tan caótica que cuando necesito algo, necesito que se haga rápido y sin esfuerzo».	Servicio rápido	«Les gusta que esté aquí, pero puedo entrar y salir».
«Me gustaría tratar con gente que se enorgullezca de lo que hace».	Limpieza	«Los restaurantes están tan limpios que sé que prestan atención a la calidad en todo lo que hacen».
«No me gustan las sorpresas. Me siento más cómoda con las cosas conocidas y constantes».	Regularidad	«Sé siempre qué me van a dar. No quedaré decepcionada».
«Es importante hacer cosas en familia con la seguridad de que a mis hijos les gustarán».	Dedicación a los niños	«A mí de niño me encantaba y ahora comparto la misma alegría con mis hijos».
«Mi vecindario es importante para mí. Vivimos aquí».	Comunidad	«En McDonald's me conocen, les importa la gente, yo los conozco. Me siento cómodo con ellos».

crean publicidad y promociones hechas a medida de las necesidades y estilo de vida específicos de cada comunidad.

Unidas, esas cinco plataformas —servicio rápido y comida de buen sabor, limpieza, homogeneidad, atención especial a los niños y pertenencia a la comunidad— son las premisas con las que compite la duradera propuesta de valor de McDonald's.

Las compañías con estrategias duraderas triunfan porque cuando un cliente tiene una primera experiencia positiva con una empresa, la vez siguiente, tendrá unas expectativas que, si se ven cumplidas, reforzarán su primera percepción.

Aunque el objetivo de las PVD son los clientes que aportarán los mayores beneficios, no es su intención excluir a otros segmentos de la demanda. Los segmentos de altos beneficios a que apunta una empresa tendrían que rendir entre el 50 y el 60% de su volumen de ventas. El resto vendrá de otros grupos que utilizan sus productos ocasionalmente o que están ampliando su selección de productos y servicios.

Si trabajamos en una organización que emplee la Estrategia de la Demanda, tenemos que comprender las prioridades de la demanda y las necesidades de muchos clientes diferentes. Pero son los que rinden unos beneficios altos quienes *seleccionan* las plataformas de que consta la propuesta de valor específico de la empresa. Utilizamos grupos de entre seis y ocho personas pertenecientes a ese segmento para poner a prueba diferentes plataformas. Se les anima a elegir las ocho o diez mejores opciones, así como las cinco que preferirían recibir del producto. Poco a poco, podemos ir reduciendo el número de ofertas, hasta llegar a las más importantes para este segmento de la demanda en particular.

Cada producto y cada empresa generan un estado de opinión entre sus clientes basado en lo que experimentan, oyen o averiguan sobre ese producto o esa empresa. Al elaborar una propuesta de valor en torno a la demanda, los segmentos del consumo que queremos alcanzar tendrían que llegar a un estado de opinión dentro del cual nuestro producto o empresa satisfaga su demanda de forma óptima.

Es sorprendente lo básicas que suelen ser la mayoría de combinaciones ganadoras de esas plataformas de la propuesta de valor. En la mayoría de casos, los clientes quieren lo que la empresa parecía prometerles en principio; unos beneficios que quizá ya no pueda darles debido a cuestiones de presupuesto, cambios de estrategia o a no haber conseguido adecuarse a la demanda del consumidor.

Entre los perpetradores de promesas incumplidas está un banco mundial con una tasa intolerablemente alta de errores en los estados de las cuentas corrientes, una compañía aérea que tendría que apellidarse «Hosca» y una empresa de alimentación que reduciendo costes ha eliminado todo el sabor de sus productos. Nunca he encontrado ningún grupo que pidiera algo extra o fuera de lo corriente. En su mayoría, los consumidores quieren que el producto «funcione bien» y que se les trate bien.

Una vez elaborada la Propuesta de Valor para la Demanda, sus plataformas tendrían que ser revisadas por la dirección para decidir si son factibles y rentables. Si hay una distancia importante entre el lugar donde está la compañía en este momento y donde quieren los consumidores que esté, no es probable que esa distancia pueda salvarse en un solo año. Es mejor poner en marcha cambios basados en una secuencia lógica que suele durar unos dos o tres años. Pero los resultados de los cambios se tendrían que ver casi inmediatamente, en la mejora de las ventas, en la repetición de las compras y en unos beneficios más altos. La idea no podría ser más fácil. Démosle a la gente más de lo que quieren y lo comprarán... una y otra vez.

Elaborar una propuesta exclusiva de valor para la demanda no es complejo. Una vez completado el análisis de fuerzas y factores, ya sabe usted mucho más que antes de los consumidores que rinden el máximo beneficio. Lo siguiente es establecer la prioridad de sus demandas.

Antes de empezar el trabajo con una empresa, le pido a los diez o veinte ejecutivos principales que completen la Propuesta de Valor que *en su opinión* más desean los consumidores. Cuando reviso los resultados, siempre encuentro un 70% de discrepancias dentro del grupo.

En otras palabras, incluso cuando unos ejecutivos que llevan años trabajando juntos identifican la demanda de su mercado, hay un escaso acuerdo sobre qué demanda tienen que satisfacer y cómo diferenciarse frente a la competencia.

Con este ejercicio, los directivos pueden ver, de forma inmediata, las diferencias que hay entre las percepciones de los miembros del grupo. Puede ser un medio muy eficaz de señalar la distancia entre lo que ellos creen que quieren sus clientes y lo que éstos dicen que quieren. Una vez han visto la incongruencia, los equipos de dirección suelen mostrarse mucho más abiertos al cambio.

Por ejemplo, The Cambridge Group preguntó a los diez directivos sénior, incluido el director general, de un banco con el que trabajábamos que identificaran las cinco cosas que sus clientes más valiosos quieren de ese banco famoso mundialmente. En esencia, les estábamos pidiendo que anotaran la Propuesta de Valor para la Demanda de su organización. Cuando revisamos los resultados, descubrimos que no había dos directivos que presentaran la misma versión de la propuesta. Además, entre los puntos anotados, eran pocos los que coincidían con las máximas prioridades expresadas por los consumidores que querían captar.

Si la alta dirección de una organización no está de acuerdo en la propuesta que ésta ofrece a sus clientes, tiene un grave problema. Cuando esa misma dirección no es consciente de las prioridades de sus clientes, entonces tiene un problema aún más grave.

Identificamos ese fenómeno en nuestro trabajo con el Bank Administration Institute (BAI). El BAI se apercibió de que la naturaleza de la demanda de servicios financieros había cambiado de forma tan espectacular que los bancos tenían que cambiar de manera esencial cómo competían. A la luz de ese descubrimiento, el congreso del BAI, a finales del 2000, se centró en la Estrategia de la Demanda. Se pidió a cientos de banqueros que dijeran cuáles creían que eran las máximas prioridades bancarias de los clientes. Mientras que casi un 50% pensaban que los clientes estarían dispuestos a pagar una cuota por contar con asesoría y planificación financiera continuadas, la realidad era que sólo un 20% de los clientes estaban interesados en hacerlo. Y mientras que casi un 80% de los banqueros pensaba que sería más fácil que los clientes emplearan los servicios on line si se garantizaba su privacidad, sólo un 28% de los clientes opinaba lo mismo.

Sin una base de datos, ni siquiera los directivos más sagaces pueden predecir acertadamente lo que quieren los clientes. Muchos de los directores habían ascendido a las filas ejecutivas hacía quince o veinte años y, como resultado, pocos tenían contacto directo con los clientes. Muchos de ellos no estaban al corriente de los cambios en la demanda.

Tanto si la discrepancia entre lo que opina la dirección y lo que opinan los clientes es del 25 como del 75%, la empresa no podrá maximizar sus resultados si no se adecua a la demanda de los clientes que rinden los máximos beneficios. Además, ninguna empresa podrá alcanzar su pleno potencial hasta que todos los miembros de la dirección trabajen juntos para conseguir el mismo objetivo. Cuando les pedí a los directivos sénior que completaran la PVD, esperaba una mayor proximidad en sus respuestas. Pero estas inconsistencias explican en gran medida por qué muchas empresas no consiguen realizar al máximo el potencial de sus empleados y de sus productos. Uno de los grandes beneficios de la Propuesta de Valor para la Demanda es que se puede utilizar como guía para alinear a los directivos de alto nivel.

Para ilustrar lo que quiero decir, permítanme contar una anécdota que ocurrió en la sala de juntas de una empresa alimentaria de gran tamaño en el Medio Oeste. Nuestro objetivo al trabajar con la dirección era determinar por qué el crecimiento y la rentabilidad de la compañía eran menores que los de sus competidores. Aconsejé al presidente que cada unidad de negocio importante (había cinco) enviara a sus tres o cuatro directores de más alto nivel para que participaran en una sesión de Estrategia de la Demanda. En la sesión, cada uno de esos directores describió cómo veía él o ella el mercado actual y qué podía hacerse para acelerar el crecimiento y la rentabilidad. Al final de la sesión, el presidente anunció en voz queda: «Me parece que la respuesta es que escalamos lateralmente.»

El presidente se dio cuenta que, aunque la empresa estaba dirigida por unos cargos excelentes, se movían en direcciones opuestas y, además, lo hacían en algunas cuestiones muy importantes. En Fabricación atribuían los problemas de la compañía a una mala previsión del departamento de Ventas. El departamento de Marketing pensaba que había que invertir más dinero en publicidad para hacerse con cuota de mercado. Los vendedores pensaban que sus productos tenían un precio demasiado alto respecto a los precios de la competencia. Y así sucesivamente. Cada director tenía una perspectiva diferente sobre qué causaba el problema y cada uno trataba de resolverlo de una forma diferente. Pero en realidad, el problema era inherente a los sistemas de gestión de la empresa.

Según mi experiencia, una empresa funciona de forma óptima cuando sus productos o servicios están pensados para responder a dos objetivos específicos: *relevancia* para el segmento buscado y *diferenciación* de lo que ofrece la competencia.

La importancia de estos dos factores quedó confirmada por un amplio estudio de cómo les va a las empresas y a las marcas, llevado a cabo por la agencia de publicidad Young & Rubicam. Este estudio, el mayor de su clase, estudió las respuestas de 185.000 personas de cuarenta países y evaluó casi 20.000 marcas, desde comida para picar hasta equipos de alta tecnología. El resultado fue que para triunfar hay que hacer que nuestro producto se destaque del de la competencia de una manera que importe a los consumidores. Y&R descubrió que nada, ni la tasa de crecimiento de esas ganancias, ni los márgenes futuros, ni el poder de fijar precios, ni la actuación en el mercado, impulsa las ganancias futuras tanto como la relevancia y la diferenciación.

Por relevancia me refiero a los beneficios de un producto o servicio que importan y tienen valor para los segmentos del mercado que queremos captar. Para decirlo sencillamente, la relevancia es una medida de lo importante que es una propuesta de valor para un consumidor o segmento del consumo dado. Es el punto de partida fundamental para todas las relaciones con los consumidores. Si un producto o servicio no es relevante o va dejando de serlo, fracasará.

La diferenciación mide la exclusividad de una oferta, tanto en términos absolutos como en relación con las ofertas de la competencia. Como he dicho antes, los productos indiferenciados son, de hecho, genéricos que compiten únicamente en precios. En cambio, los artículos diferenciados de manera significativa disfrutan de un sobreprecio en el mercado. Lo que llamamos diferenciación es lo que Adam Smith llamaba escasez o imposibilidad de sustitución. Las ofertas diferenciadas y relevantes tienen una mayor inelasticidad de precios; cuando éstos aumentan, sus ventas sólo disminuyen ligeramente, o nada en absoluto.

Es interesante que el estudio de Y&R averiguó que si una empresa o marca pierde su diferenciación, con toda probabilidad sufrirá una disminución de sus beneficios, así como una pérdida de la salud general de la empresa o de sus productos. La firma de consultoría Stern Stewart, creadora de la estructura del Valor Económico Añadido (VEA), analizó los datos de Y&R e informó de que las marcas y las empresas con una diferenciación más clara tenían, como promedio, unos márgenes de explotación un 50% mayores y unos ingresos de explotación un 108% mayores.

El grado en que un producto se diferencia de sus competidores también puede indicar el futuro valor accionarial. Las marcas y empresas claramente diferenciadas crecieron un 35% en valor de mercado en 1998, contra un 12% de las marcas menos diferenciadas. En 1999, la distancia entre las dos era incluso mayor; las primeras crecieron en un 45% mientras que las segundas sólo lo hacían en un 20%.

Está claro que es fundamental crear una propuesta de valor para la demanda con y para nuestros clientes más valiosos, una propuesta que ofrezca lo que desea el segmento que queremos alcanzar, porque nos permitirá lograr una mayor relevancia y una diferenciación más clara. Podemos estar seguros de que si no conseguimos articular una PVD que sea distintiva y convincente, tampoco lo harán nuestros clientes.

Recientemente, prestamos servicios de consultoría a una importante empresa de alta tecnología que necesitaba ayuda para crear su Propuesta de Valor para la Demanda para sus empresas clientes. Organizamos grupos de valoración cualitativa con clientes de primera línea, para comprender sus necesidades y para poner a prueba y pulir las posibles plataformas de una Propuesta de Valor. Cuando se hubo completado la parte cualitativa, probamos la totalidad de la nueva propuesta cuantitativamente y el cliente quedó encantado con los resultados, sólidos en extremo.

Cuando la empresa puso en práctica su propuesta, el interés de los consumidores (que medimos valorando la probabilidad de que la empresa recibiera pedidos de repetición) subió en un 125%, indicando un aumento de cuota de mercado superior al 10%. En este negocio, cada punto de cuota vale más de mil millones de dólares.

Estos extraordinarios resultados no se limitan al sector de la alta tecnología. Tenemos datos similares de empresas de servicios y de compañías de alimentos envasados. Cuando la Propuesta de Valor para la Demanda se adecua a la demanda del grupo que queremos captar, la relevancia y la diferenciación crecen de forma espectacular, lo cual provoca un salto en las preferencias y el uso. La consistencia de esos resultados puede atribuirse a los aspectos económicos que forman el núcleo de la Estrategia de la Demanda. Cuando se elabora y pone en práctica correctamente, la Propuesta de Valor para la Demanda aumenta el valor para el segmento que queremos captar, porque adecua al máximo los productos y beneficios de la empresa a la demanda que tratan de satisfacer.

Como decía en el capítulo 1, el valor se incrementa aumentando los beneficios o reduciendo los precios. Al sintonizar con la demanda real, se aumentan los beneficios y la relevancia del producto o servicio, lo cual aumenta a su vez el valor percibido total. Claro que esto da por supuesto que hemos estudiado a fondo nuestros segmentos de la demanda. Después de todo, si no los comprendemos de forma exhaustiva, no podremos adecuarnos eficazmente a su demanda.

La Propuesta de Valor para la Demanda

En The Cambridge Group llegamos a la Propuesta de Valor para la Demanda de una organización siguiendo estos pasos:

1. Se acuerda cuál es la demanda más importante presente entre los segmentos que queremos captar. Esto se determina mediante el análisis de fuerzas y factores y el proceso de segmentación de la demanda. Para compilar una lista concienzuda, incluimos todas las demandas, independientemente de lo bien o mal que le vaya a la empresa en esas dimensiones.
2. Cada demanda se describe en unas pizarras y se presenta a los grupos de demanda cualitativa, que están compuestos por clientes de los segmentos que rinden los mayores beneficios. Aunque ningún otro segmento participa en la elaboración de la propuesta, se incluyen sus opiniones cuando las propuestas se cuantifican y se exponen ante los clientes.

3. Se llevan a cabo entre ocho y doce sesiones con clientes de los segmentos de alto valor que se quieren captar. Aunque los grupos centrados en la demanda se parecen a los grupos de muestra, difieren de forma importante, incluyendo el hecho de que cada grupo está formado sólo por clientes de un único segmento. Durante cada reunión, se presentan y discuten entre veinte y veinticinco posibles plataformas.

4. Durante la última media hora de una reunión de dos horas, las diez plataformas que han recibido más apoyo se presentan de nuevo a los clientes. Entonces se les pide que seleccionen, por orden de importancia, las cinco o seis que forman su concepto ideal. Siempre es estimulante y reforzador para los clientes ver lo poco complicado que puede ser diseñar una propuesta ganadora claramente diferenciada en su categoría. Dado que la mayoría de empresas están acostumbradas a impulsar sus propuestas desde la oferta, por lo general, no han caído en la cuenta de la cantidad de demandas importantes que no se atienden.

La mayoría de empresas no llevan a cabo investigaciones cualitativas o de grupos de muestra correctamente. En The Cambridge Group, seguimos a rajatabla la regla de que en cualquier grupo de demanda formado por ocho clientes, los ocho deben pertenecer al mismo segmento que se quiere captar. Si no es así, las opiniones y beneficios buscados son tan diferentes que la reunión se vuelve discordante y confusa y la única forma de que los participantes lleguen a un acuerdo es aguar y generalizar las ideas de forma que cada uno encuentre algo deseable. Por ejemplo, si un segmento adora las galletas de chocolate y otro la vainilla y ambos están igualmente representados en el grupo, la única esperanza de llegar aunque sólo sea a un modesto nivel de acuerdo es ofrecerles una napolitana. Esto es inaceptable si el objetivo es averiguar todo lo que sea posible. En cualquier grupo de estudio de la demanda, sólo se debe incluir un único segmento de la demanda que se quiere captar.

Permítanme darles un ejemplo. Mi socio Bruce Onsager creó recientemente una segmentación de la demanda para una compañía aérea. Uno de los segmentos identificados como más valioso estaba formado por el 9% de los pasajeros de la compañía a quienes no les preocupaba el precio y que le proporcionaban el 47% de sus ingresos. La dirección comprendió que ofrecer un servicio preferente a ese 9%, con su 47% de los ingresos, es una inversión mucho mejor que tratar de llenar todas las plazas, en todos los vuelos, ofreciendo descuentos.

Antes de que nosotros empezáramos a trabajar con esta empresa, habían llevado a cabo investigaciones amplias con una selección al azar de clientes y habían descubierto que una de las demandas insatisfechas más importante era que se instalaran consolas de entretenimiento en todos los asientos. Pero cuando se preguntó al 9% de viajeros más rentables qué era lo que más les gustaría que la compañía añadiera o cambiara, la respuesta fue que querían un asiento más cómodo. Quienes volaban con frecuencia querían un asiento en el cual pudieran trabajar durante la primera parte del viaje y descansar o dormir en el viaje de vuelta. Consideraban que los aparatos de entretenimiento eran innecesarios y los situaban en los últimos puestos de la lista de lo que querían que la compañía incorporara a sus aviones.

Habitualmente, cuando los clientes han acabado de designar las plataformas, entre cuatro y seis, que satisfacen el conjunto de sus demandas, les pedimos que expliquen la lógica que hay detrás de ese conjunto en particular.

Los clientes más valiosos de la compañía aérea construyeron una Propuesta de Valor para la Demanda consistente en seis plataformas clave. En primer lugar, necesitaban poder volar a sus destinos en todo el país y en todo el mundo. En segundo lugar, naturalmente, querían que sus viajes, tanto si se trataba de volar al Estado vecino como al extranjero, no tuvieran ni un fallo, para poder concentrarse en el trabajo. El tercer aspecto era la necesidad de que los empleados de la compañía asumieran más responsabilidad y abordaran más decididamente los problemas que surgen cuando el mal tiempo o los fallos en un aparato causan retrasos o cancelaciones de vuelos. También querían que la compañía proporcionara más información para que los pasajeros pudieran evaluar la situación por sí mismos y hacer planes alternativos. Muchos pensaban que la compañía, por el contrario, los trataba con condescendencia, reteniendo información y tomando decisiones en su lugar.

En cuarto lugar, estos viajeros frecuentes querían ser reconocidos y tratados como los pasajeros importantes que eran. En su opinión, y a diferencia de otros usuarios, se habían ganado unos privilegios, como embarcar antes, disfrutar de mejoras y tener más millas gratis por ser viajeros frecuentes. Y finalmente, querían un servicio profesional y atento por parte de todo el personal, desde los agentes de reservas hasta la tripulación del avión, pasando por el personal de embarque.

Que los clientes suelan sorprenderse por la naturaleza fundamental de las propuestas de los consumidores tiene unas repercusiones inquietantes. Significa que la mayoría de empresas no satisfacen algunas demandas que son muy básicas para sus clientes y, como resultado, tienen problemas para lograr su fidelidad. En cambio, esas empresas se dedican a aumentar perpetuamente sus presupuestos promocionales a fin de alcanzar sus objetivos en ventas, sin ocuparse de lo que sus clientes quieren de verdad.

La respuesta obvia es averiguar qué segmentos de la demanda son los más valiosos para nosotros y darles lo que necesitan. Nos pagarán un precio más alto, nuestros costes de promoción disminuirán y la fidelidad de nuestros clientes aumentará de forma significativa.

En el sector de las compañías aéreas, averiguamos que la dirección se concentraba en los aspectos, críticamente importantes, del *qué*; seguridad, funcionamiento eficiente, programas de vuelo y planes para el viajero frecuente. Pero los pasajeros más valiosos se concentraban en el *cómo*. La seguridad se daba por supuesta, lo que exigían era un servicio mejor y unos sistemas más fáciles para hacer y cambiar sus planes de viaje, que con frecuencia eran extremadamente complicados.

En tanto que hombres de negocio, comprendemos la complejidad que entraña hacer los cambios que los clientes quieren. Sin embargo, vale la pena señalar que las demandas, en sí mismas, son bastante básicas. En prácticamente todos los sectores —alimentación, alta tecnología, ropa, servicios financieros— vemos que las necesidades insatisfechas de los consumidores son, en su mayoría, elementales. Cuando las empresas hacen las inversiones adecuadas para satisfacerlas, los precios se vuelven menos elásticos —es decir, no hay que rebajarlos— y los ingresos, la fidelidad del cliente y la rentabilidad aumentan rápidamente.

A lo largo de los años, en The Cambridge Group, mis compañeros y yo hemos formulado algunos principios, que nos parecen muy importantes, respecto a lo que constituye una PVD duradera. Para empezar, cada plataforma debe ser coherente con las competencias fundamentales y el valor de marca de la empresa. Antes de incluir una plataforma (que, en realidad, es una promesa a nuestros clientes más importantes) hemos de asegurarnos de poder cumplirla. Esa plataforma debe abordar un aspecto en el cual podamos ganar o, por lo menos, demostrar superioridad. Debe representar un objetivo para cuya consecución se puedan asignar recursos, que nos permitan controlar y evaluar los progresos. Por último, debe formar parte de una estrategia duradera y sostenible que impulsa a la empresa hacia delante; es decir, lo contrario de una reacción episódica a un cambio de la competencia o el mercado.

Volvamos a las propuestas de valor preparadas por los miembros de la dirección, que reflejaban unas demandas muy diferentes de las expresadas realmente por los clientes. Hemos descubierto que la dirección raramente tiene una idea clara y unificada de lo que sus clientes más valoran. Comparar las dos —la visión de la dirección y la de los clientes que se quieren captar— se llama *análisis de la discrepancia;* explica el alcance de las diferencias y analiza cuánto de lo que los consumidores necesitan está ausente en la oferta de la empresa.

No es fácil ayudar a la dirección de una compañía a ver las diferencias que hay entre sus actuales propuestas de mercado y las que representan la demanda de los consumidores que generan los máximos beneficios. En efecto, le estamos diciendo a la dirección que hay unos aspectos importantes que impiden que la empresa tenga unos resultados mejores. No obstante, al cuantificar los resultados cualitativos apartamos la discusión de un ámbito donde podrían racionalizarse o atribuirse a unas opiniones polémicas y por lo tanto descartarse. Con la base de datos, tenemos unos hechos incontestables extraídos directamente de las opiniones de los clientes.

Permítanme que cite un breve ejemplo que ilustra lo que digo. Uno de mis socios en The Cambridge Group, Jason Green, estaba trabajando con una de las empresas de alta tecnología más grandes del mundo.

Aunque la empresa obtenía resultados superiores, no conseguía alcanzar algunos de sus objetivos. Fue en ese punto cuando nos llamaron.

Cuando iniciamos nuestra participación, los directivos de la empresa ya habían preparado y llegado a un acuerdo preliminar sobre una propuesta de cinco plataformas que definían cómo competirían en su mercado, que cada vez estaba más saturado. La propuesta que Jason y su equipo terminaron de redondear después de trabajar con los clientes de nuestro cliente fue espectacularmente diferente de la diseñada y aprobada por la dirección. Es más, la investigación cuantitativa reflejaba que si la empresa adoptaba la propuesta de valor recomendada por Jason y basada en los clientes que rendían los beneficios más altos, ganaría hasta 16 puntos de cuota, que equivalían a unos 16 mil millones de dólares.

La Propuesta de Valor para la Demanda está inextricablemente ligada a la ecuación del valor. Dado que decidir el valor es esencial para el éxito a largo plazo de una empresa, la dirección suele modificar la propuesta elaborada por sus clientes, aunque siga tratando de conservar la esencia de la plataforma. El grado de inelasticidad en precios que puede conseguirse suele sorprender a la dirección; al sentirse sujetos a ciertos precios, no pensaban en ofrecer beneficios que les aportarían una mayor fidelidad y unas ganancias más altas.

Con una base fiable formada por los datos recogidos entre los consumidores, una empresa puede preparar planes específicos de forma continuada. Uno de nuestros socios, Alok Prasad, elaboró una herramienta de este tipo, el *Customer Demand Analysis (CDA)* (Análisis de la Demanda del Consumo), que mide el potencial global de la demanda así como las preferencias de los usuarios por varias marcas y diversos rasgos del producto. Por medio de esa herramienta, podemos identificar las características que los consumidores más desean y luego medir el sobreprecio que están dispuestos a pagar por ellas. La capacidad de traducir los beneficios y características buscados en una Propuesta de Valor para la Demanda integrada es esencial para presentar la oferta adecuada a los clientes adecuados y al precio adecuado. Además, puede determinar el posible desembolso necesario para mejorar un aspecto concreto de la Propuesta de Valor o algunos aspectos clave del capital de la marca.

Aunque el CDA es de nuestra exclusiva propiedad, hay otros mecanismos disponibles similares a él. Por supuesto, el que se use en concreto es menos importante que asegurarse de reunir la información que se necesita. La clave es estar seguros de que tanto el planteamiento como el mecanismo que se utilice produzcan una imagen acertada de la demanda.

Con una comprensión estructurada de la demanda y una propuesta de valor duradera que satisfaga esa demanda, podremos aumentar de forma significativa —y mantener— los beneficios a largo plazo. También estaremos protegidos contra la competencia al hacer que nuestras ofertas sean más atractivas para los clientes que queremos captar y más diferenciadas en el mercado.

Commerce Bancorp

Commerce Bancorp, de Cherry Hill, Nueva Jersey, es un ejemplo excelente de compañía que ha aplicado la Estrategia de la Demanda a crear una propuesta de valor exitosa. Commerce, un banco regional de tamaño medio con unas 185 sucursales, ha superado a sus competidores desafiando las pautas al uso de su sector. Apuntó a un segmento de la demanda que la mayoría del resto de los bancos habían descartado y elaboró una Propuesta de Valor para la Demanda única para satisfacer sus necesidades.

La práctica bancaria minorista se ha visto afectada por numerosas fuerzas y factores que han actuado para disminuir la demanda de sus servicios. Entre los más importantes están las medidas de liberalización, que han permitido la entrada en el sector bancario de nuevos competidores, entre ellos compañías de seguros, agentes de bolsa, y bancos de otros estados. Esto, a su vez, ha allanado el camino para la concentración del sector por medio de fusiones y adquisiciones. Por otro lado, la tecnología ha modificado el paisaje competitivo al modificar los requisitos fundamentales que los bancos «de ladrillo y cemento» tienen que cumplir, y al permitir el surgimiento de los nuevos bancos que operan a través de Internet. Como resultado, ahora la mayoría de bancos se fijan como objetivo cómo aumentar su cartera de préstamos en lugar de cómo financiarlos. El crecimiento de la cartera ha hecho que los bancos se apoyen cada vez más en fuentes mayoristas caras, como los mercados monetarios comerciales, para esa financiación. Al hacerlo, han soslayado en buena medida los depósitos básicos (fondos de las cuentas corrientes, de ahorro y del mercado monetario de sus clientes), pese al hecho de que estos fondos son más baratos y quienes los depositan suelen ser más fieles al banco.

Las fuerzas y los factores que afectan a los bancos han generado, en muchos de ellos, importantes presiones para mostrar beneficios. Después de una oleada de concentraciones, muchos bancos se vieron obligados a hacer que sus fusiones y adquisiciones —con frecuencia justificadas en términos de crear una nueva eficacia en costes y aumentar los beneficios— rindieran. No obstante, el diferencial que ganaron entre las tasas de depósito y de préstamo (el *margen de interés neto*) se reducía considerablemente debido al alto coste intrínseco de los fondos y a la competencia existente para ofrecer los mejores tipos a los prestatarios. Para mejorar los beneficios, muchos bancos acudieron a la «teoría del 80/20», según la cual un 80% de los beneficios bancarios proceden de un 20% de sus clientes.

Los bancos que han utilizado esta teoría lo han hecho de dos maneras. Primero, llegaron a la conclusión de que tenían que prodigar sus atenciones al 20% de los clientes que generaban la mayoría de los beneficios. Segundo, pensaron que tenían que encontrar medios de sacar beneficios del 80% restante, reduciendo servicios, añadiendo pagos de cuotas o abandonándolos por completo. La teoría del 80/20 era cómoda para los bancos que querían reducir costes para estimular la rentabilidad y aprovechar las sinergias que eran necesarias para que sus adquisiciones funcionaran. Muchos reducían los servicios ofrecidos a esa mayoría del 80% de sus clientes y, al mismo tiempo, añadían un gran número de nuevas comisiones.

Las sucursales, que representan un coste importante para un banco, fueron unas de las primeras víctimas de los recortes. Sucursales enteras fueron eliminadas, sus empleados despedidos y, en las que no se cerraron, se redujeron las horas de atención al cliente. Los bancos empujaron a los clientes a usar los cajeros automáticos y los centros de atención por teléfono, que podían efectuar las transacciones por una mínima parte del coste de un empleado de caja.

Dados estos cambios, lo único que hizo que los clientes no cambiaran de banco fue el hecho de que daban por supuesto que estaba igual de mal en todas partes. En ese momento, con un segmento de la demanda importante al que nadie atendía, Commerce vio su vía de entrada. Mientras la mayoría de bancos cortejaba a ese ansiado 20%, Commerce comprendió que el 80% de clientes que cada vez se sentían más insatisfechos con sus bancos representaban una oportunidad.

Cuando antes, en el capítulo 5, hablé del Bank Administration Institute, identifiqué ocho segmentos de la demanda fundamentales y relevantes para la banca minorista. Cada uno difiere en sus necesidades específicas, tales como objetivos financieros, nivel de servicio personal deseado, perfil del riesgo y confianza en las nuevas tecnologías. Dos de estos grupos son especialmente ricos; los *Gestores de activos seguros de sí mismos* y los *Seguidores satisfechos de un plan*. Dada su relativa riqueza, no es sorprendente que, con frecuencia, sean el objetivo de los bancos que obedecen la regla del 80/20. No obstante, estos segmentos están entre los que más probablemente dejarán los bancos para buscar inversiones de capital. También son los que más probablemente valorarán la asesoría financiera profesional de proveedores no bancarios.

Los otros seis segmentos, que muchos bancos pasan por alto son, en realidad, potencialmente muy atractivos por dos razones. En primer lugar, sus activos combinados representan un volumen significativo que excede el generado por los grupos más ricos. En segundo lugar, y más importante, cuatro de los seis usan y necesitan los servicios bancarios de forma frecuente y repetida. En otras palabras, los miembros de estos segmentos valoran a los bancos, crean relaciones con sus sucursales y, como resultado, son menos susceptibles de abandonarlos a favor de otras instituciones financieras. Después de identificar esos segmentos de la demanda, la siguiente pregunta de Commerce fue cómo servirlos. Pese al hecho de que la teoría del 80/20 estructuraba la estrategia de la mayoría de bancos, o quizá debido a ello, Commerce estaba convencido de que podía servir con éxito a unos clientes que valoraban el servicio personal y la comodidad.

Vernon Hill, presidente y director general de Commerce, anunció que su banco «se oponía diametralmente a la norma del 80/20. Ha destruido más bancos en este país que ninguna otra teoría».

Según Hill, la norma del 80/20 parte de tres supuestos fundamentalmente erróneos: Primero, supone que sea posible percibir qué clientes aportan un beneficio alto y quienes no. Segundo, supone que los clientes son algo estático, que los que rinden grandes beneficios siempre lo harán. (Una conclusión polémica de esto es que hay que evitar hacer negocios con una persona joven, que está empezando, incluso si su potencial es enorme.) Y finalmente, supone que es deseable formar a los empleados para que diferencien a los clientes y luego los traten de forma diferente, en lugar de ofrecer un servicio de calidad para todos los clientes.

La Propuesta de Valor para la Demanda de Commerce, que describe cómo sirve a la demanda que quiere captar, es tanto un conjunto de promesas como la ecuación del valor que ofrece. Estructurada sobre cinco plataformas importantes, la propuesta se centra en la comodidad, el servicio al cliente, la homogeneidad, la simplicidad y la innovación. Commerce, que sigue el modelo de los grandes minoristas como Home Depot y Wal-Mart, ha forjado una marca consecuente, que aúna los diferentes elementos de la propuesta de valor para ofrecer lo que Vernon Hill llama una «gran experiencia minorista».

A fin de ser fiel a su lema de «El banco más cómodo de Estados Unidos», Commerce ofrece servicios bancarios siete días a la semana desde las siete y media de la mañana hasta las ocho de la noche. Cuando otros bancos cierran sucursales, reducen horas y funcionan con menos empleados de caja, Commerce ofrece más de cada una de estas cosas. Las sucursales, llenas de salas de espera para comodidad de sus clientes, tienen un horario amplio, con empleados que trabajan los fines de semana, incluyendo unas horas los domingos e incluso durante las vacaciones. Con la comodidad en mente, tiene varias sucursales en cada comunidad y, además, ofrece múltiples canales, entre ellos *drive-throughs* (donde se pueden realizar operaciones sin bajar del coche), cajeros automáticos, un centro de asistencia telefónica que atiende 24 horas los siete días de la semana y un servicio on line. Hill presta mucha atención a las fuerzas de la demanda cuando ofrece la plataforma de la comodidad. Por ejemplo, al elegir la situación de sus sucursales en las afueras, tiene en cuenta el hecho de que las mujeres realizan un 85% de las operaciones bancarias en esos barrios y, por lo tanto, deciden el banco de la familia. «Así pues —dice Hill— diseñamos sitios que les gusten a las mujeres. Por ejemplo, en general a las mujeres no les gusta viajar por grandes autopistas de muchos carriles. Prefieren usar las carreteras secundarias que tiene la zona comercial del distrito. Entonces ponemos nuestro local allí».

El servicio al cliente es otra piedra angular de su propuesta de valor y los ejecutivos de Commerce lo controlan de cerca llevando a cabo visitas sorpresa, interrogando a los empleados y ofreciendo incentivos y recompensas para quienes más destaquen en ese campo. El banco ha fundado e invertido fuertemente en Commerce University, su propia escuela de formación, que fue diseñada con el propósito expreso de ayudar a los empleados a mejorar su trato con el cliente. «Es crucial obtener la adhesión a una cultura con mentalidad de servicio», dice Vernon Hill. El interés de la compañía en el servicio es una obsesión que se ha descrito como casi un culto.

La homogeneidad de todas las oficinas es otro elemento esencial de propuesta de valor de Commerce. Junto a la alta calidad del servicio, todas las sucursales tienen el mismo aspecto y ambiente, con enormes escaparates, tejados de metal y muebles y accesorios idénticos. El mensaje a los usuarios es que siempre pueden contar con que el banco les ofrecerá el mismo y excelente trato. A diferencia de otros bancos, los clientes de Commerce se sienten bien recibidos en todas las sucursales, no sólo en la suya habitual. Por decirlo con la analogía de Vernon Hill, referida a los minoristas, «Un Home Depot es un Home Depot vayas donde vayas».

Mientras otros bancos tienen tarifas complicadas y unas comisiones ocultas en la letra pequeña de sus ofertas, la meta de Commerce es la simplicidad: cuentas de cheques gratuitas durante el primer año, después del cual se exige un saldo mínimo de sólo 100 dólares; giros sin cargo y nada de trucos. La contrapartida está en las prestaciones. Las cuentas gratuitas no devengan intereses, las cuentas del mercado monetario, las cuentas de ahorro, y las cuentas CD están todas entre 25 y 50 puntos base por debajo del mercado. Como dice Vernon Hill:

La Propuesta de Valor para la Demanda de Commerce Bank le permite obtener un precio superior de los clientes que quiere captar	
Propuesta hipotética de Valor de Commerce Bank	*Opiniones de los clientes*
Comodidad	Estoy convencido de que Commerce es «el banco más cómodo de Estados Unidos».
Servicio	Sé que los empleados de Commerce están preparados y motivados para ofrecer un gran servicio al cliente.
Homogeneidad	En Commerce, no importa a qué sucursal vaya, ni con quién hable ni qué canal utilice. Siempre vivo la misma magnífica experiencia.
Simplicidad	Sé que Commerce Bank es legal en las comisiones que carga y no tratará de regatearme cantidades de poca monta cada vez que trato con ellos.
Innovación	Commerce Bank está comprometido a encontrar nuevas maneras de hacer que mis gestiones bancarias sean más fáciles, rápidas y agradables.

«Hemos aprendido a tener un coste de los fondos muy bajo, así que podemos reinvertir en el negocio. Además tampoco exprimimos a nuestros clientes con nuestras comisiones. Básicamente, les decimos: "Denos sus depósitos de bajo coste y le daremos comodidad, sin cargos ocultos y un magnífico servicio".»

Las tasas más bajas de Commerce en los depósitos son la ecuación de valor que sus clientes encuentran atractiva. Estos clientes consideran que los intereses más bajos son una contrapartida justa por los beneficios que reciben y el banco gana una prima al ofrecerlos.

Sus innovaciones, centradas en mejorar el servicio al cliente acelerando las transacciones sin sacrificar la precisión, han simplificado muchas funciones de los cajeros; por ejemplo, éstos pueden extender un comprobante de ingreso con sólo pulsar una tecla. Las innovaciones bancarias on line de Commerce, que tienen un enorme éxito, también aumentan el servicio al cliente y su satisfacción. En realidad, fue uno de los primeros bancos en ofrecer operaciones on line, no como alternativa a otros canales, sino por añadidura, como parte de la política de «clicks & mortar» (la expresión se refiere a las empresas que combinan la venta o prestación de servicios en locales con la venta por Internet) para mejorar la comodidad del cliente. Que sus costes de desarrollo fueran tan bajos no impidió que le concedieran el premio *Best of Web*, de Forbes. Además, su penetración on line del 28% es la más alta entre todos los bancos de Estados Unidos. Curiosamente, las investigaciones de Commerce indican que el cliente medio que efectúa sus operaciones on line, sigue visitando una sucursal varias veces al mes.

La Propuesta de Valor de Commerce Bancorp descansa en la premisa de que el conjunto es mayor que la suma de las partes. Dado que su éxito no está regido por una única plataforma, Hill cree que su banco está bien protegido frente a la competencia. Afirma: «Nuestros competidores no pueden copiarnos, podrían copiar parte de lo que hacemos, pero no todo. Tendrían que reestructurar completamente la gestión, la cultura, las tarifas y el servicio. Tendrían que volver a empezar de cero.»

El planteamiento de Commerce ha llevado a unos resultados espectaculares. Al centrarse en un segmento del consumo mal atendido y ofrecerle una propuesta de valor atractiva, la compañía ha conseguido atraer y retener unos depósitos fundamentales —cuentas corrientes, de ahorro y del mercado monetario— y unos clientes fieles. Esto se traduce en una enorme ventaja financiera. El coste de sus fondos es sólo del 2%, comparado con el 4% de muchos bancos que compiten por los fondos de los grandes depósitos.

Ofrecer unos fondos más baratos le permite a Commerce cumplir lo prometido en su propuesta de valor. Estos fondos también le permiten realizar operaciones de préstamo menos arriesgadas —que añaden estabilidad a los ingresos y beneficios— y volver a invertir en el negocio. El margen de interés neto de la empresa (el diferencial entre los tipos de préstamo y de depósito) de un 4,8% es un 50% mayor que el de sus competidores, entre ellos el Fifth Third Bank, que está considerado, sin lugar a dudas, un banco de alto rendimiento.

En contraste con el crecimiento casi cero de sus competidores, la decisión estratégica de Commerce al centrarse en un segmento mal atendido ha forjado un crecimiento y unos beneficios enormes; entre 1997 y 2001, los ingresos aumentaron en un 27% al año, el beneficio neto creció en un 26% y los dividendos por acción en un 17%. Estos aumentos significan que las ganancias de Commerce están creciendo un 78% más deprisa que las del sector. Por añadidura, los depósitos crecieron más rápido que los de cualquier banco de propiedad pública en Estados Unidos, con una media del 21% al año desde 1996 a 2000. En 2001, los depósitos aumentaron un 33%. Wall Street ha mostrado su aprobación a los resultados de Commerce; entre 1995 y 2000 el precio de sus acciones casi se ha triplicado, mientras que el promedio para el sector bancario es un aumento del 120% durante el mismo período.

Más importante para el éxito a largo plazo del banco es que tiene una base de cuentas amplia y en aumento y un rápido crecimiento de los depósitos. Entre 1997 y 2001, estos depósitos crecieron en un 26% anual, mientras que First Union, un banco grande que compite en la misma zona geográfica, vio que sus depósitos subían en un anémico 1% anual. En la actualidad, Commerce tiene más de un millón de cuentas, una cifra a la que se añaden cuarenta y cinco mil nuevas cuentas cada mes.

Al igual que los minoristas de éxito a quienes quiere emular, Commerce sigue muy de cerca los resultados de cada establecimiento. Por término medio sus depósitos son de 74 millones de dólares por sucursal, contra 28 millones de sus competidores. En la categoría de «crecimiento de un mismo establecimiento», una medida crítica del éxito entre minoristas, también es fuerte. Entre las sucursales establecidas desde hace dos años o más, los depósitos de Commerce han crecido un 16,5% cada año en 2000 y 2001.

Los accionistas se han visto ampliamente recompensados por invertir en Commerce Bank. Su rápido crecimiento le proporciona una relación precio-ganancias de 22, cuando el promedio de los principales bancos es del 10. Además, entre 1991 y 2001 sus acciones se multiplicaron casi por veinte. Durante este período, el rendimiento total fue un

30% mayor que el de Microsoft, un 170% mayor que el de GE, un 180% mayor que el de Berkshire Hathaway y un 660% mayor que el de S&P 500.

Mirando al futuro, Commerce Bank se muestra muy abierto respecto a su estrategia y objetivos de crecimiento. Vernon Hill explica: «Nuestra tasa de crecimiento sigue subiendo, pese al hecho de que, basándonos en nuestro tamaño, tendría que aplanarse. Crecemos muy deprisa, incluso con una base más amplia.» El banco planea crecer orgánicamente, en lugar de por medio de adquisiciones, refinando y luego recreando su estrategia de la demanda. Piensa abrir doce nuevas sucursales en el corredor noreste que va desde Washington a Boston y generar 100 mil millones de dólares durante un período de diez años. Observando que «No se ha forjado ningún minorista de éxito basándose en F&A (fusiones y adquisiciones)», Hill piensa explotar lo que llama el modelo de la «potencia minorista». Si tiene éxito, se convertirá en uno de los diez bancos mayores del país.

El éxito de Commerce Bancorp ilustra el valor de la diferenciación cuando el objetivo es generar crecimiento, beneficios y valor para el accionista. Es una parte fundamental de su estrategia. Dice Vernon Hill: «Buscamos la diferenciación cada día.» El banco se muestra diligente en sus esfuerzos por garantizar que la diferencia entre Commerce y sus competidores sea siempre de 180 grados.

La lista de diferencias empieza con el modelo de negocio. Mientras que los bancos tradicionales tienen unos fondos de alto coste, unos gastos de explotación bajos y crecimiento cero, Commerce tiene unos fondos de bajo coste, unos gastos de explotación más altos y un crecimiento rentable. Según Hill: «Los bancos tradicionales tratan de abrirse camino a la prosperidad reduciendo costes; nosotros, abrimos ese camino invirtiendo.» Cree que el planteamiento de ahorro del gasto degrada el servicio minorista ya que los bancos no pueden reinvertir en el negocio. Además, una vez se ha desgajado una sucursal, con frecuencia es imposible arreglarlo. El crecimiento interno decae y los bancos tienen que recurrir a las fusiones, lo cual sólo agrava el problema.

Los bancos tradicionales creen que a los clientes los mueve el porcentaje y actúan como si así fuera. Pero Hill desmiente esta idea:

«Nosotros pensamos que a los clientes los mueve el trato, no el porcentaje. Un banco que te guste, ése es el que usarás». Para respaldar su afirmación, muestra datos de un estudio realizado en 1997 por *ABA Banking Journal*, en el cual se pidió a los clientes que clasificaran sus principales razones para elegir su banco. Sólo un 3% citaron unos buenos porcentajes, mientras que el 62% mencionó la comodidad en una u otra forma. Sin embargo, la mayoría de bancos no prestan atención a estos datos y centran sus anuncios casi absolutamente en los porcentajes. Hill señala, tajante: «Todos anuncian porcentajes y nosotros anunciamos comodidad. Pero ellos trabajan con el 3% y nosotros con el 62%.»

Los bancos tradicionales consideran las sucursales como centros de coste que habría que eliminar siempre que fuera posible. En Commerce, la sucursal es una ventaja competitiva que presta comodidad y servicio, no una debilidad. Las sucursales están donde el banco puede crear y diferenciar su marca y Commerce Bancorp explota esta ventaja plenamente. Su relevancia y diferenciación le ha conseguido grandes recompensas en forma de crecimiento, rentabilidad e inelasticidad de precios.

Dados sus logros en el entorno de la banca minorista, que es muy, muy competitivo, la actuación de Vernon Hill sólo puede describirse como brillante. Cuando vemos sus tarifas inelásticas con un cliente bancario de clase obrera, vemos el poder de la Estrategia de la Demanda. Su utilización de las fuerzas y los factores, la segmentación de mercado, la delimitación del segmento a captar y la diferenciación por medio de una propuesta de valor única contribuye, en su totalidad, a sus superiores resultados. Y esto lo ha hecho durante un tiempo muy difícil para los bancos minoristas mientras competía contra algunos de los conglomerados bancarios mayores y más famosos de Estados Unidos. ¿Significa esto que la Estrategia de la Demanda tiene garantía de éxito? No, pero sí que la tiene si lo hacemos tan bien como Vernon Hill.

Llegados a este punto, estamos listos para pasar al principio cuarto de la Estrategia de la Demanda; cómo identificar las estrategias y sistemas de negocio necesarios para satisfacer la demanda.

7

Cuarto Principio

Identifique las estrategias y sistemas de negocio necesarios para satisfacer la demanda

La estrategia es, por supuesto, un elemento crítico para disfrutar de un éxito continuado. Pero incluso la estrategia más brillante tiene poco valor práctico a menos que se cuente con los sistemas de negocio adecuados y las técnicas de explotación necesarias para ponerla en práctica. Los Estrategas de la Demanda más exitosos dependen de su estrategia para orientar sus decisiones empresariales igual que los arquitectos dependen de los planos. El diseño y ejecución de los cuatro elementos de sus sistemas de negocio fundamentales —(1) investigación y sistemas de contacto con sus clientes, (2) sistemas operativos, (3) funciones organizativas y (4) respaldo tecnológico— reflejan las Estrategias de la Demanda que elaboran para impulsar la diferenciación del producto y crear una ventaja competitiva.

Ninguna empresa ha hecho un trabajo mejor para adecuar sus estrategias y sistemas de negocio a la demanda que Capital One Financial Corporation. En realidad, Capital One sigue readaptándose con frecuencia; sus sistemas son tan refinados que garantizan una puesta en práctica casi impecable de su Estrategia de la Demanda. Capital One ha elaborado y refinado los cuatro elementos esenciales que he anotado. Esto le ha proporcionado unas claras ventajas competitivas, como a continuación se demostrará. Toda la organización de Capital One ha cambiado tanto que, en realidad, es una empresa muy diferente de la que nació en 1994.

Capital One era ya un negocio en marcha cuando Signet Banking Corporation transfirió sus activos. Aunque sus cofundadores, el director general Rick Fairbank y el presidente Nigel Morris, no tenían una formación bancaria, ambos habían actuado como consultores para bancos y fueron contratados por Signet a finales de los ochenta para llevar la división de tarjetas de crédito del banco, que se encargaba principalmente de la emisión y gestión de las cuentas de Visa y MasterCard. Ambos se convirtieron rápidamente en líderes innovadores en el sector de las tarjetas.

Hacia mediados de los noventa, el negocio de las tarjetas sufría una considerable agitación (como decíamos al hablar de Sears Credit en el capítulo 3). Entre las fuerzas y los factores en acción estaban los crecientes costes de promoción y una competencia cada vez más fuerte de nuevos tipos de emisores de tarjetas (empresas telefónicas, fabricantes de automóviles, gasolineras), que trataban las tarjetas como productos sin beneficios utilizados para conseguir nuevas compras y establecer una fidelidad continuada. Además, estaba el rápido perfeccionamiento de la informática y la creciente sofisticación de la gestión de las bases de datos y la extracción de datos. El banco de datos de Capital One tenía información de aproximadamente uno de cada siete hogares estadounidenses, suficiente información para llenar los discos duros de doscientos mil ordenadores personales. Tenía registradas las relaciones de todos los clientes con la compañía, y de todas las compras hechas con una tarjeta de Capital One. Sólo unos pocos, entre ellos Fairbank y Morris, comprendieron que estaban sentados encima de una montaña de información que podía utilizarse para rehacer el mundo. Su visión llevó a la pionera «estrategia basada en la información» de Capital One.

Por aquel entonces, dos de los factores y fuerzas más conspicuos del sector, que habían revolucionado el negocio, eran los dos que Fairbank y Morris habían inventado. El primero era la tasa «gancho», que tentaba al cliente para pasarse a una nueva tarjeta ofreciéndole uno tipo de interés introductorio bajo. El segundo, la opción de transferir el saldo, invitaba al cliente a pasar su saldo de la tarjeta vieja a la nueva, con el tipo de interés bajo. Después de dos o tres meses, claro, el tipo de interés inicial cedía el paso a un tipo permanente mucho más alto.

Aunque estas tácticas aportaron una oleada de nuevos clientes a Signet, para cuando Fairbank y Morris iniciaron su aplicación en la ahora independiente Capital One, empezaban a ser contraproducentes. Los clientes se pasaban a una tarjeta sólo durante los dos o tres meses del tipo introductorio y luego se marchaban a otra. En la práctica, las empresas emisoras de tarjetas se habían metido en la trampa de unos tipos permanentemente bajos y no rentables, con el gasto añadido del papeleo necesario para transferir las cuentas cada sesenta o noventa días.

Todo esto dificultaba la selección de los usuarios más rentables y más aún la creación de opciones estratégicas para llegar a ellos. A la empresa le resultaba imposible tomar decisiones tácticas de mercado. Pero Fairbank y Morris estaban decididos a comprender mejor sus mercados mediante el uso continuado de pruebas de mercado, y a cambiar su producto para adecuarlo a la demanda. «Cuando fundamos esta empresa, vimos dos oportunidades revolucionarias —dijo Fairbank—. Podíamos utilizar la metodología científica como ayuda para tomar decisiones y podíamos utilizar las tecnologías de la información como ayuda para ofrecer un servicio ajustado a las necesidades del cliente».

El primer elemento del sistema de negocio, la investigación y las pruebas de mercado, proporcionó la primera clave para encontrar a los clientes rentables entre el caos. Mostró que aunque los usuarios solían aprovechar las ofertas «gancho», no les gustaba mucho todo ese lío; un número significativo expresó sus preferencias por una tarjeta sencilla, sin cuota anual y un tipo de interés fijo y relativamente bajo. Así pues, en ese mercado que variaba tan rápidamente, la demanda había cambiado en el espacio de unos pocos años.

Durante los dos años y medio siguientes, Capital One puso a prueba tarjetas de tipo fijo para ver si atraían a los usuarios. Las tarjetas se ofrecían en más de cien combinaciones diferentes de tipos de interés, límites de crédito y términos detallados, pero se habían eliminado los tipos «gancho» y las cuotas anuales.

La tarjeta más popular en esta competición tendría como resultado un alto nivel de fidelidad del cliente y un bajo nivel de desgaste,
pero planteaba un problema. Con su bajo tipo de interés y la combinación de prestatarios que atraería, las previsiones mostraban que perde-
rían dinero. Habría demasiados morosos.

Por fortuna, había opciones estratégicas que podían sacarlos del
apuro. Trabajando con los datos, los analistas de Capital One llegaron
a la conclusión de que una cosa que la tarjeta necesitaba para rendir beneficios era una base de clientes con menos riesgo crediticio y la creciente montaña de datos que había en los ordenadores de la compañía
hacía que fuera fácil encontrarlos. Después de más pruebas, en 1998,
Capital One ofreció una tarjeta con un 9,9% para seleccionar clientes
de bajo riesgo. Fue un éxito inmediato.

Fiel a la visión que Fairbank tiene de la adaptación a gran escala
a las exigencias de cada cliente, Capital One varía esta fórmula con una
oferta ligeramente diferente para cada cliente, preparada a medida de
sus circunstancias personales. Si incluimos todas las combinaciones de
tipos de interés, cuotas, límites de crédito, requisitos y decoración en el
anverso de la tarjeta, la empresa ofrece en la actualidad seis mil tarjetas
de crédito diferentes. Sus treinta y tres millones de titulares —un número que crece a un ritmo de veinticinco mil al día— generaron casi
cinco mil millones de dólares en ingresos durante el año 2000 (en 1995
los ingresos ascendían a 95 millones).

Para que esto funcionara, fue necesario establecer muchos contactos con los clientes. Capital One tenía tres mil quinientos empleados respondiendo a más de un millón de llamadas semanales de usuarios que trataban de activar una nueva tarjeta, consultar su saldo actual,
protestar por su factura, informar de la pérdida de la tarjeta, contratar
una ampliación y cosas similares. Para 1998, el sistema se estaba des-
moronando, exigiendo que Capital One ajustara finalmente sus sistemas operativos, estructura organizativa y sistemas tecnológicos. Pero
primero tenía que analizar los problemas.

Para empezar, Capital One averiguó que las llamadas ocupaban
demasiado tiempo. Los clientes marcaban el número de tarjetas perdi-
das para quejarse de la factura o llamaban a facturación para informar
de un fraude; había que pasarlos a otro teléfono y tenían que esperar en

cada paso. Para consultar el saldo era necesario un empleado. Los clientes se enfadaban y la cuenta de teléfono de la compañía era cada vez más alta.

En un momento dado, Capital One pidió a sus clientes que llamaran con menos frecuencia, lo cual sólo les garantizó recibir más llamadas. Un ejecutivo dijo que era «un momento Homer Simpson».

En una de las combinaciones más espectaculares de sistemas operativos y tecnología, los técnicos de la empresa sugirieron un desvío inteligente de llamadas, algo que por entonces parecía imposible. Antes de que un empleado de Capital One respondiera a una llamada, los ordenadores determinaban el propósito de esa llamada y la desviaban directamente a la persona adecuada.

Por fortuna, las piezas estaban ahí para que fuera posible hacerlo. Primero, el 90% de llamadas caía en una de diez categorías, limitando considerablemente el campo. El banco de datos hacía que fuera técnicamente posible establecer el origen de una llamada entrante, identificando así al cliente. Los bancos de datos del ordenador podían informar de que el tipo de interés de este cliente en particular acababa de aumentar o de que se había aplicado a su tarjeta una suspensión por fraude o, sencillamente, que llamaba cada mes para saber su saldo, de forma que podían programarse para determinar la razón de su llamada con un alto grado de probabilidad. En la práctica, Capital One había identificado unos segmentos de la demanda atractivos y las estrategias para satisfacer sus necesidades. Para progresar hasta llegar al sistema tecnológico que satisficiera esa demanda —el encaminamiento inteligente de llamadas— lo único que la empresa necesitaba era un sofisticado programa de ordenador.

No podía menos que ser deslumbrante. Durante meses hubo que analizar patrones de llamadas telefónicas y agrupar a los clientes en conjuntos; luego vino la programación de un árbol de decisiones, un *hardware* hecho a medida y, por supuesto, interminables pruebas de los resultados. En 1998, el sistema se puso en marcha, junto con las estructuras organizativas y operativas que lo sustentaban. Ahora, en la centésima de segundo que va desde la señal de una llamada entrante y el timbre que el cliente oye en su teléfono, los ordenadores identifican a quien llama y predicen la razón de su llamada. A continuación, el ordenador revisa las opciones basándose en doce características diferentes del cliente; situación de la cuenta, productos que ya tiene y receptividad a las nuevas campañas. La llamada es encaminada entonces a la sección del servicio al cliente que se considera más adecuada, determinada por parámetros que incluyen disponibilidad, conocimientos y formación. El ordenador del empleado muestra la información fundamental sobre el cliente, así como recomendaciones de productos adecuados para ofrecerle.

También es posible que los ordenadores saquen sus propias conclusiones y creen un atajo. Un cliente con una mala clasificación crediticia que amenaza con marcharse recibirá información para cancelar su tarjeta de forma interactiva, sin molestar a un representante. Un cliente que llama con frecuencia para saber su saldo recibe automáticamente la respuesta de una máquina: «La cantidad debida actualmente por su cuenta es de 587,43 dólares. Si tiene alguna pregunta sobre facturación, pulse...». Se ha respondido a la pregunta antes de que fuera planteada, sin gastar tiempo de un empleado; una llamada que podía haber durado un minuto sólo llevó diez segundos.

La empresa dice que el ordenador acierta en sus predicciones en un 70% de las llamadas. Cuando se instaló el sistema ese porcentaje era un 40%. En realidad, las cifras dicen que el sistema se está volviendo más inteligente; por ejemplo, si un cliente llama desde su oficina varias veces, el ordenador asociará ese número con él, junto con el número de su casa. Conforme los sistemas se van depurando, se acercan a automatizar la Estrategia de la Demanda, cliente a cliente. Pronto los ordenadores serán capaces de deducir las preferencias lingüísticas y encaminarán las llamadas a uno u otro agente en consecuencia.

Marge Connelly, vicepresidente ejecutiva de las operaciones de las tarjetas en el país y de la infraestructura de la tecnología de la información, resume el sistema patentado por Capital One de esta manera: «El sistema recibe información de los clientes y sus cuentas y utiliza motores de reglas para crear inteligencia... Tenemos mucha información que podemos aplicar para equilibrar los deseos de rapidez y de un trato de calidad que tiene el cliente.»

Al igual que muchos de sus competidores, la empresa ha utilizado la inclusión de publicidad con sus facturas y el marketing telefónico por ordenador para ofrecer a sus usuarios mercancías y servicios que van desde calculadoras a cruceros. Pero con el encaminamiento inteligente de llamadas, Capital One, empleando la Estrategia de la Demanda, ha convertido este sistema en la siguiente gran revolución del sector, y en una innovación importante en el terreno del marketing. «Las tarjetas de crédito no son operaciones bancarias, son información», ha dicho Fairbank. Era lógico emplear el banco de datos para decidir qué querían los titulares de tarjetas que no estuvieran recibiendo y ofrecérselo. En otras palabras, están usando el sistema para identificar la demanda y luego elaboran la oferta adecuada para satisfacerla.

El acicate para la acción fue el mal funcionamiento del sistema de telemarketing. Las llamadas hechas a la hora de cenar irritaban a muchos clientes. Y lo que quizás era peor para una empresa centrada en la demanda a largo plazo, las encuestas de Capital One mostraron que, incluso cuando alguien compraba algo por teléfono, con frecuencia nunca llegaba a usarlo.

Las encuestas también revelaron que si el cliente hacía la llamada, era más probable que comprara algo que si la llamada procedía de un vendedor. En otras palabras, Capital One comprendió que cada una de los millones de llamadas entrantes que recibía era una oportunidad de venta. En retrospectiva, parece a la vez brillante y obvio.

La primera campaña importante de venta cruzada apuntaba a nuevos usuarios a quienes se pedía que llamaran a una línea automatizada para activar sus tarjetas. Cuando habían completado el trámite, entraba en la línea un representante con una oferta para hacerse cargo del saldo pendiente de la anterior tarjeta del cliente. Esa técnica funcionó tan bien que se amplió para incluir ofertas de seguros, servicio telefónico a larga distancia y la incorporación como socios a clubes de compra; todos ellos servicios y oportunidades en los que un porcentaje considerable de clientes estaba interesado, aunque fuera en menor grado.

Aunque no lo expresaran de esta manera, los directivos de Capital One estaban respondiendo a nuevos conjuntos de fuerzas de la demanda y factores del sector que iban dando nueva forma a la competencia. Es de señalar que Capital One creó esos cambios ampliando su base de datos e iniciando un encaminamiento de llamadas inteligente. Estos pasos hicieron posible identificar un nuevo grupo de usuarios rentables, para los cuales se crearon y pusieron en marcha nuevas opciones estratégicas para satisfacer la demanda.

Capital One construyó una estrategia sólida y competente; los ordenadores facilitaron las adaptaciones que permitirían que las llamadas entrantes se utilizaran para vender. En la centésima de segundo que precedía al timbrazo, el ordenador peinaba los antecedentes del cliente, identificaba sus hábitos de compra y sus datos demográficos y pasaba sugerencias para posibles compras al empleado encargado de la llamada. Luego, una vez satisfecha la razón del cliente para llamar, el agente pulsaba un icono azul que revelaba los productos sugeridos por el ordenador. Alguien que informara de la pérdida de una tarjeta, por ejemplo, era naturalmente un posible cliente para un seguro de protección para esa tarjeta. Alguien que llamara para quejarse de un aumento de cuota podía recibir información sobre como los beneficios añadidos de su nueva tarjeta le ahorran, realmente, dinero y luego, como hacía poco que había comprado un par de esquís, le podían ofrecer un fin de semana de esquí, todo comprendido, a precios reducidos.

Incluso con la investigación completa, el contacto con el cliente y los sistemas operativos y tecnológicos, Capital One sólo contaba con tres de los cuatro elementos que necesitaba. No es extraño que el cuarto —los sistemas organizativos— demostrara ser un problema. El primer problema surgió cuando los proveedores de servicios no se sentían cómodos al convertirse en vendedores. La solución de Capital One fue mostrarles que vender es un servicio. «Si tengo este estupendo producto —dice Marge Connelly, que dirige todos los centros de llamada de Capital One—, quizá le ahorre dinero al cliente o le proporcione comodidad. Si estoy comprometida a servir, es imposible que no piense en ofrecer ese producto».

En términos operativos, Capital One decidió no crear sus propios productos para la venta. Por el contrario, se asoció con otras empresas; para los seguros, Liberty Mutual; para los servicios telefónicos, MCI WorldCom y para las hipotecas, Countrywide. La empresa ofrece ahora unas tres docenas de productos que no tienen relación con sus tarjetas y realiza un millón de ventas al año. De sus nuevos clientes de tarjetas de crédito, un 57% compran algo más por teléfono. Y en este momento la empresa está satisfaciendo la demanda mucho más allá de su principal negocio de tarjetas de crédito.

En conjunto, dice Rich Fairbank, Capital One ya no es una empresa de tarjetas de crédito, sino una «revolución en marketing que puede aplicarse a muchos negocios». Estudia y prueba nuevas ideas de forma incesante; en 2000 realizó cuarenta y cinco mil pruebas de marketing, que equivale a más de 120 campañas cada día de trabajo. Dice Peter Schall, vicepresidente sénior de Marketing y Análisis: «Diariamente, volvemos a evaluar qué programas funcionan mejor y cuáles funcionan menos bien.» Añade que, en lugar de preparar campañas trimestrales, «pensamos en cómo usar nuestro presupuesto de marketing cada día».

El planteamiento de prueba y control se remonta a la formación del cofundador Nigel Morris en psicología experimental. Como él mismo dice: «Mucha de nuestra estrategia basada en la información (...) procede de la medición empírica de la conducta del consumidor y de su funcionamiento.» A largo plazo, los activos más importantes de su empresa son los datos que ha reunido sobre clientes, actuales y potenciales, y las técnicas que ha desarrollado para convertir esa información en sistemas que ofrecen una Estrategia de la Demanda.

Capital One tiene intención de continuar construyendo nuevos sistemas para satisfacer la demanda naciente. Quizá lo haga hasta tal punto que las tarjetas de crédito lleguen a ser algo secundario en su empresa. El vicepresidente de Marketing Jory Berson dice que quiere que la compañía llegue a ser el primer lugar al que se acuda para encontrar casi todo. «Cuando se prepare para comprar un coche, lo primero que quiero que se le ocurra es, "¿Qué clase de oferta puede hacerme Capital One para un préstamo o un seguro para un coche?"».

La rapidez del cambio puede intimidar un poco. «El cincuenta por ciento de lo que vendemos ahora no existía en esta empresa hace seis meses —dice Fairbank—. Y un 95% no existía hace dos años. Es algo de lo que me siento orgulloso hasta que caigo en la cuenta de las repercusiones. Significa que el 50% de lo que venderemos dentro de seis meses todavía no existe».

No importa en qué puede metamorfosearse Capital One a mitad del camino, casi con toda certeza caerá de pie. La empresa no tiene miedo de eliminar lo que produce pérdidas. Cuando comprendió que su servicio de telefonía móvil no iba a estar a la altura de sus demás operaciones, Capital One lo cerró y pasó a otros asuntos más fructíferos.

Como demuestra Capital One, para tener éxito en la Estrategia de la Demanda, las empresas deben tener sistemas de negocio con cuatro elementos clave:

- Investigación y contacto con el cliente.
- Estrategias y sistemas operativos.
- Estrategias y sistemas organizativos.
- Estrategias y sistemas tecnológicos.

Cada uno de estos aspectos es crítico y debe coordinarse con los demás para garantizar el éxito. Cada uno necesita una estrategia individualizada y un sistema que funcione en conjunción con los otros.

Pero estos sistemas sólo funcionarán si refuerzan su exclusiva Estrategia de la Demanda. En otras palabras, los sistemas deben actuar juntos para ofrecer la Propuesta de Valor para la Demanda que hemos elaborado para los segmentos de la demanda que queremos captar. Las decisiones que tomemos en los cuatro aspectos anteriores decidirán que tengamos éxito o no al llevar a la práctica nuestra Estrategia de la Demanda, una estrategia que creará una experiencia positiva para el cliente y nos permitirá alcanzar los resultados económicos que deseamos.

Investigación y contacto con el cliente

El primer conjunto de sistemas utilizado por un Estratega de la Demanda exitoso hace que comprendamos mejor esa demanda y revela cómo servir mejor a los clientes más rentables. Estos sistemas son un punto de partida crítico porque establecen los objetivos para todos nuestros sistemas de negocio. Mediante las investigaciones y la relación con el cliente identificamos los cambios en la demanda y las nuevas expectativas de los consumidores y esta información debe moldear los sistemas operativos, organizativos y tecnológicos utilizados para satisfacer la demanda.

En el capítulo 2 describíamos cuatro compañías —EMC, McDonald's, Medtronic y Gatorade— y los sistemas de negocio estructurados para identificar la demanda naciente y mejorar la forma de contacto con el cliente utilizados por cada una. Todas ellas han elaborado sistemas para calibrar la demanda, incluyendo una comprensión detallada de los clientes finales de sus clientes. Después, cada una de ellas trabaja con sus clientes más sagaces y valiosos para determinar la mejor manera de satisfacer la demanda continuamente.

Como hemos visto, Capital One, también ha creado unos sistemas muy depurados para calibrar la demanda y probar medios alternativos de satisfacerla. La captación de datos y su explotación, modelado y puesta a prueba, que forman parte de su estrategia basada en la información, le ofrecen un conocimiento único de la demanda y de cómo satisfacerla provechosamente. Dado que la demanda cambia a una velocidad cada vez mayor, la información recogida casi en tiempo real por los sistemas y la base de datos de Capital One le proporcionan una clara ventaja competitiva.

El contacto con los clientes incluye la forma en que éstos participan en la creación de ofertas —*quién* y *cómo*— y la manera en que se les sirve. Capital One lleva a cabo más de cien pruebas con sus clientes cada día para afinar sus ofertas. Decidir exactamente qué tipo de clientes incluir en estas pruebas es una parte crítica para llevar a cabo con éxito la investigación. Con unos resultados precisos en la mano, Capital One potencia sus demás sistemas de negocio para proporcionar a los clientes la oferta y el servicio que esperan.

En un reciente estudio realizado entre directores generales en el que valoraban su satisfacción con la actuación de las áreas funcionales, la investigación ocupaba el último lugar. Aunque tiene una importancia fundamental en la salud de cualquier empresa, los directivos no están satisfechos con su funcionamiento. Según nuestra experiencia, esto es debido a que, con frecuencia, la investigación se limita a informar de lo que ha sucedido en el pasado en lugar de identificar la demanda actual y naciente. Por añadidura, las proyecciones centradas en el cliente elaboradas por los departamentos de investigación son, a menudo, erróneas. En primer lugar, no suelen incluir la perspectiva de los clientes finales de los clientes. En segundo lugar, habitualmente, incluyen a todos los clientes en la investigación, en lugar de centrarse en el segmento de la demanda más rentable de la empresa. Y finalmente, a veces interrogan a los clientes equivocados —segmentos no rentables o usuarios infrecuentes— y extraen conclusiones incorrectas o engañosas de los datos recogidos.

Estrategias y sistemas operativos

El segundo conjunto de estrategias y sistemas necesarios para llevar a la práctica una propuesta de valor para la demanda está relacionado con el procedimiento; entraña la producción y entrega de productos y servicios al segmento de la demanda que nos hemos fijado como objetivo. Estos sistemas y estrategias también siguen la trayectoria de la demanda, gobiernan la forma en que se toman las decisiones, crean innovaciones de forma continuada y deciden la circulación de información (qué se mide, por qué método y quién ve los resultados).

Las empresas regidas por la oferta tienen una visión miope del proceso. Sus operaciones y procedimientos se centran en la eficiencia de la cadena de la oferta, en detrimento de la satisfacción de la demanda. Por lo general, parten de los insumos de producción y recorren eslabón a eslabón la cadena de la oferta hasta que los productos y los clientes se encuentran.

El nuevo director general de una de esas compañías describió cómo su predecesor se había concentrado casi exclusivamente en los costes de la cadena de la oferta durante los tres años anteriores. Aunque este enfoque le produjo rendimientos significativos a este fabricante-minorista integrado, la oferta que creaba no se acompasaba con la demanda del consumidor. Como resultado, los almacenes de la compañía estaban llenos de mercancías que, aunque con un bajo coste de producción y transporte, no se podían vender sin unos fuertes descuentos en los precios, que reducían los beneficios.

En cambio, las empresas regidas por la demanda elaboran estrategias y sistemas que responden a las necesidades del cliente y luego miden si las están satisfaciendo adecuadamente. Su primer paso es comprender la demanda y luego crear los procedimientos operativos, la organización y los sistemas tecnológicos que mejor pueden servir a esa demanda. Pasar a estrategias y sistemas regidos por la demanda exige un cambio de perspectiva, en el cual esa demanda sea la consideración determinante y el objetivo sea añadir valor en cada paso del proceso.

¿Cómo se hace esto?

Para empezar, debemos guiarnos por una visión global de lo que afecta a la relación con el cliente. Ofrecer un producto o un servicio no es suficiente; hay que dar valor en cada paso.

Como decíamos antes, la Propuesta de Valor para la Demanda de McDonald's se centra en buena comida, servicio rápido, hacer que los niños se sientan cómodos y una práctica homogénea en todo el mundo. Famosa por los métodos y formación, muy disciplinados, que aplica en apoyo de su propuesta, McDonald's hace que sus empleados asistan a la Hamburger University para comprender mejor la Propuesta de Valor para la Demanda y los sistemas de negocio diseñados para satisfacerla. Los restaurantes están dirigidos siguiendo los manuales al pie de la letra, literalmente; gruesos manuales y listas de control gobiernan todas las actividades. Para garantizar la regularidad, McDonald's inspecciona continuamente sus establecimientos en franquicia. Estas franquicias deben cumplir todas las normas de McDonald's so pena de perder la oportunidad de ser propietarias de otros restaurantes McDonald's.

Los sistemas operativos exitosos utilizan también los mejores suministros o materias primas necesarios para hacer realidad la Propuesta de Valor para la Demanda; unos y otras pueden ser producidos dentro de la empresa o contratados en el exterior. En vez de estar integrada verticalmente para producir ellas mismas todos los materiales que sus productos acabados o servicios exigen, muchas empresas de éxito forjan asociaciones para externalizar algunos aspectos del negocio a fin de proporcionar un mejor valor para los clientes y conseguir un ahorro de costes para ellas mismas. De esta forma, aprovechan la especialización externa y pueden introducir nuevas líneas de negocio con mayor rapidez y eficiencia y comprometer menos capital que si actuaran solas.

Capital One, por ejemplo, se asoció con otras empresas para ofrecer servicios adicionales a sus clientes de las tarjetas de crédito, en lugar de tratar de crear su propia marca de seguros o de servicios telefónicos.

Dell Computer también lleva sus negocios así. Como explica Michael Dell, en lugar de una integración vertical, «tenemos sistemas de negocio basados más en la colaboración. Tenemos una especie de "integración virtual" que se va afianzando». Dell está asociada con IBM e Intel para producir componentes de PC y con Accenture y Gen3 Partners para formar una nueva empresa de servicios de consultoría. Recientemente, ha llegado a un nuevo acuerdo con EMC para vender los equipos de almacenaje de categoría inferior a empresas pequeñas, un segmento de la demanda que Dell quiere captar para crecer. Al forjar esos acuerdos, Dell puede entrar rápidamente en nuevos campos, sin tener que cambiar el equipamiento de sus ya complicadas operaciones.

Otra reforma operativa crucial exige la eliminación de los «silos» propios del sistema vertical que existen en muchas organizaciones y sustituirlos por procedimientos horizontales integrados. ¿Qué quiero decir cuando hablo de «silos»? Una organización de este tipo tiene a cada uno de los grupos que la componen dentro de su propio silo imaginario. Cada uno trabaja sólo en su propia función. Los productos pasan de un silo a otro, de forma que las personas responsables de elaborar el producto tienen poca coordinación y, como resultado, un único cambio dentro de un único silo exige cambios en todos los demás.

La alternativa es asignar cada proyecto a un equipo funcional cuyos miembros representen a todos los departamentos que participan en el proyecto, desde diseño y fabricación a envíos y facturación. Cuando se da a los equipos autoridad suficiente para dirigir sus trabajos (lo que llamamos *asociación interna*), los límites departamentales tradicionales se desmoronan porque los equipos forman una unidad y ganan experiencia.

El anterior director general de General Electric, Jack Welch denominó a este concepto «actuación sin límites» y, según él, es el alma de la actual GE.

Medline Industries, Inc., empresa fabricante y distribuidora de más de cien mil productos médicos, nos ofrece un buen ejemplo de esto. Con unas ventas anuales que superan los mil millones de dólares, Medline es la mayor empresa nacional de propiedad privada que fabrica y distribuye productos médicos a hospitales, instalaciones sanitarias y clínicas en Estados Unidos. Para llevar a cabo su misión de ofrecer «productos de calidad y soluciones reductoras del gasto a los proveedores de asistencia médica y, al mismo tiempo, aumentar la calidad de la atención al paciente», Medline fabrica o externaliza por medio de asociaciones un 70% de los productos que vende. Además, elabora continuamente soluciones para ahorrar costes basadas en las cambiantes demandas de los usuarios.

A principios de los ochenta, el sector de la atención sanitaria de Estados Unidos experimentó un cambio desgarrador cuando HMOs, Medicare y Medicaid le obligaron a pasar de un sistema de fijación de precios basado en el coste más un porcentaje a la contención del gasto. Cuando los proveedores de atención sanitaria se debatían bajo una enorme presión para reducir costes, Medline se transformó de distribuidora en fabricante y luego en socio empresarial, a fin de satisfacer las nuevas demandas de los clientes. Además de vender productos médicos, Medline está ahora asociada con los clientes del sector para ofrecer planteamientos imaginativos para gestionar y reducir el coste de los suministros, a veces en un 10% o más.

La respuesta de Medline a la exclusiva demanda de algunos hospitales de las Montañas Rocosas acabó convirtiéndose en una innovación que cambió a todo el sector. En algunas partes de Colorado, Wyoming y Montana, en invierno, la nieve hace que sea imposible circular por las carreteras que van a algunos de los hospitales clientes de Medline. Estos hospitales no podían pagar por adelantado unos suministros que les duraran hasta la primavera siguiente ni tampoco aguantar todo el invierno sin nuevos envíos. La solución de Medline fue un sistema de envío en consignación; el hospital recibiría una enorme cantidad de suministros antes de la estación de las nieves y los pagaría según los fuera usando. Como resultado, los hospitales estaban bien abastecidos y Medline ganó unos clientes fieles porque dio con una solución inventiva para responder a la demanda.

El sistema de Medline se convirtió en un importante beneficio para los clientes cuando el sector tomó medidas para contener el gasto y la compañía pudo extender su idea. Como observa uno de los dos directores generales de Medline, Jon Mills: «Los suministros en consignación son un auténtico beneficio doble. Muchos centros de atención sanitaria van cortos de liquidez y la consignación les ayuda a financiar los productos que necesitan. La atención que los pacientes reciben mejora porque esos productos están disponibles. Esa práctica ha cambiado el sector, que ahora se basa en la consignación.»

Hoy, Medline ofrece una serie de productos y servicios innovadores diseñados para satisfacer la demanda de los usuarios. Al igual que su aperturista planteamiento de consignación, cada uno de los programas de Medline ha surgido de la excelencia operativa de la empresa, que se basa en la asociación.

Estrategias y sistemas de organización

Para que una empresa cambie su planteamiento, para pasar de regirse por la oferta a hacerlo por la demanda, todo el mundo dentro de la empresa tiene que aunar esfuerzos para alcanzar el objetivo de organización esencial, que es poner en práctica la Estrategia de la Demanda. Los cambios pueden entrañar la creación de equipos cooperativos y transfuncionales que puedan cruzar los límites departamentales tradicionales. En los ochenta, los fabricantes de automóviles de Estados Unidos aprendieron una dolorosa lección de los éxitos de sus homólogos japoneses; un sistema de silos puede acabar produciendo productos de menor calidad y mayor precio y, además, es más lento. Muchas empresas y sectores ajenos a la industria del automóvil continúan trabajando con el sistema de silos, aunque unos equipos integrados y transfuncionales pueden producir mercancías superiores más rápidamente, incluso si se trata de un producto complicado.

Los equipos transfuncionales suelen ser una mejora para cualquier empresa, tanto si se rige por la oferta como por la demanda. Entre sus muchos beneficios están los siguientes:

- Mantienen todas las funciones más cerca de la demanda y la comprenden.
- Instauran una absoluta transparencia en las comunicaciones en lugar de que los mensajes se alteren o tergiversen al pasar de un silo a otro.
- Solucionan posibles problemas y logran el acuerdo en planes y prioridades entre diversas funciones antes de que se produzcan, en lugar de tratar de resolverlos cuando ya han estallado.

- Alinean todas las funciones para que trabajen hacia un objetivo común en lugar de que cada departamento se concentre sólo en sus propios objetivos.

Los equipos de dirección transfuncional se centran en segmentos de la demanda o en los canales que sirven a esos segmentos. Dell Computer, por ejemplo, identifica ahora una docena de segmentos de negocio en Estados Unidos —incluyendo pequeñas empresas, atención sanitaria y consumo— según el fundador y director general Michael Dell. «Hemos descubierto que si segmentamos nuestro negocio, no sólo podemos subir más rápido, sino que empezamos a comprender las necesidades exclusivas de unos clientes específicos. En lugar de crear unidades funcionales que en realidad son demasiado grandes para gestionarlas y no se integran demasiado bien, dividimos y conquistamos el sector». La capacidad de Dell para saber más que sus competidores de sus clientes más rentables, no se habría producido, casi con toda certeza, en una estructura silo tradicional. Cada uno de los equipos transfuncionales a cargo de un segmento sirve las demandas específicas de sus clientes seleccionados. Este planteamiento es prácticamente imposible en una organización silo que sirve a un mercado a gran escala.

John Sculley, anterior director general de Apple Computer y presidente y director general, en el pasado, de PepsiCo, lleva la idea de los equipos transfuncionales un paso más lejos. Según Sculley, los equipos de trabajo transfuncionales que se forman para realizar un trabajo específico y luego se deshacen están sustituyendo a las organizaciones funcionales tradicionales. En muchos casos, esos equipos incluyen miembros de fuera de la organización. «Los miembros del equipo no tienen que ser, forzosamente, sólo los miembros de su compañía... pueden ser distribuidores, clientes y socios», dice Sculley.

Solectron Corporation, fabricante por contrato de ordenadores personales, fue la primera empresa que ganó el codiciado Malcolm Baldrige National Quality Award dos veces. Este premio, establecido en 1987, se ha convertido en el estándar más prestigioso de la excelencia y calidad entre las empresas de Estados Unidos y de todo el mundo. Las compañías que compiten por el galardón son evaluadas según siete rigurosos criterios, cuatro de los cuales reflejan los sistemas empresariales de que hemos estado hablando; clientes y mercado, gestión por procesos, desarrollo y gestión de recursos humanos e información y análisis.

Solectron atribuye su éxito a sus equipos transfuncionales centrados en el cliente. La empresa asigna cada cliente corporativo a un equipo que incluye personal de ventas, ingenieros, jefes de programa, compradores, representantes de calidad y empleados de la cadena de montaje. Uno de los miembros del equipo se comunica a diario con el cliente para prever y solucionar los problemas. Solectron tiene ahora sesenta y cinco equipos en activo. A los clientes se les pide que completen una ficha de información semanal sobre la actuación de la compañía. Una nota de B o menos pone en marcha un programa de mejora de calidad para el equipo; una C exige una revisión de urgencia. Desde el director general hasta los empleados de facturación, en Solectron se espera que todos se adelanten y respondan a lo que el cliente quiere y asuman un papel para llevarlo a la práctica.

Al pasar de un modelo regido por la oferta a otro regido por la demanda, es esencial que se asegure de que la propuesta que ofrece a sus propios empleados esté estructurada para premiar la estrategia de la demanda.

Piense en sus empleados como si fueran sus clientes principales y más importantes. Si ellos no comprenden su Estrategia de la Demanda y su propio papel para ponerla en práctica, no podrán satisfacer plenamente la demanda de los usuarios finales. A este fin, hemos ayudado a elaborar propuestas de valor, planes de motivación y estrategias de comunicación dirigidas a los empleados de empresas como Hilton Hotels, McDonald's y Sears, entre otras.

Por ejemplo, en nuestro trabajo con McDonald's descubrimos que muchos de los adolescentes que trabajan en sus restaurantes se sentían muy motivados por el reconocimiento personal, así como por la oportunidad de aportar algo a su comunidad. McDonald's utilizó esta información para aumentar la satisfacción en el trabajo, el rendimiento y la retención de los empleados.

Uno de los programas diseñados para capitalizar esta información, llamado Gifts of Joy, fijaba una meta para que cada restaurante vendiera un 10% más de vales de regalo McDonald's que el año anterior en el período navideño. Los empleados que vendían más vales recibían un reconocimiento especial del director y de todo el personal del restaurante. Igualmente importante era que, cuando el personal del restaurante alcanzaba su objetivo, McDonald's, en nombre de todo el personal, donaba hasta 250 dólares a la organización comunitaria que sus empleados eligieran.

Hemos descubierto que las empresas regidas por la demanda que elaboran y ponen en práctica una propuesta de valor para el empleado cuidadosamente estructurada tienen unos resultados mejores por empleado que sus homólogas. En McDonald's, los ingresos netos por empleado y la capitalización de mercado por empleado, por ejemplo, son 2,8 y 3,6 veces mayores, respectivamente, que las de sus competidores. Medtronic tiene unos ingresos netos por empleado 2,1 veces mayor que sus competidores y una capitalización por empleado 2,5 veces mayor que la de la competencia.

Es evidente que tener unos empleados entusiastas, bien preparados y respetados tiene sentido en el mundo de la empresa. También tiene sentido, estratégicamente, contar con los empleados más capaces posible en toda la organización. Llamada «La Guerra por el Talento» por la consultoría McKinsey & Company, la batalla para atraer y retener a personas con un talento superior —el próximo Jack Welch o Lou Gerstner— continúa pese a los cambios en las tasas globales de empleo. Hacer realidad una Propuesta de Valor atractiva para los empleados y una Estrategia de la Demanda que ayude a que la empresa supere a sus competidores, crea unas oportunidades estimulantes que atraen a los mejores profesionales.

Estrategias y sistemas tecnológicos

Los aspectos tecnológicos están estrechamente imbricados con las estrategias y sistemas operativos y organizativos. Pero aunque es relativamente fácil comprender cómo importantes operaciones y la propia organización van a responder a la demanda, puede ser más complicado ver la tecnología con la misma perspectiva. Muchos directores entienden la tecnología como un fin en sí misma.

En la Estrategia de la Demanda, el valor de la tecnología debe basarse en su capacidad para añadir un valor, real o percibido, que nos permita crear una oferta o un servicio que nos acerquen a satisfacer la demanda. Las consideraciones tecnológicas se refieren antes que nada a la tecnología de la información, pero incluyen también innovaciones en cualquier ámbito —fabricación, envasado, distribución— donde cree ventajas para satisfacer la demanda. Y se necesitan unos sistemas y unas estrategias específicas para explotar esas innovaciones.

Un ejemplo es Dell con su famoso modelo de fabricación sobre pedido y distribución directa, que Michael Dell llama el modelo de «demanda-oferta». Con este modelo, la empresa vende directamente a los clientes en lugar de pasar por los revendedores; esto permite una fabricación a medida a gran escala, basada en las necesidades del cliente, gracias a la capacidad de Dell para construir sobre pedido. Como los pedidos proporcionan una información continuada sobre los cambios en la demanda para Dell y sus proveedores de componentes, la empresa puede adelantarse a esos cambios y responder a ellos. Dell también actuó rápidamente para aprovechar las oportunidades de la venta on line. Durante el año fiscal de 2001, tuvo unas ventas medias diarias on line de unos 50 millones de dólares, que representaron el 50% del total de sus ingresos.

Como demostró Capital One, la fuerte inversión en una tecnología específica puede impulsar rápidamente a una empresa a lo más alto de su sector. Además de su asombroso manejo informatizado de las llamadas entrantes, el sondeo incesante, regido por la tecnología y basado en la información, aplicado a su base de clientes recoge y explota datos que le dicen qué productos serán los más rentables. A lo largo del año la empresa utiliza este sistema para poner a prueba unas cuarenta mil ofertas y afinarlas para que se adecuen a una serie de segmentos del consumo. Sus seis mil variantes de tarjetas de crédito Visa y MasterCard han llevado a la compañía más cerca de ajustar sus productos a los deseos del cliente de lo que nunca ha estado compañía alguna.

La tecnología puede rejuvenecer y transformar incluso a las empresas de más éxito. Medtronic, por ejemplo, identificó el potencial que ofrecía integrar las tecnologías de la información y médica para crear medios nuevos y mejores para tratar las enfermedades crónicas. El portal de Medtronic en Internet, Medtronic.com, proporciona información de sus productos y tratamientos tanto a los pacientes como a los médicos. También ha destinado 100 millones de dólares a una alianza con WebMD con el fin de permitir que los usuarios tengan acceso a información sobre Medtronic. Syl Jones, portavoz de la empresa comenta: «La gente descarga cada vez más información sanitaria de Internet. Se presentan en las consultas de los médicos, con resmas de papel, diciendo: "Quiero este marcapasos" o "Quiero este desfibrilador".»

Medtronic también está integrando su línea de productos en las nuevas tecnologías. Actualmente, está llevando a cabo ensayos clínicos con un aparato de control cardíaco de reciente implantación, llamado Chronicle, que transmite información esencial sobre el paciente a unos sitios seguros en Internet. Los médicos pueden, entonces, bajarse fácilmente la información y comprobar si hay alguna señal de alarma. Los beneficios para el paciente son enormes. Según los ingenieros de Medtronic, puede que no esté lejos el día en que un aparato para el corazón detecte un problema mientras el paciente duerme y avise, automáticamente, a una ambulancia para que preste la necesaria asistencia médica.

Sin embargo, permítasenos una breve advertencia respecto a los sistemas tecnológicos; si se tiene una información exclusiva sobre la demanda y una Propuesta de Valor para la Demanda convincente, la tecnología puede mejorar los resultados, como sucedió con Capital One, pero sigue siendo sólo un medio para conseguir el fin de satisfacer la demanda. Sólo con la tecnología no se puede resolver una mala adecuación fundamental a esa demanda ni reparar un modelo de negocio imperfecto. Debe mejorarse la tecnología una vez tengamos dispuesta nuestra Propuesta de Valor para la Demanda. La meta de la tecnología es mejorar cada una de las partes de nuestra propuesta; es decir, la fórmula duradera con la cual hemos decidido competir.

Para decidir cuales son las mejores estrategias y sistemas tecnológicos para nuestro negocio, debemos elaborar una base de datos del campo en que estamos, del segmento de la demanda que hemos elegido y de la exclusiva combinación de fuerzas de la demanda y factores de la oferta que actúan en nuestro mercado. Sólo entonces podremos ver y evaluar las oportunidades tecnológicas que se abren ante nosotros y decidir qué opciones nos proporcionarán las máximas ventajas para impulsar nuestra Estrategia de la Demanda. Esta evaluación también le mostrará la interacción de la nueva tecnología con nuestras investigaciones, nuestro contacto con el cliente y nuestros sistemas y estrategias operativas y organizativas.

Para ver cómo todos estos factores y los sistemas tecnológicos se aúnan para impulsar la ventaja competitiva, observemos el caso de Computer Discount Warehouse (CDW) Computer Centers, Inc., minorista de informática con sede en las afueras de Chicago. CDW es un ejemplo de cómo construir una empresa superior, dotada de un personal extraordinario y regida por la estrategia de la demanda, incluso en un sector de márgenes bajos.

El modelo de venta directa de CDW se centra en las televentas, los catálogos e Internet para vender más de sesenta y cinco mil ordenadores y productos relacionados fabricados por Compaq, Hewlett-Packard, IBM, Microsoft y Toshiba. Concebida en 1984 en torno a la mesa de la cocina del treintañero Michael Krasny, hoy CDW se ha convertido en una corporación de la lista Fortune 500, con unos ingresos anuales de casi cuatro mil millones de dólares.

Krasny comprendió que CDW tenía que permanecer centrada en el valor que añade cada día para ganar beneficios y triunfar como intermediaria minorista. Una de sus metas iniciales era competir en algo más que en precios. Como señala Krasny: «Cualquiera que intente construir un modelo de negocio, basándose estrictamente en los precios, fracasará. Hay que construir una empresa basada en el servicio y el valor para el cliente.» En muchos aspectos, CDW ejemplifica el éxito de los principios de la Estrategia de la Demanda.

CDW pule continuamente su planteamiento empresarial para añadir más valor a la propuesta que ofrece a organismos gubernamentales y a empresas pequeñas y medianas, que representan el 96% de sus ventas. Una de estas adiciones es la oferta de asesoría experta y pericia para resolver problemas a las pequeñas empresas que lidian con problemas de las tecnologías de la información.

«En una empresa pequeña o mediana —explica Gary Ross, portavoz de CDW— puede que el director de informática se haya presentado voluntario para el puesto. En una empresa diminuta, de unas diez personas, por ejemplo, quizás era el único que sabía un poco de ordenadores, así que lo "eligieron" para que comprara el equipo tecnológico, además de seguir con su trabajo habitual».

Hoy, CDW funciona como si fuera una extensión del departamento de informática de una empresa.

CDW también ha sido pionera en la creación y mantenimiento de extranets para sus clientes —sitios seguros, hechos a medida de cada empresa— que les permiten seguir la pista a los pedidos recibidos, gestionar sus activos tecnológicos, configurar y ordenar *hardware* y *software* y ofrecer un acceso inmediato a unos directores de cuentas entregados a su trabajo.

«Queremos ofrecer prácticamente cualquier información sobre nuestras cuentas que ayude a mejorar nuestro servicio», observa el director general de información Jim Shanks. Cuando un usuario envía un *e-mail*, la extranet lo señala automáticamente como máxima prioridad para el receptor a que va destinado. Los entregados directores de cuentas revisan todos los pedidos recibidos por la extranet y se aseguran de que las nuevas peticiones sean compatibles con el equipo encargado anteriormente. Realizan, asimismo, otros controles de calidad. Las extranets están plenamente integradas en el resto de las operaciones de CDW con el fin de aumentar la eficacia operativa.

Para tener éxito en su segmento objeto, CDW mantiene un delicado equilibrio. Tiene que proporcionar un servicio excepcional —asesoría experta, disponibilidad del producto, envío dentro del mismo día y ayuda técnica sin límite de tiempo— a unos clientes conscientes del valor que, con frecuencia, disponen de recursos económicos limitados. Crear valor para los clientes y para la misma empresa, a la vez, exige una firme disciplina en todos los aspectos del negocio.

En el segmento de CDW hay una fiera competencia por parte de empresas como Dell y Gateway, que fabrican sus propios productos, y por revendedores por Internet y catálogos como PC Connection. CDW funciona también bajo la agobiante amenaza de la caducidad de las existencias, un peligro constante en el mercado informático que cambia tan rápidamente y donde tanto el *hardware* como el *software* quedan desfasados en muy poco tiempo.

Por necesidad, el sistema de negocios de CDW está precisamente afinado para rendir un alto servicio a bajo coste. Consigue proporcionar canales de entrega directos y cómodos, personal técnico y de ventas experto y bien preparado y los productos adecuados y lo hace en un paquete fuertemente integrado.

De hecho, todo el modelo operativo de CDW está estructurado en torno a lo que llama su «Círculo de Servicio», que empieza en los consumidores y detalla todos los aspectos del servicio que se proporciona al cliente. Al ofrecer constantemente el servicio de calidad que sus clientes exigen, CDW se gana la fidelidad y la repetición de pedidos que cierran el círculo. Los empleados comprenden que si el servicio falla en cualquier punto del proceso, el círculo se rompe y la empresa, probablemente, habrá perdido una venta y un cliente. En tanto que estructura para el modelo de negocio de CDW, el Círculo de Servicio es tan importante que está impreso en el reverso de las tarjetas de empresa de los empleados.

Los clientes de CDW exigen disponibilidad del producto, preparación a medida y envío dentro del mismo día. Para que sigan satisfechos, CDW analiza la demanda en tiempo real para asegurarse de tener a mano las existencias necesarias. Cuando entra un pedido, si el producto se tiene en inventario —como es el caso en el 80% de todos los pedidos— se saca inmediatamente de almacén. Si el producto no está disponible, el sistema determina automáticamente cuál es el medio más rápido de hacérselo llegar al cliente.

Una vez se ha conseguido el producto, el sistema de pedidos determina si se va a enviar tal como está o si hay que adaptarlo a las necesidades del usuario. A una velocidad extraordinaria, automáticamente, el almacén de CDW envía los productos que necesitan esa adaptación a los técnicos, quienes lo preparan según las especificaciones exactas recibidas; le incorporan *software,* añaden memoria o configuran el producto para que encaje en la red informática con que cuenta el cliente. Una vez adaptado el producto, se expide desde su centro de distribución de 42.000 metros cuadrados. Su exclusivo sistema de almacenaje y cumplimiento de pedidos, automatizado y dotado de la técnica más moderna, permite que la empresa renueve su enorme inventario veintiséis veces al año.

En lugar de organizarse en torno a productos o zonas geográficas, CDW se centra únicamente en satisfacer la demanda de sus clientes. Para mejorar el servicio, asigna un ejecutivo de cuenta a cada empresa y cliente gubernamental, sin tener en cuenta el tamaño de los pedidos.

Los expertos técnicos y el personal administrativo colaboran con los ejecutivos de cuentas para garantizar que el cliente recibe exactamente el equipamiento adecuado, en el momento preciso.

Los ejecutivos de cuentas de CDW son cuidadosamente investigados antes de ser contratados. Los conocimientos técnicos no son un requisito previo esencial. CDW ha descubierto que la actitud y la habilidad en el trato con el cliente y en las ventas son unos indicadores mejores del éxito futuro.

Una de las razones de que CDW pueda ofrecer un nivel tan alto de servicio con unos costes rentables son sus sistemas de información. Estos detallados sistemas de seguimiento permiten que cada director de ventas controle y prepare hasta veinticinco ejecutivos de cuentas, en lugar de los diez que podía gobernar en el pasado.

La empresa respalda el servicio de sus ejecutivos de cuentas con una ayuda técnica durante toda la vida del producto llamando a un número de teléfono gratuito y prestada por un personal altamente cualificado. Expide el mismo día un 97% de los pedidos con existencias y crédito aprobado. Las importantes inversiones de CDW en servicio de calidad le han compensado generosamente; los niveles de satisfacción del cliente son tan altos que generan unos porcentajes de repetición de compras que llegan al 80 o 90% de las ventas.

Sin duda alguna, una de las claves del éxito de CDW es su intenso y amplio programa de formación, que se lleva a cabo en la CDW University, modelada según la McDonald's Hamburger University. En ella se proporciona a los empleados recién contratados una formación que dura entre tres y cinco meses, a jornada completa y con la totalidad del salario. Los directores de cuentas, que tan fundamentales son para el éxito de la compañía, se forman en la Escuela de Ventas de la Universidad, y en la Facultad de Tecnología se ofrece formación inicial y continuada para los contratados para puestos de ayuda técnica.

Esta formación es intensiva y rigurosa, con pruebas diarias y asistencia obligatoria. El personal profesional de formación de CDW imparte las clases, ayudado por muchos de los distribuidores que venden productos a través de CDW. La primera fase de la formación se centra en la propia CDW y su Círculo de Servicio, así como en la cultura de la empresa y en los productos que vende. La segunda fase tiene lugar en uno de los dos establecimientos de exposición y ventas de la compañía y está pensada para ayudar a los aprendices a conseguir destrezas relacionales a través del trato con verdaderos clientes. La última fase se dedica a la tecnología y enseña a los futuros directores de cuentas cómo orientar a sus clientes en temas y problemas técnicos. El proceso de formación que empieza en CDW University continúa de forma semanal incluso después de la graduación.

Para conseguir retener a sus empleados bien preparados y muy valiosos, CDW les ofrece un gimnasio, guardería infantil, cenas gratis para los empleados del turno de noche y servicios de tintorería. Estos servicios ayudan a explicar la presencia de la compañía, durante los últimos tres años, en la lista de *Fortune* de las cien mejores empresas para trabajar.

Para acrecentar la importancia del servicio, centro de su propuesta de valor, CDW integra rigurosamente la tecnología en el resto de sus operaciones. Para mejorar el servicio al cliente, la empresa tomó deliberadamente la decisión de idear su sistema dentro de la empresa, en lugar de usar un conjunto de *software* externo. Como explica Jim Shanks: «Una solución ya preparada puede dictar qué puedes y qué no puedes hacer, cómo manejas a un cliente o una situación. No era eso lo que queríamos. Nuestro sistema es una ventaja competitiva.»

CDW mantiene un almacén de datos CRM (Customer Relationship Management), actualizado al minuto, que capta la información del cliente y la guarda para que pueda acceder a ella cualquier empleado de la empresa. Esto facilita una información a fondo de las necesidades del cliente, garantiza un servicio sin altibajos para todas las secciones de CDW y mejora el servicio general al cliente. Unos enormes sistemas de seguimiento de la información miden continuamente referencias clave del rendimiento, como llamadas por asociado de ventas, promedio de llamadas, tamaño de los pedidos y rapidez con que los diferentes productos salen de las estanterías. El sistema de CDW sigue muy de cerca la demanda y puede adaptar rápidamente precios y comercialización para mantener el equilibrio del inventario. Por ejemplo, los artículos que se venden más lentamente de lo previsto originalmente pueden ofrecerse a precios reducidos. Por supuesto, las medidas de servicio al cliente son también observadas atentamente; unos monitores de ordenador situados fuera del despacho de Krasny muestran cuánto tiempo tienen que esperar los clientes para hablar con un representante. Algunas veces, si la espera se hace demasiado larga, el propio Krasny se hace cargo de la llamada.

Al igual que Capital One, el sistema de CDW le ayuda a satisfacer la demanda objetivo de maneras que fomentan su ventaja competitiva en el sector. Además, CDW perfecciona continuamente sus operaciones, organización y tecnología integradas a fin de mejorar el servicio al cliente y aumentar la eficacia. Harry Harczak Jr., director general de finanzas, explica: «Somos uno de los fabricantes que produce a más bajo coste del mercado. Concentrar todas nuestras actividades administrativas, de almacenaje y de ventas bajo un único techo nos aporta un máximo de eficacia con un mínimo de capital. Esto es esencial cuando estás en un sector como el nuestro, donde los precios no dejan de bajar.» En verdad, entre 1996 y 2000, CDW aplicó sus sistemas de información con tanto éxito que sus gastos de explotación, calculados como porcentaje de los ingresos, bajaron desde el 7,1 al 6,5 por ciento, aun cuando se triplicó el número de vendedores.

Siete maneras de satisfacer la demanda

Basándome en mi experiencia con muchas de las primeras corporaciones de la nación, he compilado una lista de siete máximas o prácticas óptimas para crear los sistemas de negocio que son necesarios para implantar con éxito una Estrategia de la Demanda. Mientras trabajamos para elaborar los sistemas de investigación y contacto con el cliente, los procedimientos operativos, los sistemas organizativos y el apoyo tecnológico, no olvidemos estas siete prácticas óptimas:

1.   Mientras creamos nuestro sistema de negocio, es esencial que no perdamos de vista las fuerzas y los factores más amplios que moldean la demanda. Nuestra información sobre la demanda, que incluye identificar a los clientes más rentables y formular la propuesta de valor que mejor satisfaga sus exigencias, nos proporciona los planos que seguiremos para su implantación.

2. Es necesario que nos centremos en la experiencia total con el cliente; cualquier relación con los consumidores es una oportunidad para aprender más sobre la demanda y afinar nuestros sistemas para satisfacerla. Es esencial comprender qué es lo que más les importa a los clientes y descubrir dónde hay desfases reales o potenciales en nuestra capacidad para dar respuesta a sus expectativas.

3. Hemos de comunicar la Estrategia de la Demanda y la Propuesta de Valor para la Demanda a todos los miembros de la empresa y comprometer, dar poder y motivar a la organización para que les dé cumplimiento. La satisfacción exitosa de la Estrategia de la Demanda empieza con sus empleados, no con sus clientes.

4. Para satisfacer las demandas de nuestros clientes más rentables, quizá tengamos que establecer asociaciones y acuerdos de contratas externas en lugar de hacerlo todo dentro de nuestra empresa.

5. Hemos de crear planteamientos y sistemas de negocio diferenciados que encajen en nuestra Propuesta de Valor para la Demanda. Nuestras inversiones deberían impulsar aquellos beneficios que tengan más sentido para los segmentos del consumo que queremos captar y que nos harán destacar de entre nuestros competidores.

6. Hemos de buscar la eficacia en todos nuestros sistemas. Que nos rija la demanda no significa que no prestemos atención a los costes. Nuestra empresa debe esforzarse por alcanzar una gestión de costes eficaz, especialmente en los gastos que no añaden valor para el cliente y no están en línea con los promedios del sector.

7. Hemos de mejorar continuamente los sistemas. Todas nuestras estrategias y sistemas, especialmente los aplicados a la recogida de datos, deben afinarse de forma continuada para seguir siendo competitivos.

En el siguiente capítulo analizaré los recursos físicos, financieros e intelectuales necesarios para lograr que la Estrategia de la Demanda funcione a plena potencia y la forma de asignarlos.

8

Quinto y Sexto Principios

Asigne sus recursos y ponga en práctica su Estrategia
de la Demanda

Hace mucho tiempo, alguien que jugó un papel muy importante para que yo comprendiera cómo funciona la economía, me preguntó: «¿Cuál es la tarea más importante que un director general realiza?»

Le ofrecí una letanía de respuestas, entre ellas estrategia, finanzas, personal y fabricación. Pero a cada una me respondía con una sonrisa y un enérgico movimiento negativo de la cabeza, indicando que no, que tampoco era eso.

Cuando me rendí, admitió que todo lo que yo había mencionado era importante, pero que la tarea más importante de un director general era la asignación de recursos. Si se hace correctamente, se le da a la organización la mejor posibilidad de llevar adelante sus planes estratégicos y tácticos. Pero si los fondos se asignan erróneamente, no hay prácticamente ninguna probabilidad de que la empresa funcione de forma óptima.

Asignar recursos correctamente significa utilizar nuestro dinero, los conocimientos de nuestros empleados y los recursos intangibles como el valor de marca, el capital intelectual y las relaciones con los clientes para conseguir el máximo beneficio económico y tener una mayor repercusión en el mercado que nuestros competidores. También significa reunir los datos suficientes para permitir que los directores se dediquen plenamente al desarrollo y a un rendimiento constante, al tiempo que ofrecen a los altos cargos la seguridad de que los recursos proporcionados son los adecuados para alcanzar los objetivos acordados. Es necesario seleccionar las inversiones acertadas y conseguir el máximo rendimiento de cada asignación con eficacia. La clave reside en decidir las prioridades.

Creo que en la economía de la demanda, el margen para el error en el ámbito de la asignación de recursos se ha reducido drásticamente. Los productos tienen unos ciclos de vida más cortos, los consumidores pueden comprar y comparar precios con mayor facilidad que nunca y el mismo exceso de oferta reduce ese margen para el error.

En la economía de la oferta, los productos no comprados se iban rebajando progresivamente, pero finalmente alguien los compraba, porque el nivel de la demanda iba muy a la par del de la oferta. Ahora no es así. En la economía de la demanda, una empresa debe comprender qué quieren los segmentos de la demanda que quiere captar o sufrirá el castigo de tener muy pocos compradores para una parte muy significativa de sus mercancías o servicios.

A lo largo de este libro he afirmado que, para tener éxito en la economía de la demanda, es obligatorio comprender la demanda antes de crear la oferta. En ningún lugar es esto más evidente o aplicable que en las decisiones relativas a la asignación de recursos. Estas decisiones, que son de una importancia crítica, deben basarse en un exhaustivo conocimiento de la demanda y en una sólida base de datos. Es más, si seguimos el procedimiento y la disciplina de crear una Estrategia de la Demanda, decidir cómo asignar los recursos tendría que ser mucho más claro y ofrecer la garantía de un mayor éxito.

La tarea más importante para los directores de alto nivel que tienen que dotar de fondos a más de un producto o servicio es abordar la asignación de recursos como medio de definir las prioridades de una cartera de negocios. Con demasiada frecuencia, hay oportunidades que prometen un crecimiento y unos beneficios altos y que mueren por falta de alimento, un alimento que va a otros negocios con márgenes y crecimiento bajos. Este error debilita a la empresa de alto potencial mientras destruye valor al invertir, constantemente, fondos y capacidad de gestión en un mal negocio. Con mucha frecuencia, el auténtico problema al que se enfrentan la mayoría de empresas no es la limitación de recursos, sino una escasa información sobre la demanda y sobre cómo utilizar esos recursos.

En un libro que tuvo mucha influencia, *Value Imperative*, la empresa de consultoría Marakon Associates presentaba su fundamental descubrimiento relativo a la asignación de capital a diferentes unidades de negocio: «Prácticamente en todas las empresas que conocemos, incluyendo compañías que están muy bien dirigidas en la mayoría de aspectos, el 100% del valor creado se concentra en menos del 50% del capital empleado. Eso significa que, año tras año, los recursos se entregan a actividades que consumen valor.» En un caso, los investigadores se encontraron con que en una compañía de Estados Unidos, grande y «sana», con un rendimiento del capital previsto en más del 20%, sólo un 24% del nuevo capital y un 21% de I+D respondía del 100% del valor de la compañía. En el otro extremo del espectro, el 56% del nuevo capital y el 47% de I+D reducían realmente el valor en un 42%.

En muchos países, especialmente en Estados Unidos, los recursos pensados para impulsar el crecimiento se usan en fusiones y adquisiciones (F&A). Aunque hay muchos ejemplos de F&A de enorme éxito, son la excepción, no la regla. Creo que una de las principales razones del fracaso de tantas F&A es que se rigen por la oferta y no por la demanda. Con frecuencia, se basan en impulsar sinergias de explotación y ahorro de costes en toda la cadena de la oferta. En muchos casos, esto tiene como resultado una capacidad mucho menor para satisfacer la demanda del consumidor, como hemos visto en la banca minorista. La manera acertada de lograr que las F&A tengan éxito es asegurarse de que mejoran la capacidad de servir a la demanda más rentable.

En los últimos quince años, una serie de teóricos y empresas de consultoría han estudiado los resultados de cientos de fusiones y adquisiciones aplicando criterios como el aumento del valor para el accionista y la capacidad de recuperación de la inversión de capital a fin de medir el éxito de las F&A. Estos estudios descubren repetidamente que, en el mejor de los casos, sólo la mitad de las F&A tiene éxito. En realidad, muchos estudios desvelaron que dos tercios o más no habían conseguido recuperar el desembolso de capital.

Quedé muy sorprendido cuando vi estos datos por primera vez, hace varios años, pero pensándolo bien tienen sentido. La dificultad de integrar diferentes culturas, personas, sistemas de negocio y filosofías hace que lo que parece bueno sobre el papel resulte muy problemático en cuanto a su ejecución. Un reciente estudio realizado por la Southern Methodist University desveló que la gestión posterior a la fusión suele centrarse en reducir los costes por medio de las sinergias de explotación. En realidad, la necesidad de recoger inmediatamente unos ahorros de gastos, que suele ser la base para la fusión o adquisición, puede acabar siendo una desviación tan importante que el crecimiento de los ingresos disminuye respecto a los niveles anteriores a la F&A.

Considerando los problemas relacionados con la F&A, creo que, en la mayoría de casos, la manera más segura de tener éxito es permitir que nuestro actual negocio crezca orgánicamente por medio de una estrategia y ejecución superiores y una asignación adicional de recursos. Si se presenta una oportunidad adecuada, podemos adquirir pequeñas empresas prometedoras, que serán mucho más fáciles de integrar y que todavía tendrán por delante su crecimiento óptimo. Por otro lado, otras opciones diferentes de la F&A, por ejemplo las alianzas estratégicas y las empresas conjuntas, pueden ayudar a generar crecimiento y ganar valor sin añadir posibles problemas relacionados con la F&A.

Por supuesto, no es mi intención decir que las fusiones y adquisiciones no son nunca un vehículo acertado para crecer. Pero los datos indican que la mala gestión, la falta de capacidad para integrarse y un rendimiento decepcionante obstaculizan el crecimiento y los beneficios, pese a los numerosos ejemplos existentes de éxito en las F&A. Aplicar recursos a actividades de expansión en las áreas en las que descollamos, puede ser el mejor medio para crecer orgánicamente, tener más control sobre los resultados y aumentar el valor para los accionistas. Wall Street recompensa de forma desproporcionada el crecimiento rentable, más que el recorte del gasto del que dependen muchas fusiones y adquisiciones.

La Estrategia de la Demanda permite que una empresa bien gobernada reduzca los costes y aumente los ingresos, los márgenes y los beneficios. Una vez que empecemos a dirigir nuestra empresa como estrategas de la demanda, encontraremos diversos medios eficaces para asignar los recursos, como resultado de las decisiones estratégicas que tomemos respecto a los segmentos específicos de la demanda que queramos captar, la Propuesta de Valor para la Demanda que hayamos creado y los sistemas de negocio que la sustenten. La promesa sólo podrá hacerse realidad si contamos con la disciplina y la excelencia ejecutora indispensables para dar los pasos estratégicos y tácticos que le indicamos aquí.

La Estrategia de la Demanda permite poner en práctica ahorros en los costes, desplegando los recursos según la demanda. En otras palabras, si gastamos la suma adecuada en lo que nuestro segmento de la demanda valora y muy poco en lo que no valora, recogeremos el máximo beneficio para nuestra inversión. Un ejemplo que ya he comentado es el de nuestro cliente, la compañía aérea, que se dedicó al 9% de los usuarios que volaban con frecuencia. Entre la vasta mayoría de viajeros, incorporar sistemas de entretenimiento en cada asiento era una prioridad. No obstante, para el 9% más valioso, estos sistemas no influían en absoluto en qué línea aérea elegían. Usando esta nueva información, la compañía frenó la importante inversión en sistemas de entretenimiento que estaba a punto de hacer. En cambio, invirtió en las cosas que más importaban a los clientes que le interesaban y mejoró su negocio con ellos de forma espectacular.

Nuestro trabajo con una revista de información nacional nos ofrece otro ejemplo. Esta revista tenía problemas para conectar con una demanda, las familias, que estaba convencida de que existía. Como la mayoría de organizaciones, los directores competían por unos recursos limitados para sus proyectos específicos y captar a esas familias lectoras representaba sólo una de las posibilidades que necesitaban financiación. No obstante, el presidente de la revista estaba convencido de que las familias eran fundamentales y que la dirección necesitaba más atención y recursos para llegar a ellas. Nuestro análisis de la demanda demostró que tenía razón.

Al igual que sucede con muchas publicaciones de interés general, los lectores de nuestro cliente tendían a ser mayores. La edad media de los suscriptores era de casi cincuenta años y la mayoría eran de hogares que los hijos ya habían abandonado. Esta base de suscriptores plantaba tres problemas críticos para el éxito continuado de la revista. Primero, muchos anunciantes querían llegar a las familias jóvenes, en lugar de a consumidores de más edad, porque suelen ser los consumidores más valiosos de productos y servicios, desde coches y ordenadores hasta cereales y asesoría en inversiones. Segundo, los clientes de edad de la revista eran los más susceptibles de dejar la suscripción con el tiempo y, dado que la revista tenía poco éxito entre las familias jóvenes, había pocos lectores nuevos para sustituir a los suscriptores cuando estos desaparecieran. Por último, descubrimos que era más probable que quienes crecían con la revista en sus casas se convirtieran en clientes de esa clase de publicaciones y de la propia revista en concreto. Para complicar las cosas, las anteriores campañas para ganar familias lectoras había fracasado en gran medida.

En el curso de nuestro trabajo, averiguamos que la definición de familias —cualquier hogar con hijos— impedía hacer un intento serio para dar el Paso n.º 2; es decir, identificar a los clientes más rentables y conseguir información sobre su demanda. Asimismo, su muy vaga definición de «familia» estaba haciendo que las suscripciones disminuyeran, porque no era posible detectar las necesidades de las familias más valiosas para la revista y, por lo tanto, no se les ofrecía un buen servicio.

Para superar estas formidables barreras, identificamos diferentes segmentos de familias y conseguimos comprender sus distintas motivaciones y lo que querían de la revista. Los clientes más valiosos para la revista eran familias «ardientes lectoras de noticias»; es decir, personas interesadas en los sucesos y noticias de actualidad, especialmente cuando se referían al ámbito familiar.

Estas familias encontraban muy interesantes los infrecuentes artículos sobre temas relacionados con la familia, pero se sentían frustrados porque sólo se publicaban de vez en cuando. Además, descubrimos que los segmentos con hijos pequeños estaban especialmente interesados en disponer en casa de la premiada versión para niños que, en aquel momento, sólo se distribuía en las escuelas.

Con la nueva definición de «familia» y la nueva información sobre sus demandas, encaramos las necesidades de las familias más valiosas de nuestro cliente y asignamos los recursos apropiados para conquistarlas. Añadimos cobertura de temas relacionados con la familia, incluyendo una página semanal sobre familias y preparamos más temas de portada con ese grupo en mente. A continuación utilizamos nuestro profundo conocimiento de las necesidades del grupo y elaboramos nuevas ofertas y preparamos unas fuertes campañas de marketing directo que atrajeron a un número récord de familias.

Según mi experiencia, el principio más importante en cuanto a la asignación de fondos debe ser contar con una base de datos rigurosa que abarque la demanda pasada, actual y naciente. La base de datos necesaria para optimizar las decisiones en este campo se deriva del tipo de análisis que son fundamentales para la Estrategia de la Demanda. Basándonos en esto, mis colegas y yo hemos elaborado varios principios para orientar unas decisiones más eficaces en la asignación de recursos.

1. Tanto la demanda actual como la naciente deben evaluarse cuando se toman decisiones relativas a la asignación de recursos.

   En la economía de la demanda, los ciclos de vida de un producto son más cortos que nunca, haciendo que resulte imperativo comprender cómo los cambios en la demanda pueden influir en la rentabilidad de nuestro negocio actual. Además, la demanda y la oferta deseada deben comprenderse plenamente antes de invertir en productos o servicios que pudieran quedar desfasados rápidamente.

2. Las decisiones relativas a la asignación de recursos deben apoyarse no sólo con dinero y personas sino con todos los activos de la compañía, incluyendo marcas, talento, capital intelectual y relaciones clave.

   Aunque la mayoría de empresas se centran en los activos tangibles del dinero y las personas, los intangibles pueden impulsar el éxito con igual o mayor fuerza. Para muchos negocios, su marca patentada es el activo más valioso y duradero que poseen.

3. Es esencial comprender las actividades clave que impulsan la distribución de la demanda en un negocio. Una vez comprendidas, es preciso cuantificar el rendimiento de la inversión en cada uno.

Para tener éxito, hay que comprender claramente las características y actividades —servicio, comodidad, rasgos del producto, preparación a medida y otros beneficios— que rigen la demanda en un negocio y la forma en que la inversión en áreas clave puede mejorar los resultados.

Con estos principios como marco, ahora es posible determinar cómo distribuir los recursos. Aunque no hay respuestas fáciles, hay varios criterios que ayudarán a calcular qué porcentaje de los recursos totales es el acertado para que cada negocio se nutra según su contribución a los beneficios de la compañía. Estos criterios son los siguientes:

- Efecto de los diversos fuerzas y factores en la empresa.
- Tamaño actual y crecimiento potencial de la empresa.
- Rentabilidad actual y esperada.
- Cambios en el tamaño del segmento o segmentos que quiere alcanzar cada unidad de negocio.
- Cambios en la cuota de mercado, en la cuota de la demanda o en la naturaleza de los competidores.
- Tamaño y crecimiento de la demanda naciente respecto a la demanda actual.
- Capacidad para diferenciarse de los competidores.
- Nivel de protección contra la competencia.
- Competencias fundamentales.
- Actividades competitivas.
- Canales de distribución.
- Márgenes de beneficio.
- Porcentaje de la cartera que se quiere arriesgar.

Realmente, si estudiamos atentamente las empresas que crecen ininterrumpidamente, veremos que comprenden mucho más ampliamente sus negocios y tienen una idea más firme de la forma en que van a evolucionar que sus competidores. Una de las maneras de actuar distintivas de las empresas regidas por la demanda, y que son resultado de los análisis de las fuerzas y los factores que realizan, es que comprenden la demanda tanto actual como naciente; es decir, estas empresas piensan en sus empresas en términos más amplios. Como comprenden los impulsores clave de la demanda actual y naciente, pueden incorporar rasgos específicos a sus productos, mejorar el servicio al cliente, ampliar la distribución o explotar el capital de sus marcas, entre otros factores. Pueden determinar cómo usar de forma óptima sus recursos para alcanzar sus objetivos. Por todo ello, están en disposición de medir, de forma continuada, el efecto que puede tener la asignación de recursos que decidan y hacer cualquier ajuste necesario.

Por ejemplo, algunas empresas planifican tan bien y con tanta antelación que cuando introducen un nuevo producto en el mercado, ya tienen planeadas varias generaciones posteriores de ese producto. En Medtronic, no se puede comercializar ningún producto a menos que se hayan planeado y aprobado cuatro generaciones del mismo. Esto obliga a pensar de forma dinámica y con mentalidad de futuro. Por desgracia, lo más frecuente es que las empresas sólo piensen en un futuro a uno o dos años y sus medidas y asignación de recursos giran en torno a la realización de esos planes.

Hay muchas herramientas, basadas en la informática que ayudan a dar forma a las complejas compensaciones que entraña la asignación de recursos. Uno de esos instrumentos vincula los modelos financieros tradicionales con los factores estratégicos que impulsan el coste y los ingresos en la empresa. Puede proporcionarnos estados de pérdidas y ganancias en el segmento del consumo y elevarlos al nivel de la compañía. Dado que es posible cambiar los supuestos dentro del modelo, se pueden construir escenarios que evalúen cuantitativamente el efecto de las inversiones en la construcción de marca, desarrollo de productos, delimitación de clientes objetivo, adecuación de la cartera y de los canales, etcétera.

Una empresa puede, por ejemplo, utilizar este planteamiento para crear un plan de asignación regido por la demanda y cuyo objetivo sea aumentar el valor para el accionista. Los directivos pueden idear asignaciones de recursos alternativas y decidir la repercusión que cada una tendría en los principales impulsores del negocio.

Durante su estancia profesional en General Foods, Kraft y Nabisco, Jim Kilts, director general de Gillette, se ha ganado una sólida fama por su capacidad para dar la vuelta a marcas, negocios y corporaciones enteras con malos resultados. Su planteamiento refleja los principios fundamentales de la Estrategia de la Demanda.

Kilts es quizá más conocido por el giro, enormemente exitoso, que dio a Nabisco. Vendió empresas periféricas como Fleischmann, manteles, y College Inn, sopas. Como resultado, Nabisco pudo centrarse en el grupo fundamental, galletas (dulces y saladas, entre ellas Oreo y Ritz) y en el grupo de alimentación de Estados Unidos (incluyendo Planters y la mostaza Grey Poupon). En diciembre de 2000, después de que Nabisco mejorará de forma importante sus ventas y beneficios en EE.UU., fue adquirida por Philip Morris por una suma superior a diecinueve mil millones de dólares.

Una de las primeras cosas que Jim Kilts mira en cualquier negocio es cómo se utilizan los recursos. Como él mismo señala: «La mayoría de empresas se meten en problemas no porque cometan un error garrafal, aunque eso también pasa a veces. Lo más frecuente es que se metan en aprietos debido a una sucesión de decisiones bienintencionadas pero erróneas que se acumulan hasta que resulta muy difícil desenmarañar el problema.»

Kilts ha aportado una forma clave de entender la asignación de recursos; es lo que describe como «El Círculo de la Fatalidad». Por desgracia, muchas empresas se embarcan en una espiral descendente, fijando unos objetivos poco realistas al iniciar el proceso de asignación de recursos. Según Kilts: «Cargadas de objetivos que son imposibles de alcanzar, las empresas tienden a tirar dinero al problema. Aumentan los gastos generales y se asigna capital extra. Luego, a fin de recoger beneficios frente a un déficit en las ventas, se suben los precios. Cuando esos precios más altos provocan una caída aún mayor de las ventas, se recorta el presupuesto de marketing y se utilizan fondos para sostener los resultados finales. Pese a todos esos esfuerzos, las ganancias de la empresa siguen sin alcanzar la valoración de Wall Street. Y el Círculo de la Fatalidad se perpetúa y profundiza.» Una comprensión de la demanda basada en datos —que impulsa la demanda, con qué velocidad es probable que crezca y cuáles son sus posibilidades específicas— es un medio importante de identificar unas oportunidades realistas para crecer y ser rentables.

Cuando una corporación desembolsa dinero, ese dinero puede ser una inversión o un gasto. Si clasifica adecuadamente cada asignación, la tarea de asignar recursos será mucho más fácil. No obstante, esas clasificaciones no siempre son claras. Mientras que, a efectos de contabilidad, puede considerar que el desembolso en, digamos, formación es un gasto, en realidad es una inversión en las personas, productos y el futuro. En general, los gastos son costes que se deberían minimizar; siempre que se pueda obtener el mismo beneficio a menor coste, mejor para la compañía. Por el contrario, las inversiones deben optimizarse proporcionando fondos para maximizar los beneficios hasta el momento en que los incrementos de rentabilidad que se recojan empiecen a ser menores.

La Estrategia de la Demanda puede ayudarnos a asignar los recursos revisando lo que impulsa la demanda actual y naciente y permitiendo que los directivos estudien, sobre modelo, el efecto de asignaciones de recursos alternativas y vigilen los resultados de forma continuada. En cambio, muchas compañías toman decisiones cruciales en este terreno basándose en lo que impulsaba la demanda en el pasado o, simplemente, aumentando el presupuesto del año anterior según la inflación.

Un análisis de las diferencias suele ser un buen medio para identificar problemas y prioridades críticas en la asignación de recursos. Hay varias maneras de realizarlo. Una es identificar las diferencias de rendimiento entre la propia compañía y las de la competencia. En la Estrategia de la Demanda, ese análisis observa el rendimiento en cada plataforma de nuestra PVD respecto al de nuestros competidores. Probablemente esos análisis proporcionarán una información significativa sobre los resultados de nuestro negocio, así como del de nuestros competidores. Quizá haya que establecer la comparación con una categoría particular de otros sectores más que con la competencia directa.

Por ejemplo, al medir el servicio al usuario, una empresa del sector de las telecomunicaciones, cliente nuestra, observó con orgullo que proporcionaba el mejor del sector. Por desgracia, los clientes no estaban en absoluto satisfechos del servicio de ninguna de las compañías de telecomunicaciones y la relativa superioridad de nuestro cliente no representaba una diferencia significativa. El baremo para medir el servicio al cliente vino de los grandes vendedores detallistas por catálogo, como L. L. Bean, y de almacenes como Nordstrom.

Se empieza un análisis de las diferencias haciendo un inventario de las iniciativas y la utilización de los recursos existentes. Es importante observar de nuevo las actividades de nuestra compañía a la luz de los objetivos señalados por la Estrategia de la Demanda y por cualquier nuevo competidor. Un análisis concienzudo producirá cuatro tipos de información:

1. Sistemas y actividades que se adecuan a la Estrategia de la Demanda y que se deberían proseguir o incluso aumentar.
2. Actividades que es necesario revisar hasta cierto punto para adecuarlas a la Estrategia de la Demanda.
3. Iniciativas inconsecuentes con la Estrategia de la Demanda que se deberían eliminar por completo.
4. Sistemas y actividades esenciales para ejecutar la Estrategia de la Demanda inexistentes y que se deben desarrollar.

La Propuesta de Valor para la Demanda es su guía. Al escribir el plan de negocio, el director puede determinar si una actividad encaja específicamente en cualquiera de las plataformas de su PVD. Si no es así, probablemente no tendría que formar parte del plan. Los directores de alto nivel, utilizan la PVD para juzgar cada gasto, basándose en si hará, o no, que la empresa avance hacia sus metas de aumento de ventas y rentabilidad.

Un análisis de las diferencias ayuda a fijar prioridades en relación con la propuesta de valor para la demanda e identificar dónde hay que cambiar, desarrollar o descartar estrategias y sistemas de negocio.

El siguiente paso es utilizar los resultados del análisis para crear una serie de proyectos y actividades que puedan llevarnos desde donde estamos actualmente hasta donde queremos estar. Esos proyectos están diseñados para reforzar o diferenciar una o más de las plataformas de la Propuesta de Valor para la Demanda, por medio de la formación, de sistemas de negocio específicos o de inversiones en activos físicos o informativos.

Llegado este punto, es preciso evitar la trampa de elegir y asignar recursos por costumbre. Son demasiadas las compañías que se limitan a asignar fondos a las mismas actividades cada año, sin abordar sus diferentes necesidades ni prioridades para tener éxito. Las decisiones sobre dónde asignar fondos deben descansar en una base de datos y en un análisis económico amplio que muestre cómo se adecua cada inversión a la demanda que se quiere alcanzar. El análisis debería señalar el camino que hay que seguir para diferenciarse, así como indicar el valor que puede resultar.

Medtronic es un buen ejemplo de empresa que ha aplicado con éxito la Estrategia de la Demanda para orientar sus decisiones en la asignación de recursos.

Cuando Bill George (quien recientemente ha dejado el puesto después de diez años como presidente ejecutivo) se incorporó a Medtronic en 1989, la empresa tenía un valor de mercado del capital emitido de mil millones de dólares y obtenía el 80% de sus ingresos de los marcapasos. En julio de 2001, su valor de mercado alcanzaba casi cincuenta y ocho mil millones. Durante el período de catorce años que va desde 1986 a 1999, las ventas de Medtronic crecieron a una tasa compuesta de 18,8% anual y las ganancias subieron un 25,4% anual. Hoy, los marcapasos representan menos de la mitad de los ingresos totales de la compañía y es probable que ese porcentaje siga disminuyendo.

Buena parte de la transformación que dirigió Bill George puede explicarse por su puesta en práctica de los principios fundamentales de la Estrategia de la Demanda para determinar las prioridades y los planteamientos de Medtronic respecto a la asignación de recursos.

Ya he hablado del análisis de fuerzas y factores realizado por Medtronic, así como de su decisión de centrarse en los segmentos que necesitaban asistencia permanente.

Desde el principio, George comprendió que el sector de aparatos médicos, que estaba en primera línea de la nueva economía de la demanda, se enfrentaba a una competencia incrementada debido a las empresas globales, al acortado ciclo de vida de los productos, a su rápida transformación en genéricos y a una fuerte presión en precios. La fuerte competencia dentro del mercado de marcapasos, por ejemplo, redujo la cuota de mercado de Medtronic desde el 80% a sólo un 30% hacia los años ochenta. Además, los posibles clientes de la empresa —médicos y cirujanos— estaban entre los más exigentes y menos fieles a una marca de cualquier sector. Cambiaban rápida y voluntariamente de proveedor para acceder a la mejor tecnología, que podía representar la diferencia entre la vida y la muerte.

La combinación de fuerzas y factores y las necesidades de su segmento de la demanda llevaron a Medtronic a convertir el liderazgo tecnológico en la pieza central de su Propuesta de Valor para la Demanda. En efecto, la empresa comprendió que ese liderazgo tecnológico era una palanca fundamental para hacerse con cuota de mercado y comunicaba al segmento de médicos el mensaje deseado, que era la garantía de que sus productos contaban con la mejor tecnología existente. Como sólo era posible cumplir —y mantener— esta promesa por medio de I+D, esa se convirtió en la máxima prioridad para la compañía.

La primera medida de George fue aumentar el gasto en I+D desde el 8% al 10/11% anual. Llevó a cabo un análisis de las diferencias para ver si los niveles actuales de gasto de Medtronic eran los adecuados para rendir resultados en este crucial impulsor de la Propuesta de Valor para la Demanda. George se guió por el principio de que I+D era una inversión a largo plazo, que había que proteger de las exigencias de rentabilidad a corto plazo. En su opinión, una empresa que crece rápidamente debe, en la práctica, restringir el aumento de beneficios. Lo describió de la manera siguiente: «Si una empresa está aumentando los beneficios en un 40% y los ingresos en un 18%, a la larga no conseguirá que sus ingresos crezcan porque no invertirá lo suficiente en I+D y desarrollo del mercado. Es fácil que se vuelva demasiado codiciosa. ¿Qué pasa si llegamos a un punto muerto en los ingresos? Podemos recortar I+D para mantener el nivel de beneficios. Lo podemos hacer durante un año o dos, pero será una completa pérdida. Está claro que hay que reducir los costes de fabricación, pero nosotros no recortamos el presupuesto de I+D.»

No obstante, George hizo mucho más que asignar dinero adicional a I+D. La manera en que destinó asignaciones específicas dentro de I+D y los recursos que asignó a otras áreas contribuyeron también al éxito de Medtronic. Veamos cómo lo hizo.

Aportación de los clientes

Cuando entró en Medtronic, George descubrió un desfase fundamental entre su promesa implícita de ofrecer la mejor tecnología y lo que los ingenieros de desarrollo estaban diseñando. Básicamente, sufrían un síndrome de ensimismamiento, de «no inventado aquí». Sin duda insistían en la calidad, pero no se centraban en la demanda. Como resultado, en 1991, el desarrollo de un producto requería, como promedio, cuarenta y ocho meses, ya que los investigadores lo retocaban continuamente para hacer que fuera más aceptable para los médicos. Para acelerar el ritmo, George hizo que los médicos participaran en el proceso de desarrollo de los productos.

Como explicó: «Muchos de los *gurús* de la calidad de los ochenta nos llevaron en la dirección equivocada, hacia medidas internas y hacia la utilización de la calidad como instrumento de motivación. Fue un error. La única medida de calidad son los ojos de los usuarios. Redujimos el tiempo de desarrollo del producto desde 48 a 14 meses formando consejos de asesoría compuestos por médicos. Cada mes, nos reunimos con ellos para que nos den su valoración, lo cual obliga a nuestros técnicos a aprobar esa prueba del mercado. Así se acorta el proceso de desarrollo.»

Los beneficios no se encuentran sólo en un ciclo del producto más rápido, sino también en una mayor eficacia y aceptación de mercado. Como señala George: «No nos metemos en un montón de callejones sin salida. Nuestro I+D se apoya tanto en los médicos que cuando iniciamos un proyecto acabamos con un producto en el mercado. Y cuando el producto sale al mercado [...] los mejores médicos del mundo en ese campo lo han visto. Y saben que va a funcionar y han tratado a varios cientos o varios miles de pacientes en [...] pruebas clínicas.»

George reconoció que los quirófanos y centros quirúrgicos eran un terreno fértil para generar nuevas ideas que satisficieran una demanda naciente. Al percibir un desfase entre el tiempo que los ingenieros pasaban en sus despachos y el que pasaban sobre el terreno, donde nacían las ideas, ideó un modo sencillo, pero eficaz, para eliminar ese desfase. «En la tecnología médica, un ingeniero unido a un médico pueden acabar inventando algo —según George—. En siete de cada diez intervenciones que hacemos en el mundo, hay alguien de Medtronic en la sala de operaciones. Y es así como seguimos siendo creativos».

Medtronic no restringe su búsqueda de buenas ideas únicamente a Estados Unidos. Por el contrario, ha forjado relaciones con los principales expertos y centros médicos de toda Europa, así como de Australia y Japón.

Hace casi quince años, el neurocirujano francés Alim-Louis Benabid conjeturó que unas sacudidas eléctricas suaves aplicadas a ciertas partes del cerebro, quizás aliviaran algunos de los síntomas de la enfermedad de Parkinson. Basándose en esa hipótesis, Medtronic creó Activa, un estimulador implantado en el cerebro que ahora se usa en todo el mundo. La empresa piensa crear aparatos similares para la epilepsia, la depresión y los trastornos obsesivo-compulsivos. Scott Ward, jefe de la unidad neurológica de la empresa dice: «Estamos creando un campo de la medicina enteramente nuevo.»

Medtronic ha desarrollado también sistemas y procedimientos internos para garantizar el éxito continuado en la economía de la demanda. Veámoslos a continuación.

Sistemas y procedimientos de I+D

Para reducir los efectos de la transformación de los productos en genéricos y proteger a la compañía de sus competidores, George implantó la idea de planificación y desarrollo multigeneracional de productos. Para cada nuevo aparato que Medtronic saca al mercado, se han planeado cuatro generaciones adicionales: una mejora menor, una mejora importante y dos tecnologías a más largo plazo. La meta de Medtronic es que un 70% de sus ventas procedan de productos introducidos durante los dos años precedentes. «Esa cifra hace que a los competidores les resulte difícil mantenerse a nuestro nivel —dice George—. Es una barrera a la entrada porque están disparando a un blanco móvil».

Además, los productos sucesivos en el ciclo, que se vuelven más pequeños y depurados con cada cambio, deben tener unos costes de fabricación más bajos que sus predecesores. Aquí el principio es que es mejor «canibalizarse» uno mismo que permitir que lo haga un competidor.

La práctica de los ciclos múltiples tiene ventajas adicionales; ayuda a abordar la demanda naciente y, además, ofrece un *cash-flow* más estable porque hay un menor riesgo de que el producto de un competidor se lleve, de repente, un buen bocado de las ventas. No obstante, el sistema para adjudicar el presupuesto de I+D está lejos de ser mecánico. Según un anterior ejecutivo de alto nivel de Medtronic: «La mayoría de entidades corporativas [...] caen en una asignación de fondos rutinaria. El X por ciento de I+D va en esa dirección, el Y por ciento va en esa otra, todo basándose en la historia. Medtronic asigna los recursos basándose en el futuro. Sólo porque lo hicieras el año pasado no significa que vayas a lograrlo de nuevo este año. Tienes que mostrar qué vas a hacer.»

La empresa ha implantado un sistema formalizado según el cual se financian, controlan, miden y evalúan proyectos fundamentales desde el principio hasta el final. Cada plan tiene unos objetivos, hitos y decisiones específicos, claramente estipulados. Los procesos de revisión aplicados en cada punto de la decisión deciden si hay que seguir con el proyecto o, por el contrario, abandonarlo o reorientarlo.

En algunos casos, cuando existe una considerable incertidumbre respecto al resultado, la empresa seguirá dos planteamientos paralelos y sacará el ganador al mercado.

Finalmente, aunque las medidas preventivas reducen los riesgos, se da por supuesto que el fracaso forma parte del proceso de I+D. Como dijo un ejecutivo de la empresa: «Al menos entre un 10 y un 20% de I+D no conduce a nada. Eso no significa que sea inútil, porque ahora sabemos qué es lo que no funciona.»

Recursos humanos

La empresa utiliza equipos pequeños, transfuncionales, de diferentes departamentos, incluyendo fabricación, control de calidad, marketing e I+D para reducir los obstáculos internos y acelerar el tiempo de salida al mercado. Sin muros que separen los departamentos, todo el mundo puede entrar y salir en un proyecto según sea necesario.

A fin de garantizar que las tecnologías que sustituyen a las anteriores representen pasos adelante radicales, la empresa utiliza grupos de investigación encargados explícitamente de canibalizar esas tecnologías más antiguas. Como explica George: «Formamos grupos de operaciones que no estén involucrados emocionalmente en el antiguo producto. Cuando el nuevo tiene la suficiente fuerza para andar solo, reintegramos a los dubitativos. Esa es la clave. Si nos limitamos a decir [...] "aquí está el nuevo producto" la gente se desmoraliza [...]. Hay que pasar del grupo de operaciones arriesgadas a integrarlo en la corriente principal del negocio.»

Crear y mantener una cultura que respalde y estimule el riesgo es esencial para el éxito a largo plazo de Medtronic. Como dice Mike James, vicepresidente de marketing del negocio de marcapasos: «Con toda la presión en los resultados a corto plazo, es necesario que exista una auténtica disciplina para mirar a la combinación de activos y asegurarse de que hay un número suficiente centrado en el futuro [...]. Pero Bill ha establecido una cultura que permite que los puntos (los grupos de operaciones) sobrevivan, porque son muy frágiles mientras son pequeños. Bill no está enterado de todos ellos, pero la cultura [...] ofrece a los mandos intermedios la confianza para dejar que esos puntitos vivan un tiempo para ver si van a prosperar o no. Bill nos anima a correr esos riesgos. Hay muchos ejemplos de empeños arriesgados que reciben su recompensa y fracasos que no acaban en un rodar de cabezas. En mi opinión esa es la prueba decisiva.»

Parte de la cultura del riesgo es una iniciativa conocida como el *Quest Program* (Programa de Búsqueda) que permite que los investigadores desarrollen ideas que quedan fuera de sus principales responsabilidades. Se les da un capital inicial para la puesta en marcha de un proyecto, hasta 50.000 dólares al año, y Medtronic sostiene entre seis y ocho proyectos de este tipo cada año. *Quest* inspira la creatividad y mejora la motivación de los empleados, permite que unas ideas radicales echen raíces y reduce el riesgo de no ver más allá de la competencia.

Adquisiciones

Aunque en The Cambridge Group solemos preferir el crecimiento orgánico a las fusiones y adquisiciones, algunas empresas hacen adquisiciones excelentes y provechosas; Medtronic es una de ellas. Los directivos de la compañía dedican atención y recursos considerables a adquirir competencias y productos necesarios para alcanzar unos objetivos estratégicos que no pueden conseguir en la propia empresa. Satisfacer las necesidades de un segmento, llenar huecos en los productos y entrar en categorías de crecimiento deseadas dentro de la atención a dolencias crónicas son ejemplos de esos objetivos. En 1999, Medronic satisfizo la necesidad de un segmento adquiriendo Sofamor Danek Group, que fabricaba productos de tecnología medular. Al observar que los neurocirujanos que utilizaban sus productos neuroestimuladores iban pasando progresivamente del cerebro a la médula, Medtronic siguió proporcionándoles una tecnología con la que podían ampliar su capacidad.

Medtronic adquirió Arterial Vascular Engineering en 1999 para ofrecer *stents* arteriales como parte de su línea de productos para el corazón. Como en muchos hospitales, eran los comités de compras, en lugar de los cirujanos y otros médicos, quienes tomaban decisiones cruciales respecto a los proveedores, Medtronic se arriesgaba a quedar fuera si no presentaba una línea completa de productos quirúrgicos.

La empresa utiliza también las adquisiciones para reforzar su posición en importantes segmentos de atención a dolencias crónicas, como la diabetes. En 2001, por ejemplo, pagó 3,7 mil millones de dólares en efectivo para adquirir MiniMed, fabricante de bombas de insulina y monitores portátiles de glucosa.

Al elegir sus objetivos de adquisición, Medtronic no utiliza el aumento de ingresos ni el recorte del gasto como criterio; por el contrario, busca objetivos pequeños que estén creciendo rápidamente y, al mismo tiempo, prometan diseñar o fabricar productos punteros. Como señala Bill George: «Hay un enorme riesgo si se hacen adquisiciones sólo para aumentar los ingresos. Podríamos ser una compañía de 30 mil millones de dólares [...] porque hemos tenido la oportunidad de comprar empresas más grandes que nosotros. Al mercado le habría encantado a corto plazo [...]. Preferimos con mucho adquirir líderes del sector que están creciendo rápidamente. No me gustan las fusiones de iguales. Se consigue un ahorro en costes, pero no se concentran en el crecimiento.»

Otras decisiones de asignación de fondos

Desde siempre, la necesidad de conseguir la aprobación de la FDA (Food and Drug Administration) crea un largo tiempo de gestación antes de comercializar un producto. Como resultado, Medtronic concentra sus campañas iniciales de marketing en Europa, donde la aprobación normativa suele ser mucho más rápida. Esto beneficia directamente a la empresa mejorando los beneficios y el *cash flow*. Además, la experiencia conseguida en Europa y otros lugares proporciona unos datos valiosos para mejorar los productos y superar la resistencia del consumidor en el mercado estadounidense. Al mismo tiempo, a la compañía no le perjudica destinar recursos para iniciar el proceso de aprobación en Europa, porque seguirá llegando al mercado antes que sus competidores de Estados Unidos, que sólo tratan con la FDA.

Dado que la regulación es una fuerza sectorial fundamental, Medtronic suele estar en primera línea de las campañas encaminadas a reformar el sistema regulador. Con la ayuda de Steve Kelmar, antiguo funcionario de alto rango del *Department of Health* (Ministerio de Sanidad) de Estados Unidos, Bill George ayudó a conseguir que el Congreso aprobara la Ley de Modernización de la FDA en 1997. Como consecuencia directa de esa ley, unas autorizaciones que solían exigir un promedio de tres años, se deciden ahora en seis a nueve meses. Aunque esto resulta ventajoso para Medtronic, es, por supuesto, incluso más beneficioso para los pacientes para quienes unos nuevos medicamentos o aparatos pueden representar la diferencia entre la vida y la muerte.

Aunque el ejemplo de Medtronic es instructivo en muchos sentidos, está claro que no hay un planteamiento universal para asignar recursos. El sistema tiene que ser elaborado a medida para encajar en las necesidades específicas de cada empresa.

Poner de acuerdo a la organización

Las asignaciones que respaldan una estrategia sólo tendrán éxito si todo el mundo, en todos los niveles de la organización la entiende claramente y la lleva a la práctica con entusiasmo. En The Cambridge Group, hemos elaborado un sistema, llamado Rashomon, que permite que el equipo de gestión de una empresa reconozca los sesgos y malentendidos que rigen la actuación de sus miembros. El nombre procede de un cuento de Ryunosuke Akutagawa que el director de cine Akira Kurosawa adaptó y convirtió en una película ganadora de un Oscar en 1950. La fascinante historia se desarrolla en cinco partes. En la primera se produce un acontecimiento que afecta a cuatro personas. En las otras cuatro partes, cada participante relata lo sucedido desde su perspectiva. No es sorprendente que las cuatro historias difieran considerablemente unas de otras.

El relato se parece bastante a cómo funcionan muchas corporaciones grandes y con múltiples departamentos. Según mi experiencia, los altos cargos de esas corporaciones suelen reunirse para discutir cuestiones concretas, en lugar de hablar de sus opiniones generales sobre la práctica empresarial. La observación, hecha en la película de que «el lugar donde te sitúas depende del lugar donde te sientas», es pertinente para muchas corporaciones. Con frecuencia, las estrategias fracasan porque se elaboran sin haber conseguido el compromiso de los diversos actores.

El sistema Rashomon reúne a los altos cargos y a los líderes de funciones para elaborar una visión de la compañía y de sus imperativos estratégicos que todos puedan compartir. Cada líder de una función realiza un análisis de las cuestiones importantes de su sección, para el cual todos se preparan utilizando una plantilla común. Este planteamiento saca a la luz y resuelve los problemas, a diferencia de las discusiones separadas, aisladas, dentro de una misma función, como si de silos se tratara, en las cuales quizá se generen inquietudes, pero no se hace nada por abordarlas.

Normalmente, al final del proceso Rashomon, se ha llegado a un punto de vista compartido en cuanto a las prioridades de la compañía. Es decir, la empresa se ha puesto de acuerdo sobre cuáles son los problemas más importantes y cómo se solucionarán.

Como resultado, es más fácil resolver las diferencias y las resistencias de las divisiones, lo cual permite que toda la organización trabaje en torno a la Estrategia de la Demanda. Los directores suelen sorprenderse de la diversidad que existe dentro de sus equipos.

Una vez que los directores de alto nivel están de acuerdo, pueden volver a sus departamentos y explicar el plan de asignación de recursos y la base de datos que ha llevado hasta él, de forma que todo el mundo comprenda plenamente cómo se llegó a la decisión tomada y pueda participar en el entusiasmo general y ayudar a ponerla en práctica.

Seguimiento de los resultados

Es importante fijar unos sistemas de medición y rendimiento para evaluar el progreso de la estrategia de la demanda en relación con las prioridades acordadas.

Según el *gurú* de la gestión Peter Drucker: «Hoy prácticamente todas las empresas tienen un sistema de asignación de capital, pero pocas lo utilizan correctamente [...] No hay modo mejor de mejorar los resultados de una organización que medir el rendimiento de los gastos del capital respecto a las promesas y expectativas que hicieron que se autorizara.»

El seguimiento continuado del progreso respecto a los objetivos fijados para cada asignación de recursos específica permite que los directores determinen si ese progreso es satisfactorio o no, así como que se tomen las medidas apropiadas. Si no se están cumpliendo los objetivos, al buscar la causa fundamental, se puede desvelar un cambio significativo en las fuerzas y los factores que repercuten en la demanda, nuevas respuestas de la competencia o un supuesto erróneo que hay que revisar. Además, comprender las causas fundamentales puede hacer aflorar algún problema en el propio sistema de asignación de recursos.

Tres de las medidas más críticas que hay que adoptar y seguir de forma continuada entre nuestros segmentos de la demanda son los motores de la preferencia, la relevancia y la diferenciación. Los motores de las preferencias son los atributos que más influyen en la decisión de utilizar un producto en lugar de otro. En la alimentación, por ejemplo, entre estos atributos puede estar el sabor, lo saludable que sea el producto, las calorías, la comodidad y la facilidad de transporte. Como hemos dicho, la importancia que tenga un producto para el consumidor y la clara diferenciación respecto a los competidores son baremos críticos que suelen indicar la salud de una empresa.

Implantación

Según nuestra experiencia, hay seis elementos críticos que impulsan esa implantación:

1. *Por qué.* El objetivo y efecto buscados por la iniciativa así como su conexión con la Estrategia de la Demanda deben estar absolutamente claros. ¿Por qué esta iniciativa es prioritaria y qué conseguirá?
2. *Qué.* Es necesario que en el plan de implantación se defina la actividad necesaria y el objetivo. ¿Qué se va a hacer y qué se conseguirá? El plan debería incluir asimismo una evaluación de la inversión total requerida y el reembolso deseado de la inversión. La inversión debe englobar todos los recursos —capital, personas, tiempo— necesarios para tener éxito.
3. *Cómo.* El planteamiento debe ser explícito y si con el tiempo se efectúan cambios, deben comunicarse a todos los afectados. De forma creciente, algunas de las empresas de mayor éxito se asocian con otras para alcanzar unos objetivos que no podrían lograr ellas solas. Al asociarse, en lugar de tratar de hacerlo todo en la propia empresa, llegan al mercado más rápidamente y con una oferta superior. Finalmente, es esencial fijar exactamente cómo se va a medir el éxito a fin de seguir el progreso y aplicar medidas correctoras.
4. *Quién.* El líder y el equipo centrados en la iniciativa deben ser los responsables de llevarla a buen fin. Para asumir esa responsabilidad una única persona debe estar a cargo de la tarea. No obstan-

te, todos los miembros del equipo tienen que estar motivados para alcanzar una meta común. Además, el plan debe identificar sin ambigüedades a quiénes afectará, tanto dentro como fuera de la empresa. ¿Qué clientes sentirán los cambios? ¿Qué directores en toda la organización sentirán los efectos? ¿Quiénes contribuirán a la tarea? Finalmente, desde el principio, debe quedar claramente establecido quiénes revisarán y evaluarán objetivamente la tarea según avance y cuando esté completada.

5. *Cuándo.* El tiempo deseado y las etapas clave que medirán el progreso de la tarea deben establecerse por adelantado. Este tiempo debe incluir también la secuencia de los acontecimientos. ¿Qué debe hacerse ahora para facilitar las actividades que vendrán a continuación?

6. *Dónde.* Es necesario identificar y comprender el ámbito geográfico del proyecto, así cómo dónde se situará dentro de su sistema de negocio.

Al hablar de la asignación de recursos a nivel directivo, he mencionado la serie, cada vez mayor, de herramientas existentes para modelar y predecir, que eliminan las conjeturas y el fiar en la suerte de la micro asignación de recursos correspondiente.

Por ejemplo, Spectra —una empresa que fundé hace quince años en compañía de mi socio Steve Morris, anterior presidente y presidente ejecutivo de Maxwell House Coffee y ahora presidente ejecutivo de Arbitron— tiene una posición dominante en geodemografía. Esto permite que un fabricante comprenda la demanda de cada unidad donde se vendan sus productos en cada uno de los treinta y dos mil supermercados de Estados Unidos. Steve y yo teníamos lo que, a finales de los ochenta, parecía una idea rocambolesca. Conjeturamos que podíamos combinar los datos de escáner de los supermercados con un nuevo producto de *software* llamado Prism, que determinaba las probabilidades de gasto en cada uno de los cuarenta mil códigos postales de Estados Unidos.

Pensamos que era posible que si combinábamos el *qué* de los datos del escáner con el *quién* de Prism, ayudaríamos a los fabricantes a distribuir sus recursos entre los treinta y dos mil supermercados; los establecimientos con una demanda más alta de ciertos productos recibirían un abastecimiento mayor de esos productos y lo mismo sucedería con todos los artículos que tuvieran un coeficiente alto en todos los supermercados del país.

Resultó que nuestra idea era practicable y, después de varios años de liderazgo de John Larkin, Spectra ha prosperado y ahora tiene la capacidad de predecir la demanda de cada establecimiento de comestibles, cada comercio a gran escala, cada tienda tipo VIPS y cada gran almacén. Con esa información, se pueden asignar recursos y existencias adicionales a aquellos minoristas donde mayor es la demanda de un producto. Es un enorme paso hacia la asignación de recursos a niveles mínimos y, al mismo tiempo, reduce los costes y aumenta los ingresos, los márgenes y los beneficios.

Cuando la alta dirección tiene que lidiar con múltiples productos o categorías, es mejor organizarlos como cartera para estar seguros de que negocios con un alto potencial reciban la atención y los recursos que merecen. Es esencial un análisis riguroso para identificar el potencial de cada negocio y asignarle recursos en consecuencia.

Recuerde:

- Con frecuencia, una buena forma de empezar el proceso de asignación de recursos es realizar un análisis de las diferencias. En la Estrategia de la Demanda, el análisis refleja el lugar donde estamos en nuestra Propuesta de Valor para la Demanda en relación con el lugar donde hemos decidido que queremos estar. El resultado del análisis señalará claramente la prioridad de los sectores donde es necesario asignar personas, tiempo y dinero.
- Para que una asignación de recursos tenga éxito, es esencial que cada nivel de la compañía comprenda y actúe según las prioridades establecidas por la Estrategia de la Demanda. Un ejercicio de grupo bien planeado, como el Rashomon, es una forma útil de asegurarse la participación de los directores clave.
- Es necesario planear detalladamente la implantación del plan de asignación, sin olvidar los *por qué, qué, cómo, quién, dónde y cuándo*.

- Por último, pero no por eso menos importante, cuando distribuya los recursos dentro de una organización, es vital que siga los resultados de forma continuada, según los baremos acordados previamente, tales como diferenciación relativa respecto a la competencia, rentabilidad del segmento y márgenes.

9

Gatorade conquista la demanda

En 1984, Phil Marineau, ahora presidente y director general de Levi Strauss & Co., tenía treinta y siete años y era ejecutivo de marketing en Quaker Oats Company. Un lunes a primera hora de la mañana, su presidente, Bill Smithburg, le encargó una tarea nueva y enorme, que tanto podía considerarse un sueño hecho realidad como una pesadilla. Finalmente, triunfó el sueño, porque Phil Marineau y el equipo que reunió tenían un don natural para comprender la demanda.

En el primero de una serie de cambios en el sector alimentario, Quaker Oats pagó 250 millones de dólares para adquirir Stokely-Van Camp, Inc. Muchos analistas la criticaron por comprar una compañía menor con un único activo, la poco convencional bebida deportiva Gatorade, cuyas ventas anuales a nivel nacional ascendían a unos 85 millones. Esa cifra puede sonar impresionante, pero representa sólo un 0,1% del sector.

Marineau, experto en la venta de comida para animales de compañía, que sabía poco de Stokely-Van Camp y menos aún de Gatorade, fue puesto al mando de la nueva adquisición. «Estás ahí para averiguar qué hacer —le dijo el presidente—. Más concretamente, estás ahí para hacer crecer a Gatorade y garantizar que esa adquisición haya valido la pena».

Durante los doce años siguientes, la respuesta de Marineau se convirtió en un ejemplo clave de la Estrategia de la Demanda.

Gatorade nació en la Universidad de Florida, en Gainesville, donde el agobiante clima caluroso dejaba tumbado al equipo de fútbol local, conocido como Gators. A finales de los sesenta, el médico del equipo solicitó a varios colegas universitarios que le ayudaran a crear una bebida que rehidratara a los jugadores de los Gators. Quería algo que repusiera no sólo el agua que perdían, sino también la glucosa y los minerales que les salían a chorros de los poros en aquella humedad de baño turco de Florida.

Los científicos decidieron que la bebida tenía que ser isotónica; es decir, capaz de entrar en el torrente sanguíneo tan rápidamente como el agua. Así que la aderezaron con electrolitos para acelerar su paso por los tejidos intestinales.

En cuanto los Gators empezaron a beber el nuevo refresco durante los partidos, su fortuna futbolística subió como la espuma. En 1966, para su propio asombro, ganaron nueve partidos y perdieron dos en la temporada normal. Llamados pronto los Comeback Kids, se hicieron famosos por ir a la zaga hasta el tercer tiempo y luego, en el cuarto, dar un salto a la victoria cuando los contrarios se desfondaban a causa del calor. Atribuían el mérito al elixir de su médico, que ahora llamaban Gatorade.

Después de que los Gators obtuvieran un triunfo resonante contra Georgia Tech, en la Orange Bowl de 1967, el entrenador del equipo perdedor les dijo a los reporteros: «Nosotros no teníamos Gatorade. Esa ha sido la diferencia.» El comentario apareció en *Sports Illustrated*, y los preparadores y entrenadores de todas partes empezaron a comprender la importancia de reponer los fluidos corporales durante un partido.

El doctor y sus colegas formaron una compañía para comercializar la bebida y tuvieron su oportunidad en 1970, cuando el equipo Kansas City Chiefs consumió Gatorade en la Super Bowl y ganó. El entrenador de los Chiefs, Hank Stram, logró más publicidad para Gatorade al elogiarla en los medios. De nuevo *Sports Illustrated* recogió la historia. Pero Gatorade seguía siendo un contendiente pequeño en un mercado especial para atletas cuando sus creadores lo vendieron a Sto-kely-Van Camp.

Con una modesta campaña en televisión, Gatorade aprovechó el auge de los deportes y alcanzó una distribución amplia en trece años. Pero siguió concentrada en el sudeste de Estados Unidos y se vendía principalmente a los atletas y a quienes lo habían sido. Marineau me contó que, aunque, al parecer, millones de estadounidenses habían oído el singular nombre de Gatorade, «no tenían ni idea de qué era», y mucho menos de lo que podía hacer por ellos.

Marineau llevó dos preguntas claras a su nuevo trabajo: ¿Cuán grande era la oportunidad que Gatorade ofrecía? ¿Qué estrategia tenía que usar para sacarle el máximo partido? Rápidamente organizó un equipo de unos diez ejecutivos, la mayoría de Quaker Oats, pero incluyendo algunos comerciales de Stokely-Van Camp. Iniciaron un estudio de Gatorade, desde sus cualidades únicas hasta su mercado potencial.

De allí salió una versión de la Estrategia de la Demanda. Aunque el término todavía no había sido concebido, la gente de Marineau se guiaba por los mismos principios y disciplinas que definen la Estrategia de la Demanda. Después de todo, se trata, en esencia, de una manera de pensar.

Marineau empezó a reunir la base de datos para su nueva empresa. Aparte de la historia básica de Gatorade, que, por supuesto resultaba un relato seductor, uno de los aspectos más importantes era la naturaleza de la propia bebida. «No iba a ser, en aquel momento, una bebida social —recuerda Marineau—. El contenido en azúcar es sólo la mitad del que hay en un refresco y añadir más arruinaría el proceso de rehidratación. Luego están los electrolitos y el sodio, no mucho sodio, pero suficiente. No es un sabor que guste de entrada. Pero nada sabe mejor después de correr ocho kilómetros».

La siguiente cuestión clave tenía que ver con la distribución de Gatorade. A diferencia de otros refrescos importantes, que se basan en que las embotelladoras regionales compren el concentrado al fabricante y luego lo distribuyan a los detallistas y máquinas expendedoras, Gatorade vendía su producto bien a los mayoristas o directamente a las principales cadenas minoristas. Eso le proporcionaba un mayor beneficio por cada botella vendida, pero dificultaba ampliar la distribución, y prácticamente eliminaba que se sirviera a granel en las cafeterías y en máquinas expendedoras.

Además, el equipo descubrió que, en los supermercados, Gatorade no estaba colocado entre los refrescos sino con los zumos de fruta y los refrescos afrutados. Eso tenía ventajas y desventajas; aunque dejaba a Gatorade fuera de la competición con los grandes, aumentaba su margen de beneficio, porque los zumos y bebidas afrutadas se venden a un precio más alto por onza que los refrescos.

La siguiente cuestión era si Gatorade tenía o no tenía competencia. Después de buscar todos los artículos científicos que pudieron encontrar sobre rehidratación, decidieron que su único competidor era el agua y, claro, no tenía los beneficios de la glucosa y sodio añadidos.

El siguiente paso del equipo de Marineau fue identificar las fuerzas y los factores que afectan el sector de los refrescos en su conjunto. Sus principales descubrimientos fueron:

- El negocio era enorme y estaba creciendo. El consumo *per capita* de bebidas no alcohólicas en Estados Unidos había alcanzado ya niveles de récord —un promedio de 350 dólares al año por cada hombre, mujer y niño— y el país parecía más sediento que nunca.
- Había un factor claramente estacional —se vendían más bebidas durante los meses de calor que durante los de frío— y, dado que Gatorade se usaba para la rehidratación, no era posible ignorar ese dato.
- La tendencia nacional hacia el ejercicio y la buena forma física había arraigado. Como Marineau dice: «Los *baby boomers* decían: "No quiero acabar viejo y gordo como mis padres y mis abuelos".»
- Sumándolo todo, Estados Unidos estaba a punto para un nuevo enamoramiento con los deportes, fomentado por el explosivo crecimiento de la televisión. Con la difusión de la televisión por cable, la proliferación de canales disponibles y la multiplicada cobertura en medios, era muy probable que las perspectivas para cualquier producto bueno y relacionado con el deporte crecieran exponencialmente.

Resumiendo, Marineau me dijo: «Iba a haber una necesidad física de Gatorade, impulsada por el mayor grado de participación de la gente en el ejercicio y los deportes y también iba a haber la imaginería asociada a lo que la gente veía consumir a personas reales, atletas de verdad. Así que determinamos que el naciente potencial de Gatorade sólo podía calificarse de fenomenal.»

El análisis llevó al equipo a otra parte clave de la Estrategia de la Demanda; decidir cuál era el segmento de la demanda más rentable.

Marineau recuerda que, dada la naturaleza del producto, esto estaba claro: «El centro mismo de la diana eran los hombres, cuando pasaban calor y sudaban, en el trabajo o practicando algún deporte.» Y después de estudiar cuántas de esas ocasiones podían requerir una rehidratación, el equipo llegó a la conclusión de que ese segmento de la demanda podía ser rentable de verdad. Desde los golfistas y los corredores hasta los obreros de la construcción, o incluso quienes veían un partido en las gradas o por televisión, las probabilidades a favor de ocasiones propicias para consumir Gatorade eran casi ilimitadas. Si Gatorade aplacaba la sed de sólo un pequeño porcentaje de los más acalorados y sedientos, se convertiría en una de las bebidas que sacian la sed de mayor venta de la tierra.

Marineau explica que a los hombres de este segmento de la demanda el deporte les proporciona algunos de los mejores momentos de la vida: «Son esos momentos en que te reúnes con los amiguetes, te dejas ir, lo pasas en grande. Momentos en que sabes que has jugado de fábula. Tanto si has ganado como si has perdido, ha sido un momento estupendo, un momento Gatorade. Gatorade forma parte de esa sensación de pertenencia y de satisfacción personal.»

Dados la base de datos, las fuerzas y los factores y el segmento de la demanda elegido, ahora el equipo tenía que revisar sus opciones. ¿Tenían que reposicionar Gatorade para que compitiera con los refrescos? ¿Cómo podían cambiar el sistema de distribución para ampliar su alcance? ¿Cómo podían maximizar sus competencias fundamentales? ¿Qué nivel de riesgo podían tolerar para conseguir la tasa de crecimiento y el rendimiento económico que querían? ¿Cómo y dónde tenía que competir Gatorade? ¿Había algún medio de entrar en las máquinas expendedoras sin pasar por los embotelladores regionales?

Ahora tenían que elegir entre las muchas opciones atractivas que tenían delante. La primera decisión de Marineau y su equipo fue dura; no alterar el producto. Gatorade era única en su campo. Aunque era tentador añadirle azúcar, mejorar el sabor y enfrentarse a los gigantes, decidieron seguir siendo una bebida para la sed y hacer hincapié en el deporte.

El sistema de distribución tenía sus fallos, según Marineau: «Veíamos las virtudes de un sistema de entrega directa a las tiendas, pero no contábamos con él. No podíamos permitirnos construir uno, aunque quisiéramos, y la gente que podíamos intentar contratar para que distribuyeran en las tiendas no eran tan buenos como los de Coke y Pepsi, que estaban fuera de nuestro alcance. Así que decidimos que podíamos seguir viviendo con el sistema que teníamos.»

El precio de esa decisión fue pasarse sin algunos puntos de venta y limitar el potencial en cafeterías y máquinas expendedoras, unas oportunidades potencialmente enormes. Pero el sistema mayorista también proporcionaba la ventaja de unos mayores márgenes, que podían reinvertirse en el negocio.

En realidad, la situación de Gatorade en la sección de zumos en los supermercados ofreció al equipo la ocasión de aumentar sus márgenes. Con los mismos gramos, era menos caro que sus vecinos de estante. Aunque aumentaran el precio, seguiría siendo competitivo y los ingresos añadidos podían utilizarse en una campaña publicitaria. Se tomó la decisión de hacerlo así.

Quizá la elección más crítica fue dónde y cómo tenía que competir Gatorade. Aquí la decisión clave fue pensar en la demanda en términos de momentos de acaloramiento y sudor y no apuntar a una vaga cuota del mercado de los refrescos. En otras palabras, Marineau pensaba cómo satisfacer la demanda. El equipo llegó a la conclusión de que Gatorade tenía que estar disponible lo más cerca posible de los «puntos de sudor», los lugares donde los hombres más se acaloraban y sudaban; en particular en los campos de deporte y en los lugares de trabajo duro, incluyendo fábricas, granjas y edificios en construcción.

Al estudiar la demanda, el equipo de Marineau descubrió que una de sus mayores oportunidades estaba en las tiendas tipo VIPS. Al volver en coche a casa, acalorados y cansados después del trabajo o el deporte, según Marineau, los hombres se detienen en uno de esos establecimientos, «compran una botella de algo, desde cerveza a Gatorade, y suelen beberse las tres cuartas partes antes de salir del aparcamiento».

Resultado final de la Estrategia de la Demanda: Gatorade conseguiría la distribución nacional a través de supermercados, tiendas de comestibles y en cualquier otro lugar cercano a los «puntos de sudor», donde mayor era la demanda de un producto que saciara la sed. Marineau recuerda: «Íbamos a ser el principal proveedor de bebidas en las tiendas de conveniencia, superando incluso a Coke y Pepsi. Y eso resultó ser una gran idea. Nos convertimos en muy importantes para ese tipo de tiendas.»

Ahora el equipo empezó a concretar las estrategias específicas y los sistemas de negocio necesarios para ganar. La propuesta de Gatorade a los clientes que había elegido había tomado forma.

Para hacer realidad esa propuesta, el equipo se entregó a una estrategia en cinco partes:

1. Gatorade tenía que establecer su propiedad del valor que ofrecía; en otras palabras, cualquiera que pensara «bebida para el deporte» o «bebida que sacia la sed» tendría que asociarla automáticamente con Gatorade. Pero para lograrlo, como explica Marineau: «Tendríamos que hacer publicidad a un nivel mucho mayor que el que justificaba el tamaño de nuestro negocio.» En realidad, tendrían que anunciarse, por lo menos durante la estación Gatorade, a un nivel cercano al de los gigantes de los refrescos, sólo para impedir que la propuesta de Gatorade quedara ahogada.

    Gracias al aumento de precios que permitía la colocación de Gatorade junto a los zumos, la empresa podía permitirse el gasto en marketing. Sus clientes actuales aceptaban el mayor precio porque pensaban que el producto lo valía; para los nuevos clientes, ese era sencillamente el precio de Gatorade. En otras palabras, el precio de Gatorade era inelástico, porque el producto no tenía sustituto.

    La publicidad asociaba Gatorade con los vínculos masculinos y el deporte, lo cual significaba un valor que iba desde el ocio al trabajo, incluyendo actividades como segar el césped y otras tareas manuales de bricolaje. Y las credenciales científicas de la bebida se reforzaban en todos los anuncios de televisión por medio de un «hombre demostración», la silueta de un cuerpo humano que se llenaba con una hidratación reponedora.

2. La publicidad establecería también la exclusividad de Gatorade en esas ocasiones de calor y sudor que hacían que la gente quisiera rehidratarse. Cualquier momento así debía hacer que todos pensaran en Gatorade.

3. Para pasar de pensar a beber, la distribución de Gatorade se centraba en las tiendas tipo VIPS y en los supermercados. Mientras la estrategia de Coke era que siempre estaba «al alcance del deseo», Marineau explica: «Queríamos llevar la disponibilidad de la marca al punto del sudor.»

Para atraer nuevos clientes, Marineau y su equipo crearon nuevos sabores y envases. Cuando Marineau se presentó por primera vez en las oficinas de Stokely-Van Camp, encontró un plan para añadir un sabor afrutado al ya existente de limón-lima y dio la autorización para lanzarlo. Pensó que, además de ofrecer una mayor variedad, el nuevo sabor proporcionaría a Gatorade más espacio en estantería y una mayor presencia en las tiendas.

Igualmente importante era el envasado. En 1983, Gatorade se ofrecía sólo en dos tamaños, treinta y dos onzas y cuarenta y seis onzas, ambos en botellas de vidrio. No había latas ni tamaños de prueba ni botellas de plástico fáciles de transportar y volver a cerrar.

Una originalidad del mercado de bebidas, según descubrió el equipo, era que muchas personas tenían más fidelidad al envase que a la marca. Si están acostumbradas a comprar su bebida favorita en una cierta lata o botella de plástico, sólo cambiarán de marca si la nueva bebida viene en el mismo tipo de recipiente. Por supuesto, le tocaba a Gatorade ofrecer más envases de formas y tamaños parecidos a los de sus competidores.

La primera innovación en envasado del equipo fue una botella de prueba de dieciséis onzas. Sagazmente, infringieron la convención del sector al hacerla con la habitual boca ancha de Gatorade, una facilidad para echar un trago que subrayaba las propiedades del producto para saciar la sed.

Las botellas de plástico planteaban un reto mayor. A diferencia de los refrescos convencionales, Gatorade se embotella a altas temperaturas, tan altas que deformaría las habituales botellas de plástico. Fueron necesarios dos años de investigación, pero finalmente, la bebida fue la primera de distribución nacional en embotellarse caliente en botellas de plástico. Hoy la línea se ofrece en diez envases diferentes, ninguno de los cuales es de vidrio.

4. Para establecer su identidad deportiva, Gatorade puso manos a la obra para «adueñarse del banquillo en todas las categorías, desde infantil hasta profesional». Esto entrañaba un plan quinquenal (que se extendió a ocho años) enormemente ambicioso para establecer su presencia en casi cualquier competición deportiva organizada en el país.

El equipo identificó seis deportes que, unidos, atraen más del 90% de participantes y espectadores; fútbol americano, baloncesto, béisbol, hockey, golf y atletismo. Para todos los jugadores en todos los niveles de esos deportes, desde las categorías juveniles a los equipos profesionales, Gatorade hizo que sus productos estuvieran disponibles gratis durante los encuentros. Para los espectadores, imaginaron los planificadores, ver cómo un atleta marcaba un tanto y echaba un trago de Gatorade sería un refuerzo implícito del poder de la bebida para saciar la sed. Para un atleta, ver que un entrenador servía la bebida, le daba a ésta una credibilidad instantánea. Según Marineau, esta táctica se convirtió en el punto de apoyo de toda la estrategia de Gatorade, fortaleciendo la propiedad exclusiva de la rehidratación, la propiedad exclusiva de las ocasiones de calor y sudor y la disponibilidad de la marca.

Iniciada en 1983, esta táctica progresó rápidamente en los seis deportes profesionales y avanzaba en los niveles inferiores. En 1986, los New York Giants estaban a punto de conseguir la Super Bowl. Frente a millones de espectadores, el defensa Harry Carson llevó a cabo el acostumbrado ritual de empapar al entrenador, Bill Parcells, con agua. Pero esta vez, en lugar de agua, Carson lo saturó volcándole encima todo un bidón refrigerado de Gatorade. De repente, el verde líquido adquirió un valor simbólico, un poco como un bautismo.

Marineau recuerda que fue una casualidad feliz: «No pagamos a nadie para que lo hiciera», pero además de proporcionar una enorme publicidad a Gatorade, despertó a la competencia. Cuando otros fabricantes de refrescos trataron de abrirse paso en el entorno deportivo, el coste necesario para completar el golpe maestro de Gatorade siguió subiendo.

Sin embargo, valía la pena, cualquier que fuera el coste. Dado que todos veían cómo las estrellas del atletismo bebían Gatorade, la ubicuidad misma de la bebida mantenía a raya a la competencia. «Lo único que ves en la banda es Gatorade —dice Marineau—. Quiero decir, ¿acaso hay otra bebida deportiva que sacie la sed?»

5. La plataforma final de la Estrategia de la Demanda de Gatorade fue la protección de su exclusividad por parte de Marineau, asegurándose de que su equipo fuera experto en la ciencia de la reposición de fluidos. Los planificadores querían estar seguros de que nadie pudiera ganarles por la mano apareciendo con un nuevo aspecto científico o una nueva tecnología que convirtiera a Gatorade en una moda caduca.

Gatorade contruyó un laboratorio de fisiología deportiva y estableció relaciones con fisiólogos deportivos de todo el mundo, enrolando a algunos de ellos en sus proyectos de investigación para mejorar y reforzar el conocimiento y credibilidad de Gatorade. Esa medida fue de puro genio. Aunque no tenía competencia, Gatorade se protegió asegurándose de saber siempre más sobre la fisiología de la sed y cómo saciarla que cualquier nuevo competidor. En su primer trabajo de envergadura, el laboratorio proporcionó justo lo que Marineau esperaba; la prueba real de que Gatorade era incluso más rápido que el agua en llegar desde el estómago al torrente sanguíneo.

Los planificadores de Marineau habían llegado al momento de la asignación de recursos. Una vez definida la demanda para Gatorade y dado forma a las estrategias adecuadas para satisfacer y aumentar esa demanda, el equipo tenía que decidir qué necesitaba para lograr que todo eso se hiciera realidad y garantizar, además, el éxito duradero de su producto.

Cuando una compañía ha identificado la demanda, asignar los recursos necesarios puede parecer algo sencillo. Unos productos específicos pueden costar unas sumas específicas. Pero las decisiones no son siempre tan fáciles. El laboratorio de fisiología del deporte de Gatorade es un caso a propósito. En algunas compañías, unos directores conscientes del gasto podrían cuestionar una inversión, al parecer, tan tangencial para los resultados finales. En Quaker Oats, la presión existente para justificar la polémica adquisición de Gatorade proporcionó a Marineau y sus planificadores licencia para actuar. Cualquier recurso que pudiera ayudar a crear demanda para Gatorade era aprobado.

Llevar a la práctica estrategias de la demanda entraña hacer elecciones específicas, ser disciplinado y tener un insumo variado. Así sucedía en Gatorade. En los primeros años, el equipo de Marineau trató de mantener el éxito de Gatorade lo más oculto posible, confiando quedar por debajo del radar de los grandes fabricantes de refrescos, que podían ver una oportunidad en una bebida deportiva que saciara la sed. «Tratábamos de crear un puerto seguro contra la competencia», recuerdo Marineau.

Durante un tiempo, funcionó; los únicos competidores que trataron de entrar en el mercado eran pequeños y fueron rechazados sin dificultad. Nadie hizo mella en el más de 90% de la demanda que tenía Gatorade. Pero cuando Carson empapó a Parcells con Gatorade, el secreto quedó al descubierto. «Tarde o temprano, la gente empieza a darse cuenta —explica Marineau—. No era posible pasarlo por alto. Así que, a finales de los ochenta y principios de los noventa, vimos cómo Coke y Pepsi sacaban POWERade y AllSport».

Para entonces, Gatorade llevaba una buena delantera. «Nadie ha podido hacer un producto mejor —explica Marineau—. Todos han probado con "Sabe mejor"; todos han probado con "Funciona mejor". Pero no funciona».

Los expertos advirtieron a Gatorade de que Coke y Pepsi les amenazarían con la distribución, pero el sistema de Gatorade, basado en la demanda, demostró estar a la altura de la contienda.

En el único terreno en que pensaba que Gatorade podía ser vulnerable, Marineau dio un golpe preventivo y atrevido.

Como parte de su táctica de hacerse con el banquillo, Gatorade había evitado deliberadamente la promoción por parte de las estrellas del atletismo. Era más poderoso y creíble, en opinión del equipo, que se asociara la bebida con todos los deportes, en todas partes, que con unos cuantos de los mejores jugadores. Pero ahora temían que Coke o Pepsi entraran a saco con el poder de las estrellas.

¿Cómo reaccionar?

«Dijimos: "Veamos, lo ideal sería que hiciéramos que el atleta más famoso del mundo promocionara nuestro producto —recuerda Marineau—. No usaríamos a nadie más, pero todos los demás palidecerían por comparación".»

A finales de los ochenta, eso significaba, inevitablemente, que sería Michael Jordan. Gatorade lo cortejó durante dos años, esperando que acabara su contrato con Coca-Cola. Y entonces, la compañía lo contrató.

El eslogan era brillante en su sencillez: «Sé como Mike.»

«En realidad no tratábamos de hacer que Michael pregonara los beneficios de Gatorade —dice Marineau—. Todo el mundo los conoce. Nos limitamos a garantizar que cuando alguien se pregunte en qué cree Michael Jordan, diga Mike, Gatorade. "Sé como Mike". Y funcionó de maravilla. ¿A quién puedes poner frente a Michael Jordan para decir, "Yo bebo POWERade, así que tú también tienes que hacerlo." En verdad fue el remache final en la defensa contra la competencia.»

Según las últimas cifras, las ventas de Gatorade en todo el mundo totalizaron 1.800 millones de dólares y su cuota de la demanda estaba en la franja superior del 80%. Además, en 2000, tanto Coke como Pepsi hicieron ofertas para adquirir Quaker Oats Company, principalmente para hacerse con Gatorade. Ganó Pepsi y adquirió Quaker Oats por más de trece mil millones de dólares.

10

Countrywide Credit Industries

En 1969, dos neoyorquinos emprendedores, Angelo Mozilo y David Loeb, se dispusieron a cambiar de forma fundamental la práctica de las sociedades de crédito hipotecario en Estados Unidos. Estaban decididos a crear oportunidades para que más norteamericanos fueran dueños de sus propias casas, reduciendo costes, aumentando el rendimiento de los préstamos y acelerando y facilitando los trámites de concesión. Así pues, fundaron una compañía en California, en un despacho con sólo dos mesas, pero con un nombre extremadamente seguro en la puerta: Countrywide Funding Corp.

Poco más de tres décadas después, Countrywide Credit Industries es uno de los gigantes del sector hipotecario y uno de los dos fundadores, Angelo Mozilo sigue al timón como presidente y director general. (David Loeb, el otro fundador, se retiró en 1999.) En el año fiscal 2001, Countrywide creó nuevos préstamos inmobiliarios por valor de 69 mil millones de dólares —una hipoteca cada cuarenta segundos— y manejó una cartera de 300 mil millones de dólares de préstamos ya existentes para 2,4 millones de clientes. En un sector con una fuerte presión tarifaria y unos ciclos de tipos de interés que giran vertiginosamente, ha conseguido que sus ganancias compuestas alcanzaran un mareante promedio anual del 33% en la década que finalizó en 2001, cuando declaró unos beneficios después de impuestos de 374 millones de dólares. Y lo que es todavía más extraordinario es que Countrywide ha crecido principalmente de forma orgánica, no como resultado de fusiones y adquisiciones.

En términos de la Estrategia de la Demanda, la historia de Countrywide se acercaría mucho a la de Southwest Airlines, que empezó sus operaciones por la misma época, o Dell Computers, fundada más de una década después. Al igual que estas dos empresas, Countrywide apuntó a la demanda de unos compradores conscientes del valor e inventó un sistema de negocios completamente nuevo y diferente para servirla de forma rentable. Una vez descubierto este rentable segmento, Countrywide dedicó las tres décadas siguientes a perfeccionar su Estrategia de la Demanda, ampliando y profundizando su alcance, refinando su Propuesta de Valor para la Demanda y desarrollando su sistema de negocio para mantener la rentabilidad y el crecimiento pese a los numerosos retos que iba a encontrar por el camino. Desde 1997, ha sido una de las quinientas compañías englobadas en el índice bursátil Standard & Poor.

Los primeros años de Countrywide estuvieron lejos de ser fáciles. La joven firma, aun esforzándose por afianzarse en el sector, perdía dinero o conseguía sólo unos magros beneficios. Buena parte del problema podía achacarse a la estructura del sector por aquel entonces. Los bancos hipotecarios empleaban funcionarios encargados de los préstamos, cuya tarea era establecer contacto con los agentes inmobiliarios locales y con los compradores de viviendas. Estas relaciones generaban préstamos para el banco hipotecario, pero también producían unas tremendas comisiones para esos funcionarios, que a veces alcanzaban el 1% del préstamo total. No es de extrañar que los bancos hipotecarios de cada región del país compitieran enérgicamente por los mejores vendedores poniéndoles delante de la nariz, como si fuera una zanahoria, unas comisiones cada vez más altas. Cuando los funcionarios aceptaban la oferta más alta y se marchaban a otro banco, se llevaban con ellos sus relaciones con las agencias inmobiliarias, el volumen y los beneficios de sus préstamos.

Esta guerra no sólo minaba los beneficios de Mozilo y Loeb, sino que, además, frustraba su objetivo a largo plazo; su visión de una innovación a escala nacional estaba sometida a las vertiginosas comisiones que tenían que pagar para conservar su personal de ventas. Pero después de varios años de frustraciones, tuvieron su día de iluminación; al estudiar las fuerzas y los factores del mercado, decubrieron un segmento de usuarios que nadie abordaba y que ellos podían tratar de captar. Mozilo calculó que alrededor de una cuarta parte de los compradores de vivienda eran muy sensibles a los precios y firmarían con el banco que tuviera el tipo hipotecario más bajo. El reto era dar con el medio de satisfacer esa demanda de forma rentable.

En 1974, tenía listo su nuevo plan. Era un clásico de la Estrategia de la Demanda; una decisión de diferenciarse mientras ofrecían el mismo producto general que la competencia, pero apostando por un servicio que se adecuara a la demanda del segmento al que apuntaban. Primero, Mozilo y Loeb despidieron a la totalidad del personal de ventas a comisión y lo sustituyeron por empleados asalariados que no tenían contactos especiales, pero que podían proporcionar préstamos de forma eficaz a los compradores de vivienda que lo solicitaran. A continuación, utilizaron la mayoría del dinero que se ahorraban en comisiones para bajar sus tipos de interés y acercarse así a la demanda. El resto de lo ahorrado se dedicó a una audaz publicidad para promocionar ese interés más bajo. Al principio, trabajando con un presupuesto muy reducido, se anunciaban con tarjetas postales; cuando el negocio creció, empezaron a utilizar también radio y televisión. De una tacada, habían reducido enormemente los costes de explotación y habían trasladado los ahorros a sus clientes. Y como dice Mozilo: «La publicidad nos dio el pleno control de nuestro mensaje.»

Los pasos que dieron Mozilo y Loeb para salir de la rutina general son un clásico de la estrategia de la demanda.

Primero establecieron un contexto de fuerzas y factores. Luego identificaron los segmentos del consumo que serían más rentables para ellos. A continuación se diferenciaron creando un producto que apuntaba al 25% de los compradores de viviendas cuya necesidad de una hipoteca de más bajo coste no se veía satisfecha. Para cumplir con esta demanda, construyeron un sistema de negocio exclusivo compuesto de sucursales, vendedores asalariados, en lugar de a comisión, y sistemas de información hechos a medida. Finalmente, reasignaron unos recursos preciosos trasladando los ahorros a los clientes, además de utilizar la publicidad para hacer saber a todos que Countrywide era el mejor lugar para conseguir una hipoteca de bajo coste.

La nueva estrategia rindió unos generosos resultados. Los anuncios sobre el recorte en los tipos de interés despertaron la ira entre sus competidores, pero encontraron una rápida respuesta entre los compradores. En 1980, Countrywide pudo ampliarse hasta cuarenta sucursales distribuidas por ocho estados.

Al expandirse, fue entendiendo mejor cómo era su segmento de la demanda. En realidad, resultó que ese segmento incluía no sólo a los compradores de viviendas, sino también a las agencias que se las vendían y que, con frecuencia, les ayudadaban con sus solicitudes de hipoteca dirigiéndolos hacia su entidad crediticia preferida. Countrywide vio que algunas de esas agencias encajaban en su modelo de negocio mejor que otras. En una entrevista concedida a mediados de los noventa, Mozilo definió su objetivo: «Buscamos al agente inmobiliario que quiere la ejecución más eficiente. No buscamos un agente que necesite que lo lleven de la mano.»

Para servir a este segmento de agentes y a sus clientes, Countrywide dio a los jefes de sus sucursales una considerable autoridad para tomar decisiones rápidas. Cada sucursal podía aprobar sus propios préstamos, tramitarlos y extender sus propios cheques a los prestatarios. Sin tener que esperar la decisión de la central, un agente inmobiliario que actuara en nombre de un cliente podía cerrar el trato antes de que el comprador cambiara de opinión.

Conforme Countrywide se expandía, Mozilo y Loeb comprendieron, también, que podían atender provechosamente un segmento de mercado mucho mayor que los compradores sensibles a los precios a que habían apuntado inicialmente. Sus clientes incluían muchos compradores inexpertos que valoraban a Countrywide por su capacidad para explicar y simplificar los pasos necesarios para obtener una hipoteca. El personal asalariado de la compañía estaba bien preparado para hacerlo; podían desmitificar los trámites, señalando pacientemente todos los detalles, sin la fuerte presión de ninguna táctica de ventas.

También aquí, el control desde las sucursales ayudaba a dejar libre al personal para que ofreciera un servicio conveniente y claro, que era valorado por este grupo de clientes.

Este es un ejemplo excelente de por qué una Propuesta de Valor para la Demanda bien hecha es inclusiva en lugar de exclusiva. Al preparar productos y servicios para su objetivo, Countrywide descubrió que decenas de miles de personas de diferentes segmentos de la demanda querían la simplicidad y atención que la empresa ofrecía.

La red de sucursales de Countrywide también estaba cuidadosamente estructurada para servir a su demanda de forma provechosa. Mozilo explicó que esas sucursales seguirían siendo pequeñas, de alrededor de cien metros cuadrados de superficie y sólo tres o cuatro empleados en cada una, para que pudieran estar cerca de sus clientes y del núcleo de la comunidad inmobiliaria a la que servían. Cada sucursal sólo necesitaba hacer unos cuantos préstamos para ser rentable, pero podía haber muchas sucursales en una comunidad dada. El objetivo de Countrywide era, incluso entonces, hacerse con una cuota del 5%, por lo menos, de cualquier mercado en el que compitiera y alcanzar una penetración nacional del 5%. (Según las últimas cifras, tenía más de 550 sucursales por todo el país).

La constante búsqueda de una comprensión exclusiva de la demanda ha permitido que la empresa se diferenciara ante los segmentos objetivo en un mercado por lo demás indiferenciado. Pero para servir a esos segmentos de forma rentable con su PVD, Countrywide tuvo que contar con las estrategias y sistemas de negocio adecuados para apoyar su Estrategia de la Demanda.

Uno de esos sistemas clave fue, como hemos dicho antes, la red de sucursales descentralizadas dotadas de personal asalariado. Pero había otras fuerzas y otros factores que Countrywide tenía que abordar como parte de su estrategia.

En el sector hipotecario, la fortuna de un banco sube o baja a la par que los tipos de interés. Cuando esos tipos son altos, la demanda de nuevas hipotecas se estanca, pero cuando los tipos empiezan a bajar, esa demanda sube a toda velocidad. La rebaja en los tipos de interés también dispara una fuerte subida en la refinanciación de hipotecas a tipos más bajos, como sucedió entre 2000 y 2001. Pero el sector debe vivir con el hecho de que no tiene el control sobre sus propias tarifas; en Estados Unidos, los movimientos de los tipos de interés están controlados, en gran medida, por la Reserva Federal.

A principios de los ochenta, unos tipos de interés de casi el 18% hicieron que la demanda se agostara y causaron estragos en el sector hipotecario. Como resultado, Mozilo comprendió que Countryside tenía que diversificarse a fin de reducir su dependencia del ciclo de los tipos de interés. Al mismo tiempo, tenía que retener su concentración en el sector hipotecario, donde podía explotar sus competencias y marca. La compañía abordó estos objetivos creando una unidad de negocio de empresa a empresa llamada Countrywide Securities Corporation. Esta firma actúa como agente que reúne los préstamos en un fondo común y los vende a los inversores como valores, respaldados por las hipotecas subyacentes. La empresa ha crecido desde entonces hasta convertirse en una importante filial, conocida ahora como Countrywide Capital Markets. En el año fiscal 2001, negoció valores por 742 mil millones de dólares y generó 44,5 millones de dólares de beneficios, que representaron casi el 8% de los beneficios totales antes de impuestos de Countrywide. La compañía aprendió una lección mayor y más importante del ciclo de altos intereses de los ochenta; aprendió que tenía que ser flexible y buscar continuamente nuevos medios para mantener bajos los costes. Sólo entonces podía estar segura de que habría ingresos, beneficios y crecimiento tanto en los años de vacas gordas como en los de vacas flacas. Como decretó Mozilo: «No quiero quedar nunca por detrás de mis competidores. No quiero tener que tratar de atraparlos. Tenemos que saltar por encima de ellos.»

Una clave de la flexibilidad era un sistema de negocio que Mozilo llamó «operación de producción dinámica». Esto entrañaba contratar personal temporal cuando los tipos de interés fueran bajos y despedirlos cuando volvieran a subir y no hubiera solicitudes. Las pequeñas sucursales de la red de Countrywide estaban igualmente preparadas para la flexibilidad; era fácil cerrarlas y volverlas a abrir según fluctuaran las condiciones económicas.

Countrywide comprendió también, mejor que cualquiera de sus rivales de aquel momento, que la tecnología podía ayudar a la compañía a proporcionar los préstamos más rápidamente, con mayor precisión y más baratos; unas ventajas que eran esenciales para su PVD. Ya en 1980, empezó a crear una tecnología exclusiva para automatizar muchas funciones rutinarias de oficina, el primer paso en una larga línea de innovaciones tecnológicas.

En 1990, la empresa instauró un *software* exclusivo, llamado EDGE, que permitía una única entrada de datos para todos los trámites necesarios para un préstamo, tales como producción de documentos y seguros.

En 1992, la empresa lanzó CLUES (Countrywide Loan Underwriting Expert System), un programa automatizado con tecnología de inteligencia artificial para aprobar o denegar los préstamos corrientes. Años por delante de sus competidores, CLUES garantizaba que toda la información necesaria sobre un posible préstamo fuera tenida en cuenta, sin comprometer la calidad o equidad del crédito ante el solicitante. Una decisión sobre un préstamo, que antes exigía semanas mientras los empleados reunían todo el papeleo, ahora se tomaba en treinta segundos.

Richard Jones, director general de tecnología de Countrywide, dice que CLUES se originó en el auge de refinanciación de 1991, cuando la escasez de aseguradores bloqueó los sistemas de la compañía y provocó un gran retraso en las solicitudes de préstamo. «Tramitábamos un enorme volumen y teníamos que automatizarnos —dice—. Esto es coherente con la filosofía de Countrywide. Todo el tiempo [nuestra idea] ha sido utilizar la tecnología para conseguir una ventaja competitiva y esa era nuestra idea también en 1991».

La aseguración automatizada resultó ser un sistema vital para Countrywide en el auge de los noventa, haciendo posible que la compañía lanzara nuevos productos rápida y frecuentemente. Como explica Jones, CLUES puede ajustarse fácilmente para tomar decisiones basadas en un nuevo conjunto de criterios. Así, dice: «Si marketing inventa un nuevo producto, podemos respaldarlo con una decisión automatizada sobre el seguro en el espacio de un mes.»

Smart Call, similar al sistema de direccionamiento inteligente de llamadas del que fue pionera Capital One, permite que Countrywide acelere el servicio al cliente corriente, mientras reduce, simultáneamente, los costes y libera empleados para que se dediquen a tareas más complejas. Introducido en 1997, el sistema maneja más del 40% de las vein-te mil llamadas de clientes que se reciben cada día con preguntas sobre impuestos y sobre cuestiones de pago. Smart Call identifica automá-ticamente al propietario de vivienda que está llamando, accede a la cuenta para predecir la razón de la llamada y proporciona la respuesta a cinco preguntas que ha previsto que le planteará el cliente. Como re-sultado, el coste por llamada de servicio ha bajado desde 4 dólares a se-senta centavos, ahorrándole a la empresa 6 millones de dólares al año.

Puede que el sistema más importante que Countrywide ha inven-tado para allanar el ciclo de tipos de interés fue lo que sus directores llamaron «macro protección». Dado que las hipotecas tienen una vida de hasta treinta años, el negocio se divide naturalmente en dos partes —originar los préstamos y servirlos, que, en realidad, pueden hacerse desde compañías distintas. Al iniciar una hipoteca, se aprueba y finan-cia el préstamo; servirla entraña el cobro de los pagos al prestatario y el papeleo habitual de contabilidad y declaración de impuestos durante la duración del préstamo. La empresa de servicio garantiza el pago y co-bra unos honorarios, que pueden ir desde un 0,25% hasta un 3%, de-pendiendo de lo arriesgado de ese préstamo. En sus primeros años, Countrywide se concentró en originar hipotecas, pero a finales de los ochenta, cuando el sector salía de otro ciclo de tipos de interés, la em-presa hizo una observación interesante sobre las fuerzas y los factores en acción: cuando los tipos de interés son bajos, muchas nuevas hipo-tecas generan ingresos y beneficios, mientras que las ganancias por ser-vicio bajan cuando todo el mundo liquida sus hipotecas mediante la re-financiación. Pero cuando los tipos de interés suben y no hay nuevas hipotecas, pocas personas refinancian y las antiguas hipotecas siguen generando ingresos por servicio.

Así pues, Countrywide creó su justamente famosa macro protec-ción; además de las hipotecas que ella misma concedía, la empresa em-pezó a construir su cartera de servicio comprando préstamos a otras compañías. De esa manera, en los dos lados del ciclo del tipo de inte-rés, Countrywide tenía garantizados unos ingresos y unos beneficios constantes.

La protección resultó útil cuando los tipos se dispararon de forma espectacular en 1994 después de un largo período de mínimos durante 1993. El auge de la refinanciación de 1993 se agotó y aunque la compañía anotó una reducción de 95 millones de dólares en los ingresos por nuevas hipotecas, lo compensó de sobras con la ganancia de 230 millones de dólares procedentes del servicio de hipotecas. Countrywide acabó el año con beneficios absolutos, lo cual no era un logro desdeñable en un entorno de tipos de interés crecientes.

Countrywide fue pionera en la macro protección y es también una de las pocas firmas hipotecarias que pueden lograr que funcione. La mayoría de compañías utilizan las nuevas hipotecas como reclamo y hacen beneficios con las tarifas de servicio. La estructura de Countrywide, flexible y de bajo coste, le permite beneficiarse de ambas operaciones.

La Estrategia de la Demanda de Countrywide alcanzó su verdadera mayoría de edad en los noventa. Como parte de su continuo análisis de las fuerzas y los factores de su mercado, incluyendo las tendencias demográficas a largo plazo, sus directores se adelantaron a la competencia al reconocer que el principal mercado interior de la propiedad estaba cada vez más saturado. Al mismo tiempo, los tasas de propiedad seguían siendo bajas entre prestatarios no tradicionales como los afroamericanos, los hispanos, los inmigrantes y los grupos con niveles de renta bajos en general. Hacia finales de los noventa, el 74% de los estadounidenses caucasianos eran propietarios de su vivienda. El porcentaje para el resto de grupos étnicos era del 45%. Como dice Mozilo: «Había todo un segmento de la población que quedaba excluido, porque el sistema establecido por el gobierno creaba, sin querer, barreras que mantenían a las personas no blancas y que no hablaban inglés fuera de la propiedad de viviendas.»

La brecha, causa de preocupación en el ámbito político y social, era fácil de explicar; se veía a los posibles propietarios no tradicionales de viviendas como un mayor riesgo debido a sus bajos ingresos y bienes. Con frecuencia, no disponían de los documentos exigidos para un préstamo y no podían hacer el pago inicial del 20% habitualmente exigido para las hipotecas tradicionales.

Pero ese riesgo se exageraba, decidió Mozilo. «Al principio —recuerda— yo iba a casa de la gente para entrevistarlos cuando pedían un préstamo. Trataba de lograr lo imposible. Con lágrimas en los ojos, esas personas me prometían que cogerían un segundo y un tercer empleo para pagar el préstamo, porque la propiedad de la vivienda representaría una diferencia enorme. Al entrevistar a miles de esas personas, vi que tenían razón; cumplirían con los pagos, el sistema estaba equivocado».

Para Countrywide, la brecha en la propiedad de la vivienda era una fuerza de la demanda. En potencia, podía ser una oportunidad de negocio rentable y de rápido crecimiento y era también la ocasión de que la compañía ayudara a nivelar el terreno de juego para las minorías y para quienes compraban una vivienda por vez primera.

Así pues, Countrywide ha ido tras ese mercado de forma decidida. En 1998, la compañía se comprometió a proporcionar 50 mil millones de dólares (más tarde aumentados a 80 mil millones) con una financiación asequible para los prestatarios de las minorías y de rentas bajas durante un período de cinco años. También ha presentado una serie de productos y servicios nuevos que ayudan a los prestatarios no tradicionales a superar las barreras asociadas con la obtención de un préstamo.

Un prestatario con pocos bienes que ha mantenido un historial de crédito excelente, por ejemplo, puede pedir un préstamo por el 100% del valor de la propiedad y, en la mayoría de estados, un 3% adicional para los gastos del contrato. Otro programa ofrece una primera hipoteca del 95% del coste de una vivienda, con el 5% restante financiado por medio de un préstamo de ahorro-vivienda.

Medido por los términos de la Home Mortgage Disclosure Act (Ley de Divulgación de las Hipotecas para la Vivienda), las actividades de Countrywide la convierten en la primera prestamista de la nación para los hispanos, la tercera para los afroamericanos y la primera para las comunidades y prestatarios de rentas bajas. Por añadidura, pese a que no está regulada por la Community Reinvestment Act (Ley de Reinversión Comunitaria), diseñada para proteger a los prestatarios mal atendidos, tiene un historial de equidad en la concesión de préstamos mejor que el de la mayoría de bancos, que están sometidos a la CRA.

Tiene un historial que merece, y consigue, alabanzas. «Hay que quitarse el sombrero ante Countrywide —dice Matthew Lee, director de un grupo activista que se ha mostrado fuertemente crítico con muchos prestamistas—. No están sometidos a la CRA, pero igualmente han dedicado tiempo a penetrar en esos mercados. En ese sentido, son uno de los líderes entre las firmas hipotecarias no bancarias».

Sería de esperar que prestar a quienes piden un préstamo para la vivienda por vez primera y a los grupos de bajos niveles de renta entrañaría un mayor riesgo de morosidad; pese a sus buenas intenciones para pagar las cuotas puntualmente, estos compradores carecen de los recursos para capear emergencias económicas. Esas moras en los pagos pueden resultar muy costosas. Primero, están los gastos de ejecución de hipoteca, que están alrededor de los 2.500 dólares por cada hipoteca fallida. Además, una vez se ha producido esa ejecución, Countrywide pierde los lucrativos honorarios derivados de servir el préstamo. En tercer lugar, una tasa de morosidad más alta afectaría negativamente la posición de Countrywide entre los inversores que financian sus préstamos, haciendo que la financiación fuera más difícil o cara en el futuro. No obstante el efecto más perjudicial de las ejecuciones puede ser el boca a boca en las comunidades donde actúa la empresa. Aunque la mayoría de ejecuciones son debidas a acontecimientos imprevistos entre los prestatarios, como la pérdida del empleo, el divorcio o problemas de salud, un prestamista con muchas ejecuciones se va ganando una mala reputación: «No vayas a Countrywide; te llevarán a juicio si no pagas.»

Por todas estas razones, Countrywide toma unas medidas extraordinarias para reducir al mínimo la tasa de incumplimiento de sus préstamos a los prestatarios con ingresos bajos y a los compradores de vivienda por vez primera. En la Estrategia de la Demanda, diríamos que han elaborado un sistema de negocio extraordinario para sostener un producto rentable y un segmento de la demanda que requiere un poco de servicio extra. El proceso se inicia el día en que se recibe la solicitud de hipoteca y sólo acaba cuando el préstamo ha sido devuelto por completo. La compañía utiliza un modelo para evaluar el total del préstamo que alguien puede permitirse, dados el historial y los ingresos de la familia. Tiene también un programa de educación sobre la propiedad de vivienda para preparar a quienes compran por vez primera para las responsabilidades y costes potenciales de tener una vivienda en propiedad. Para garantizar que el dinero reservado para pagar la hipoteca no se desvía al pago de reparaciones no previstas, el programa incluye servicios de inspección de la vivienda y también una garantía para los artículos eléctricos.

Si los préstamos a prestatarios desfavorecidos económicamente acaban siendo morosos, Countrywide los guarda en una cartera aparte, reconociendo que esas personas no tienen el colchón económico ni el acceso fácil al crédito que los prestatarios convencionales poseen.

Y la empresa tiene toda una serie de instrumentos con soluciones para esos morosos, incluyendo planes de pago, modificaciones del préstamo y ayudas con el seguro de la hipoteca. Richard De Leo, director gerente de la administración de préstamos, dice que esas medidas «ayudan a los prestatarios a evitar la ejecución y a volver a ponerse al día en el pago de sus hipotecas». Dice que, por ejemplo, los pagos pueden suspenderse durante tres meses si un prestatario pierde su empleo.

Countrywide tiene equipos de «mitigación de las pérdidas» cuya tarea es ofrecer asesoría a morosos de ingresos bajos, utilizando el conjunto de instrumentos disponibles para crear un programa ajustado a sus circunstancias especiales. Los equipos reconocen que la vergüenza, el temor o el rechazo impide que esas personas inicien el contacto con la compañía, de forma que cuando se saltan los pagos, son ellos quienes les abordan por medio de llamadas telefónicas, folletos, cartas, incluso con una cinta de vídeo enviada por correo. Todos estos mensajes están preparados en términos amistosos, no amenazadores, con ofertas para proporcionar asesoría y auxilio.

Uno de los deudores que recibió una carta de Countrywide, con la dirección escrita a mano dice: «Vi el folleto y pensé: "Ya, seguro". Pero los llamé y me pareció que de verdad querían ayudarme y apoyarme. Cuando colgué el teléfono pensé: "Ha sido demasiado fácil; tiene que haber algo más".»

Pero sus temores fueron infundados. El equipo de Countrywide rehizo el préstamo para que pudiera pagarlo en un nuevo período de 30 años, reduciendo su tipo de interés en casi un 0,5% al hacerlo.

Ninguna de estas medidas es exclusiva de Countrywide. La auténtica diferenciación es la manera en que combina los instrumentos de que dispone con sus equipos de especialistas en mitigación de pérdidas y su información de las actitudes y comportamiento de sus clientes. Como dice De Leo: «No hay nada especial que tengamos nosotros y otras compañías no tengan, pero lo que distingue a Countrywide es lo satisfactoriamente que usamos las herramientas de que disponemos para evitar la ejecución de una hipoteca.»

Y en conjunto, este sistema ha demostrado tener mucho éxito. Hasta un 80% de préstamos morosos en sus primeras etapas, concedidos a prestatarios de rentas bajas y moderadas se solucionan rápidamente. Incluso el restante 20%, con un retraso de 120 días o más, no son abandonados. Finalmente, un 40% de ellos alcanzan, también, una solución. El resultado final es que sólo un 12% de las hipotecas morosas de Countrywide acaban siendo ejecutadas.

En los noventa, Internet, una nueva fuerza en el mercado, parecía que iba a plantear una amenaza para Countrywide. Al igual que con las transacciones financieras, la información referente a la tramitación y concesión de préstamos podía, en principio, ser transferida enteramente a la red, orillando eficazmente a las agencias inmobiliarias y, con ellas, a todo el sistema de sucursales que era el núcleo del negocio minorista de Countrywide. Incluso mientras Internet estaba en su fase de «primeros en adoptarlo», empresas como E-LOAN se estaban preparando a toda prisa para realizar todo el trámite de nuevas hipotecas on line.

Mozilo captó el peligro y estaba preparado para responder a él. No obstante, con un conocimiento de la naciente demanda que parece verdaderamente asombroso en retrospectiva, entendió también que lo que ahora llamamos una estrategia de «clics y ladrillos» sería esencial para servir a los diversos segmentos del mercado hipotecario.

Countrywide.com fue lanzada en 1996 y se añadieron rápidamente páginas web conforme los consumidores y los socios de la empresa vieron los beneficios del nuevo canal de Internet. Los posibles prestatarios de Countrywide pueden hacer su solicitud on line y recibir una aprobación previa on line en más de veinticinco estados. Tanto los solicitantes como los prestatarios son informados constantemente sobre la situación de sus préstamos. Incluso en el año 2000, los principales competidores de Countrywide, entre ellos Wells Fargo y Chase, seguían sin haberse puesto a la altura de la compañía en la gama de servicios ofrecidos por Internet.

Pero incluso mientras Countrywide construía su presencia en Internet, seguía fiel a su visión de «clics y ladrillos» expresada por Mozilo en 1995. «La página de Internet sigue siendo una piedra angular en los planes de crecimiento de Countrywide —escribía Stan Kurland, director gerente ejecutivo y director de explotación de la compañía, en un reciente artículo—. La estrategia de "clics y ladrillos" reconoce que diferentes clientes se sienten cómodos en un grado diferente cuando se trata de buscar una hipoteca en Internet.»

En la práctica, esto significa que cada solicitud de préstamo recibida en Internet es enviada automáticamente a la sucursal más cercana al solicitante y allí es tramitada exactamente igual que otra presentada en persona por otro cliente, utilizando toda la tecnología y los sistemas automatizados de la empresa. Pero si los solicitantes on line tienen dudas o preguntas en cualquier momento del proceso, pueden telefonear directamente a la compañía para aclararlas. Según Mozilo: «Haga todas las gestiones que quiera por la red, pero si se atasca, aquí estamos.»

La estrategia en el comercio electrónico de Countrywide ha sido un éxito; su presencia en Internet (incluyendo canales independientes para hipotecas al por mayor) genera actualmente un 40% de sus nuevos préstamos. No obstante, como dice David Espenschied, jefe de la unidad de comercio electrónico de Countrywide: «Sólo está empezando a ser rentable. Lo mejor está por venir.»

El comercio electrónico fue sólo un elemento más entre las fuerzas y factores de gran potencia presentes en el sector hipotecario en los noventa y algunos otros tuvieron un efecto más inmediato. Las sacudidas de la economía de la demanda —el aumento de la competencia, la presión en precios y la pérdida de diferenciación— estaban empezando a hacerse sentir en todo el sector y Countrywide no fue una excepción.

En un detallado trabajo sobre la evolución del sector, Michael Jacobides, profesor de la Wharton Business School, describe cómo los seguros estandarizados limaban las diferencias entre prestamistas y aumentaban la competencia en precios. Entretanto, los profesionales inmobiliarios y los posibles compradores de viviendas aprovechaban la explosión de información para negociar las mejores condiciones y el sector se lo ponía en bandeja. Como decía Jacobides: «Dada la disponibilidad de información y generalización de los productos/servicios ofrecidos, la mayoría de los ahorros se trasladaban a los consumidores debido a la competencia. [...] La transparencia y unos menores costes de búsqueda y transacción llevaron a una mayor rivalidad y a la disminución de los beneficios.»

En resumen, la base tradicional para lograr una ventaja competitiva en el sector hipotecario se estaba desvaneciendo. «Ser del lugar y estar arraigado ya no significaba mucho —escribía Jacobides—. Al igual que los soldados rojos de *Alicia en el País de las Maravillas*, las compañías hipotecarias tenían que correr para quedarse en su sitio y correr incluso más para seguir vivas.» La aumentada competencia creaba unas presiones brutales en precios; las tarifas y cargos por la contratación de hipotecas cayó en casi un 40% en pocos años. Varias grandes empresas, como First Union, incluso dejaron el sector. También hubo un aluvión de fusiones y adquisiciones cuando muchas llegaron a la conclusión de que siendo mayores tendrían más probabilidades de sobrevivir.

En 1990, las primeras veinticinco firmas de contratación de hipotecas tenían un 30% del mercado de los nuevos préstamos, mientras que las primeras veinticinco firmas dedicadas al servicio de la deuda tenían algo más de una quinta parte de su mercado. Estas cifras de participación habían ido subiendo de forma continuada a lo largo de una década y para el 2000 se situaban alrededor del 60% de cada mercado.

La propia Countrywide sentía la presión de los precios; su margen neto cayó desde el 28 al 20% entre 1995 y 2000. No obstante, como auténtica estratega de la demanda, la compañía se había adelantado y respondido a esta presión. Al igual que hizo con los propietarios de vivienda no tradicionales, Countrywide incrementó sus esfuerzos para identificar nuevas oportunidades de demanda y crear productos rentables para servirlas. Hoy la empresa tiene no menos de ochenta y cuatro productos distintos que sirven a diversos subsegmentos de clientes con necesidades específicas.

Un ejemplo es el eEasy Rate Reduction Plan, que permite que los prestatarios reduzcan el tipo de su hipoteca automáticamente cuando los tipos de interés caen, sin pasar por todo el engorroso trámite de refinanciar el préstamo. Ejerciendo esta opción, un prestatario con, digamos, una hipoteca de 100.000 dólares, a interés fijo, podía ahorrar casi 1.300 dólares en un período de cinco años. Este producto ha creado un nuevo mercado de gran tamaño para Countrywide. Lehman Brothers calculó que más del 30% de los prestatarios preferirían aprovechar la oferta de Countrywide que refinanciar su hipoteca de la manera habitual. Como beneficio añadido, al ser la primera compañía en lanzar este tipo de producto, Countrywide obtuvo un sobreprecio; cargó un 2,5% sobre el saldo pendiente como honorarios por el servicio. Podría haber conseguido beneficios con unos honorarios de sólo el 1,5%. Incluso así, la mayoría de prestatarios encontró que eran más bajos que el coste de una refinanciación tradicional.

Más recientemente, Countrywide ha prometido un nuevo producto que combina los rasgos de una hipoteca con los de una tarjeta de crédito y que, además, tiene ventajas fiscales. Este instrumento proporcionará automáticamente una línea de crédito basada en la diferencia entre el valor corriente de la vivienda y el saldo pendiente de la hipoteca.

No obstante, Countrywide es muy consciente de los acortados ciclos del producto de la economía de la demanda. El eEasy Rate Reduction Plan, por ejemplo, pronto fue igualado por una oferta similar de Greenpoint Financial, y es probable que el 2,5% de honorarios mengüe. Incluso antes de su lanzamiento, la oferta de hipoteca y crédito combinados se enfrenta a la competencia de Wells Fargo, que tiene planes para un producto similar. Esas presiones de la competencia garantizan que Countrywide continuará su búsqueda de nuevas oportunidades en los años venideros.

La reducción en los márgenes unida a la generalización del producto en el negocio hipotecario básico también ha llevado a Countrywide a diversificar sus actividades. No obstante, sus líderes han permanecido mayormente dentro de los límites del sector hipotecario. También se han centrado en ofertas que refuerzan la Propuesta de Valor para la Demanda que han ido elaborando a lo largo de los años. Por ejemplo, tienen intención de crear un establecimiento único para todos los servicios asociados a la contratación de hipoteca; seguro de la hipoteca, valoración, garantía, informes del crédito, tramitación y cierre. En la actualidad, estos trámites obligan al prestatario a tratar con hasta ocho organizaciones diferentes. Pero en opinión de Mozilo: «Tendría que ser un sistema de una pieza, con todos los servicios en un único sitio, ofrecidos por una única fuente.»

Countrywide ya cuenta con un trampolín para esta operación. Su filial LandSafe proporciona valoración, crédito, definición del riesgo por inundaciones y servicios de título de propiedad y garantía, mientras otra filial, Countrywide Insurance, ofrece protección a la vivienda y otras pólizas.

Countrywide también tiene un pie en el mercado Europeo. En una sociedad en participación con Woolwich, S. A., de Gran Bretaña, la empresa está adaptando su tecnología de concesión de préstamos a las normas y costumbres del mercado hipotecario británico, donde ve importantes oportunidades para reducir costes e incrementar los porcentajes de la propiedad inmobiliaria.

Y finalmente, la Estrategia de la Demanda de Countrywide exige fijar la identidad de su marca, para sellar su diferenciación en la mente del cliente. Ya en 1995, Mozilo le dijo a un entrevistador: «Cuando la gente piensa en hamburguesas, piensa en McDonald's. Cuando piense en hipotecas, queremos que piense en Countrywide. Estamos empeñados en una odisea a veinte años.»

A menos de la mitad de ese marco temporal, Mozilo y la compañía que cofundó han recorrido un buen trecho de la distancia.

11

La Propuesta de Valor para la Demanda de EMC

Casi con toda seguridad no ha existido nunca un empresario que no haya jugado constantemente al juego de «Y si...» Es un juego sencillo, donde imaginas que tu nuevo negocio tiene éxito y el «Y si...» representa el crecimiento de las ventas, los beneficios o cualquier otra medición de objetivos que elijas. A veces, creo que debe ser un cromosoma extra con el que sólo nacen los que tienen espíritu emprendedor. En los negocios nos enseñan a practicar el juego de «Y si...» como si fuera un plan de negocios pro forma. Eso hace que el ejercicio sea mucho más disciplinado y más cercano a la realidad, mientras que, al mismo tiempo, le quita toda la diversión.

Dick Egan y Roger Marino, los dos fundadores de EMC, practicaron el juego de «Y si...», pero ni en sus sueños más descabellados podrían haberse preguntado: «¿Y si nuestra empresa tiene tanto éxito que nuestro capital crece más rápido en un período de diez años que cualquier otro en toda la historia de la Bolsa de Nueva York?» Hace diez años, les habría resultado imposible imaginar que su recién nacida empresa, cuya sede estaba entonces encima de un restaurante, en un pequeño despacho en un segundo piso sin ascensor, se apreciaría en un 80.575% en la década de los noventa.

Llamada según las iniciales de Egan, Marino y un tercer fundador (que dejó la empresa muy pronto), EMC realizó esta sorprendente hazaña porque comprendió la inminente demanda de almacenamiento de datos informáticos. EMC aplicó sus conocimientos a la demanda para dominar el mercado de almacenamiento que crecía a toda velocidad. El logro de EMC es incluso más extraordinario considerando que salió de la nada para enfrentarse a gigantes bien establecidos como IBM, Hewlett-Packard y Sun Microsystems, entre otros.

Allá en 1979, Egan y Marino no tenían plan de negocios ni producto ni mercado ni bienes de capital. Lo único que tenían era títulos de ingeniería eléctrica y un instinto seguro para comprender y satisfacer la demanda.

En aquellos días, los clientes de la tecnología de la información se sentían frustrados por unos productos tecnológicos patentados, diseñados para aceptar sólo ampliaciones hechas por los fabricantes originales. Los usuarios querían libertad para adaptar los sistemas informáticos a sus propias necesidades, a un coste razonable. Ofrecerles esa libertad se convirtió en la razón de ser de EMC.

No obstante, primero los dos empresarios tenían que reunir un capital inicial para la puesta en marcha del proyecto. Trabajaban para una empresa de mobiliario de California y vendían mesas para ordenador a las empresas de Nueva Inglaterra con una importante comisión del 55%. Entregando a pulso las mesas en los despachos de sus clientes, los dos reunieron pronto los fondos que necesitaban para empezar su nueva aventura. Empezaron representando y vendiendo los paquetes de memoria adicional de Intel, un negocio en crecimiento en aquel tiempo en que las empresas se informatizaban con prisas.

El auténtico futuro de EMC empezó en 1981 cuando los socios se vieron rechazados por un posible cliente, un científico investigador de la Universidad de Rhode Island. No le interesaban los chips de memoria de Intel. Utilizaba un ordenador preparado para usuarios científicos —el miniordenador Prime de treinta y dos bits— y les dijo: «Me gustaría que EMC vendiera memoria compatible con Prime.»

Como dice Egan: «En aquel momento, nació la idea. Durante los cinco meses siguientes, Roger y yo nos pasamos todos los fines de semana en un laboratorio informático de la universidad diseñando, probando y perfeccionando un producto nuestro, compatible con el Prime. El profesor que dirigía el Grupo de Usuarios de Prime en Boston llevaba aquel laboratorio y se mostró muy entusiasmado cuando vio funcionar nuestra primera unidad. Quería que diéramos publicidad a nuestro éxito. Todas las personas que conocía necesitaban más memoria Prime, pero no podían pagar 36.000 dólares por megabyte para conseguirla; el precio de Prime era así de alto.»

Cuando los socios hicieron un intento de publicidad, Prime Computer los demandó por un presunto robo de información patentada. Cuando Egan y Marino amenazaron a su vez con demandar a Prime por una conducta monopolística, la empresa de ordenadores dio marcha atrás. EMC estaba fuera de peligro y empezó a despegar.

«Cuando nuestra nómina llegó a doce personas —recuerda Egan—, dejamos de preocuparnos de lo que gastábamos en los restaurantes. Y cada día oíamos a usuarios que expresaban la necesidad de más memoria para Prime... y para Wang, para DEC VAX y para casi cualquier miniordenador. Roger empezó a reunir una fuerza de ventas directas reclutando a graduados universitarios. Esos chicos llenos de entusiasmo y energía vendían mucha memoria. Y nos daban la confianza para buscar otra línea de productos que pudiéramos desarrollar y vender. Todo el mundo se había dedicado a segmentar el mercado de ordenadores, dándole forma de pirámide según el tamaño de la memoria: la memoria de alta velocidad para los miniordenadores estaba en la cúspide de la pirámide; la cinta de bajo coste formaba la base. Nosotros empezamos a ver una nueva variable que cambiaba la forma del mercado. Caímos en la cuenta de que si EMC «recorría la pirámide hacia abajo», podía alcanzar un mercado enorme, pero poco conocido; el almacenamiento en disco. El almacenamiento convertía la pirámide en un diamante con un grueso centro que reflejaba una demanda potencial enorme. Fijamos nuestras miras en crear periféricos para los ordenadores de IBM. Después de todo, el dinero de verdad no estaba en los laboratorios universitarios, estaba en los centros de datos de las corporaciones».

Pero, ¿qué usuario de un ordenador central de IBM compraría un instrumento de almacenamiento a una docena de tipos que tenían el despacho encima de un restaurante? Además, EMC no tenía ninguna posibilidad de conseguir el negocio de los ordenadores centrales (es decir, compitiendo con IBM) hasta que pudiera fabricar un sistema de unidad de disco compatible con IBM que funcionara mejor que el de IBM.

En un giro inesperado e irónico que Adam Smith habría apreciado, los esfuerzos de EMC por lograrlo provocaron una reacción tan feroz (brutales recortes de precios, mejoras vertiginosas) que el David digital se vio obligado a luchar contra Goliat creando unos productos verdaderamente revolucionarios. EMC creó una alternativa mejor y más barata a IBM usando discos de ocho pulgadas y combinándolos con la tecnología RAID (*Redundant Array of Independent Disks*) para ofrecer un mayor rendimiento y una tolerancia a los fallos más alta.

Con la compañía creciendo rápidamente en 1988, Egan y Marino contrataron a Michael Ruettgers para que perfeccionara la calidad y la rentabilidad de la fabricación. Ruettgers, que como ejecutivo de Raytheon, había desempeñado un papel importante en el programa de misiles Patriot, lanzó un programa de mejoramiento continuado que se convirtió en el primer paso del impresionante sistema de respuesta al cliente de EMC. (La extraordinaria capacidad de gestión de Ruettgers estuvo clara desde el principio y fue nombrado director ejecutivo en 1992. A principios de 2001, Ruettgers fue sucedido en el cargo por Joseph Tucci, cuando fue promocionado al cargo de presidente ejecutivo de la firma).

A principios de los noventa, EMC dominaba la vertiente *hardware* del almacenamiento de datos con Symmetrix, familia, en constante evolución, de sistemas inteligentes de almacenamiento de información para usuarios de ordenadores centrales y se había hecho con una parte enorme del almacenamiento en ordenador central de IBM. Entonces estudió el siguiente paso lógico; el *software* para proteger, manejar y compartir información.

Antes de entrar en el campo del *software*, Egan y Marino tenían que asegurarse de que había la suficiente demanda para justificar que se lanzaran de cabeza a ese campo del negocio. Su primer paso fue analizar las fuerzas y los factores en acción en el sector del *software*.

Entre esos aspectos, uno de los más importantes en planteársele a EMC, surgió durante una sesión de trabajo de un grupo de directores de alto nivel. En un momento dado, el grupo estaba mirando las iniciales *IT* que había en la pizarra de una de sus salas de trabajo. De repente uno de los directores se puso en pie de un salto y dijo: «Eso es, eso es, todo el mundo está concentrado en la tecnología y nadie ha prestado la suficiente atención a la información, que es de lo que se trata en definitiva.» Esa idea hizo que EMC concentrara su atención en cómo almacenar y mover información a cualquier lugar y en cualquier momento que se necesite. Aunque la tecnología y todos sus beneficios son fundamentales, el auténtico resultado final es lo que puede hacerse con la información. Por fortuna, las empresas iban siendo conscientes de la verdadera esencia de su capacidad para competir; su capacidad para captar y aprovechar la totalidad de la información crítica de su empresa. El volumen de información disponible aumentaba de forma desbordante y necesitaban tener acceso a ella muchas más horas al día.

EMC comprendió que lo más importante de la informática no era la potencia del ordenador sino la velocidad y fiabilidad del acceso a los datos. El problema era que esos datos estaban en múltiples «islas» diseminadas por toda la corporación, en una heterogénea colección de ordenadores centrales y servidores. No había un acceso centralizado a los datos y su seguridad e integridad en caso de incendio o cualquier otro desastre distaba mucho de estar asegurada. EMC vio que el *software* podía ayudar a resolver esos problemas y decidió seguir esa vía.

Dedicarse al *software* fue una decisión muy importante para EMC. Su negocio de almacenamiento era floreciente. ¿Por qué querrían arriesgar sus recursos y su crecimiento entrando en un negocio nuevo?

El análisis de fuerzas y factores hizo que la respuesta estuviera clara. Los usuarios querían ampliar la funcionalidad del almacenamiento. Querían que pasara de ser un contenedor estático y aislado a ser otro dinámico e interconectado. Había también, claro está, el deseo de proteger la información dentro del almacenamiento y, al mismo tiempo, lograr que su disponibilidad fuera más rápida incluso cuando se produjera una demanda mucho mayor del sistema de almacenamiento. En otras palabras, lo que los usuarios pedían era un *software* que les proporcionara unos medios más sencillos y más rentables para salvaguardar, conservar, mover, copiar, ver, analizar y, especialmente, gobernar su información. EMC respondió a esa llamada.

La empresa no tardó en comprender que la clave del futuro del almacenamiento de datos era el almacenamiento *funcional*. Los usuarios querían almacenar y recuperar datos de sitios remotos. Symmetrix 3000, de EMC, mostrado al público en 1995, combinaba un *hardware* y un *software* avanzado para resolver este problema. Fue el primer sistema de almacenamiento independiente del mundo para sistemas abiertos y podía interoperar a la perfección recogiendo datos de todas las diferentes «islas» dentro de la empresa.

EMC creó también un *software* que eliminaba el riesgo de perder datos debido a una catástrofe. «Conseguimos que nuestros principales clientes se involucraran junto a nuestros ingenieros tanto en nuestras instalaciones como en las suyas propias. Los usuarios inventaron más maneras de utilizar un producto de *software* clave de EMC, llamado Symmetrix Remote Data Facility (SRDF), incluyendo consolidaciones y migraciones entre centros de datos. Estaba claro que la combinación de *hardware* y *software* —una oferta integrada— servía cada vez más como base de diferenciación en un mercado que se volvía día tras día más competitivo».

El *software* ha sido la fuente clave del crecimiento de EMC. Para 1997, más del 70% de los ingenieros de EMC se dedicaban a la creación de *software* y las ventas de estos productos pasaron de 20 millones de dólares, en 1995, a 445 millones, en 1998, y a 1.400 millones, en 2000, convirtiendo a EMC en la empresa de *software* con el crecimiento más rápido del sector.

En los anteriores capítulos, hemos visto el poder de las fuerzas del sector y los factores de la demanda y su capacidad para proporcionar información sobre los aspectos de la demanda que están cambiando o que están a punto de cambiar de un modo significativo. Con mucha frecuencia, fuerzas y factores se aplican durante la planificación anual o como parte del estudio relacionado con una adquisición. No es así en EMC, debido a la velocidad del cambio en el sector de la tecnología de la información. Prácticamente todo el mundo en EMC se dedica a desvelar la próxima demanda naciente. La principal razón es la permanente sensación de urgencia que tienen Mike Ruettgers y EMC. Cuando el primero pasa frente a los nombres, antes importantes, de la TI en la Interestatal 495 y en la Carretera 128, en Massachusetts, cuyos edificios están ahora vacíos, piensa que son un constante recordatorio de que hay que tomarse el éxito con escepticismo.

Según Ruettgers: «Creo que la característica definitoria de nuestra cultura es un sentido de urgencia. Esto nos prepara para aprovechar las oportunidades que sólo están empezando a aparecer, además de llevar a la práctica los planes ya existentes. Por ejemplo, cuando lanzamos nuestro producto de almacenamiento abierto en 1995, fijé un objetivo de 200 millones de dólares en ventas para aquel año. Al final del primer trimestre, íbamos muy por detrás de nuestra meta, aunque habíamos construido suficientes productos para cubrirla. Así que, para asegurarnos de que todo el mundo comprendiera lo importante que era, cogimos las existencias extra y las instalamos en las oficinas. La gente tenía que pasar por encima de los embalajes para llegar a sus mesas. Milagrosamente, al final del segundo trimestre habíamos cumplido con todos nuestros objetivos de venta. Y todas las oficinas estaban limpias. Ayudamos a alimentar esta sensación de urgencia fijando metas trimestrales para los 800 ejecutivos de la organización. Medimos y pagamos según esos objetivos trimestrales. Me continúa sorprendiendo que haya compañías que sigan fijando objetivos anuales para sus ejecutivos. Comprendo que exista un objetivo anual para los beneficios, pero no consigo imaginar que los dejen sueltos por ahí, diciéndoles: "Mientras cumplas con esto para finales de año, está bien".»

Esta sensación de urgencia y escepticismo ayudan a alcanzar el objetivo de EMC en cuanto a tener una información más precisa y puesta al día sobre sus clientes que cualquiera de sus competidores. Ruettgers sigue mostrándose implacable en que EMC tiene que comprender qué quieren y valoran sus clientes. La constancia del propósito, según él, es vital.

EMC cree que la clave de su habilidad para satisfacer plenamente a sus clientes es que la mayoría de compañías carecen de una lente a través de la cual contemplar e interpretar el mundo de sus clientes. La lente de EMC hace que permanezcan concentrados en el *sine qua non* de esos clientes: acceso rápido y fiable a toda la información corporativa sin importar dónde resida dentro de la empresa. Observen que EMC contempla e interpreta el mundo de sus clientes, no el suyo propio, lo cual le permite comprender de forma plena y precisa la demanda antes de crear la oferta.

Recientemente, Mike Ruettgers me contó una anécdota sobre el valor de reunirse con los clientes. Sucedió a mediados de los noventa, cuando Internet estaba empezando a mostrar sus aplicaciones comerciales. Se hacían muchas conjeturas sobre qué usos ofrecería Internet a los clientes en el ámbito de los negocios de empresa a empresa. Ruettgers, que estaba visitando una compañía de seguros francesa, estaba en una reunión con el jefe de su departamento de TI. «Dado que no habíamos llegado a una respuesta en firme, quería saber qué pensaban nuestros clientes de Internet, así que se lo preguntaba a todo el mundo en Europa. ¿Cómo utilizaban Internet en aquel momento, cómo podían utilizarlo mañana y cuáles eran los beneficios que buscaban? Aquel jefe francés de TI me dijo que estaban usando Internet para presentar las reclamaciones. En un instante, la oportunidad que ofrecía Internet estuvo clara. Hice aproximadamente otras quinientas entrevistas aquel año y nadie me proporcionó una respuesta tan clara y convincente como nuestro cliente en Francia».

Veamos algunas de las maneras en que EMC no pierde de vista las fuerzas y los factores de su sector:

- Tanto el presidente ejecutivo Mike Ruettgers como el director general Joe Tucci se reúnen con varios cientos de clientes cada año, individualmente o en pequeños grupos.
- Cada año, se envía un cuestionario escrito a unos 850 clientes.
- La organización de mantenimiento de EMC está preparada para detectar problemas y oportunidades.
- Se forman consejos de clientes, donde éstos participan directamente en la creación de la siguiente generación de productos.
- La fuerza de ventas está especialmente preparada para identificar la demanda naciente.
- EMC utiliza un sistema de rodaje de seis trimestres para enlazar la estrategia y la ejecución y discernir cambios en los patrones de la demanda.

Una vez unida, la información de todas estas fuentes ofrece un panorama con múltiples facetas de las fuerzas de la demanda y los factores del sector, que permite que la dirección ponga continuamente en duda los supuestos de EMC y prevea las nuevas necesidades de los clientes así como el siguiente producto importante en la tecnología de la información. Esto revalida los planes y actividades corrientes de EMC y proporciona información y orientación respecto a la demanda naciente y a la siguiente generación de productos de EMC.

El segundo paso de la estrategia de la demanda es seleccionar a los clientes que queremos captar y averiguar cómo trabajar con ellos.

Dudo que haya una compañía en ningún lugar del mundo que consiga una relación más estrecha e interdependiente con sus clientes que EMC.

Cuando se visita la empresa y se oye a los directivos hablar de sus clientes o se observan sus relaciones con ellos, se ve inmediatamente que su definición de un cliente es muy diferente a la de la mayoría de empresas. Por lo general, un cliente es alguien a quien le vendemos un producto o servicio y esa transacción tiene como resultado un beneficio para nosotros. En EMC, los clientes tienen una relación notablemente colaboradora, en la cual se forma más de una asociación. EMC abre prácticamente cada parte de su empresa al consejo asesor de clientes y éstos se muestran abiertos y francos con EMC.

Cuando Mike Ruettgers y Joe Tucci ven, cada uno, a varios cientos de clientes al año y emplean tiempo escuchándolos, no vendiéndoles algo, esa es una dedicación al cliente que resulta muy poco corriente. Recordarán que unas cuantas páginas atrás, hablábamos de la lente de EMC, que la mantiene centrada en el almacenamiento; es decir, en un acceso rápido o fiable a toda la información de la corporación, sin importar en qué lugar de la empresa radique.

EMC cree que su perdurable concentración en el almacenamiento, y sólo en ese aspecto, le proporciona una ventaja competitiva importante. Cada dólar que gasta, lo gasta en almacenamiento. Cada ingeniero y cada empleado de la compañía dedica sus días a pensar cómo el almacenamiento puede ayudar a los clientes de EMC.

No es sorprendente que uno de los principios de EMC se llame «Crear el lazo de confianza con el cliente».

Cuando EMC habla de un lazo de confianza, no se refiere simplemente a la frecuencia de las reuniones con el cliente ni a cuidarlo. «Crear lazos de confianza con el cliente entraña escuchar, responder, validar, pulir, revalidar, entregar, ajustar y repetir el proceso». Como dice Mike Ruettgers: «Cualquier empresa con sangre en las venas se pregunta: "¿Qué tiene valor para nuestros clientes?" El auténtico desafío es saber si lo que creemos que les importa a los consumidores es realmente lo que les importa.» Como pueden ver en la lista anterior, no es sólo hablar con los clientes lo que importa, es hacer, también, las preguntas difíciles: validar, pulir y luego revalidar qué es la demanda y calibrar si, realmente, podemos entregar lo que les importa a los usuarios.

Uno de los programas más abiertos y valiosos de interacción con el cliente son los consejos de clientes de EMC. Se celebran dos veces al año en Norteamérica y Europa y una vez al año en otros mercados. A diferencia de muchas reuniones de clientes, no son ni convenciones de ventas ni encuentros para jugar al golf. Las sesiones reúnen entre cincuenta y sesenta de los clientes más respetados de EMC y constan de dos días y medio de intensas conversaciones sobre el almacenamiento y la TI. En lugar de palos de golf o raquetas de tenis, se pide a los clientes que traigan hechas de casa unas tareas que se les envían una semana antes de la reunión.

Las sesiones de trabajo se dedican a explorar metódicamente las necesidades de productos de los clientes, validar ideas de productos y orientación de la empresa a largo plazo y, sobre todo, crear el clima adecuado para la innovación y la colaboración.

Se presta mucha atención a la selección de esos cincuenta o sesenta clientes invitados. Sólo participan los expertos, estrategas y responsables de la toma de decisiones reconocidos por sus empresas. Cada uno debe aceptar un compromiso mínimo de dieciocho meses y firmar acuerdos de confidencialidad.

Primero EMC presenta los que, en su opinión, serán los problemas más molestos, a corto y largo plazo, a que se enfrentará el sector y las empresas de sus clientes. A continuación, trata de confirmar que comprender las preocupaciones de los clientes encaja en la experiencia de EMC y que los problemas en que la empresa se centra son, en realidad, los problemas a que se enfrentan sus clientes. Si resulta que EMC está en sintonía con sus clientes, les ofrece una descripción detallada de las soluciones a esos problemas, que EMC tiene en curso de elaboración.

En este momento, los directivos de EMC sondean para averiguar si las soluciones propuestas resolverán los específicos problemas de sus clientes y si, una vez resueltos, las soluciones tendrán un efecto significativo en el negocio. A lo largo de horas de conversaciones, tratan de descubrir nuevas necesidades y ajustan su oferta. Se habla de la mejor manera de llevar la solución a la práctica, incluyendo a qué colaboradores estratégicos les gustaría trabajar con EMC. La empresa integra todos estos conocimientos adquiridos en un diseño de producto coherente.

En la siguiente sesión, los directivos de EMC muestran a los clientes cómo ha cambiado el producto siguiendo sus indicaciones. Entre sesiones, los miembros del consejo acceden a una página web especial para compartir información con los compañeros que están en su empresa. Estos consejos son una poderosa herramienta de aprendizaje para todos. EMC ayuda a sus clientes a planear su futuro en TI y ellos ayudan a EMC a planear también su futuro. Los consejos de clientes son realmente asociaciones, con un auténtico toma y daca entre los participantes. La razón de que sean tan eficaces es que están vinculados a un objetivo común; crear productos de almacenamiento y otros relacionados con la TI que solucionen problemas y creen oportunidades. EMC lo hace seleccionando a sus mejores clientes. Consiguiendo el mejor insumo y orientación que pueda conseguir y, con toda probabilidad, convirtiendo a esas personas en usuarios tempranos del producto que ellas mismas ayudaron a crear y sacar al mercado.

EMC conoce de primera mano el poder de las tecnologías rompedoras; empezó como una diminuta empresa con una participación cero en los datos de los ordenadores principales y al cabo de sólo cuatro años desbancó el liderazgo de IBM en el almacenamiento en el ordenador principal. En 1999 tenía una participación de mercado del 60% y había transformado el almacenamiento informático de un contenedor pasivo sin valor estratégico en una solución para hacer que la información estuviera disponible en toda la corporación de forma inmediata y continuada.

EMC ha adoptado la filosofía «Crea problemas o te los crearán a ti», también definida como «Acaba con ellos antes de que ellos acaben contigo».

Como mencionaba antes, una de las maneras en que EMC crea unas tecnologías muy sofisticadas y luego sigue ampliando lo que esas tecnologías pueden hacer, es que la empresa funciona con unos sistemas bien diseñados y confirmados por el tiempo que ofrecen comodidad y orientación. EMC ha identificado cuatro condiciones previas para crear una tecnología rompedora:

- Primero, estar en estrecha sintonía con el mercado y verlo con la máxima amplitud posible; no ver sólo los clientes actuales, sino los potenciales e incluso los improbables.
- Segundo, tener una lente especial a través de la cual contemplar e interpretar las necesidades actuales y futuras de los clientes.
- Tercero, ofrecer una nueva solución que satisfaga esas necesidades de forma precisa. Y lo ideal sería que, al mismo tiempo, redefiniera su sector.
- Cuarto, batir el terreno en busca de un cambio paralelo en la dinámica de marketing o en las actitudes de los consumidores para garantizar que su nueva solución ganará rápidamente un público amplio y receptivo.

EMC aplicó esas condiciones a principios de los noventa. Existía un fuerte movimiento de vuelta a los procesos informáticos centralizados desde un entorno informático distribuido. En un número cada vez mayor, los usuarios iban consolidando la información en el centro estratégico de sus operaciones tecnológicas. El volumen de información estaba a punto de estallar y el acceso a esa información era necesario muchas más horas cada día, sin riesgo de tiempos de inactividad.

Fue aquí donde EMC comprendió el potencial de una tecnología rompedora; es decir, de los sistemas de almacenamiento inteligentes. Esta tecnología tenía una capacidad de autodiagnóstico que controlaría y alertaría al usuario de posibles problemas en los datos almacenados.

El sistema de almacenamiento inteligente, con diágnosticos de autocontrol avanzados e, incluso, con capacidad para autorrepararse, ha sido fundamental para la reputación de EMC en cuanto a prestar un extraordinario servicio al cliente.

Pero, ¿cómo hace una empresa como EMC para *crear* una tecnología rompedora?

Primero, manteniéndose en sintonía y a la par de su mercado. Esto parece muy fácil. Sin embargo, como hemos visto a lo largo de este libro, si no se investiga con la suficiente profundidad, podemos meternos rápidamente en aprietos. Preguntar a los clientes no es suficiente. La mayoría de clientes piensan sólo en sus necesidades inmediatas y tienden a pedir unos cambios muy básicos que hagan que los productos o servicios sean más rápidos, más baratos o mejores que los que ya tienen. EMC usa cinco planteamientos diferentes para identificar tecnologías prometedoras y convertirlas en productos:

1. El grupo que estudia las necesidades del mercado observa un futuro de ahora a dentro de dieciocho meses, centrándose en las necesidades especiales de los usuarios de segmentos clave en el sector, como servicios financieros, telecomunicaciones y líneas aéreas. En otras palabras, se centra en la demanda actual.

2. El grupo de tecnologías nacientes concentra su atención directamente en las tecnologías que llegarán a ser importantes para EMC y sus clientes en un futuro entre diecinueve y sesenta meses. Se centra en la demanda naciente.

3. Los ingenieros de la empresa interactúan de forma intensa y regular con los clientes, concentrándose en aplicar las tecnologías nacientes a resolver las necesidades nacientes de esos clientes.

4. Cada uno de los más de cien mil sistemas de almacenamiento inteligente que EMC ha instalado tiene una tecnología de autodiagnóstico que está en contacto veinticuatro horas al día con uno de los centros de servicio al cliente de EMC. Con frecuencia, ese servicio detecta errores antes de que se conviertan en graves y amenacen la disponibilidad de los datos.

5. EMC trabaja en estrecha colaboración con una serie muy amplia de socios, cuyos conocimientos complementarios pueden acortar el tiempo de salida al mercado.

Resumir la Propuesta de Valor para la Demanda de EMC sólo requiere efectuar una revisión de sus estrategias y prácticas de negocio más valoradas:

- Proporcionar a los clientes el acceso rápido y fiable a toda la información corporativa, sin importar dónde radique dentro de la organización.
- Contar siempre con más información de los consumidores que la competencia.
- Crear lazos de confianza con los clientes para mantener la innovación en colaboración, que es el corazón de los consejos de clientes.
- Usar su idea definitoria de la centralidad de la información, que garantiza que la empresa seguirá fiel a su concentración en el almacenamiento y no tratará de serlo todo para todo el mundo en algún momento del futuro.
- Mantener un «ambiente de urgencia y escepticismo».

EMC es uno de los mejores ejemplos del poder de la Estrategia de la Demanda. En los dos últimos años, la empresa ha continuado ampliando la distancia que la separa de sus competidores en las principales áreas del almacenamiento de datos. Una evaluación independiente de la satisfacción del cliente mostró que EMC disfrutaba de una clasificación permanente del 97,7%. Este porcentaje no sólo es más alto que el de cualquier otro proveedor de almacenamiento; es más alto que el de cualquier otro proveedor de TI.

Los resultados son impresionantes, pero son posibles debido a la extraordinaria disciplina, liderazgo y probados principios empresariales aplicados por Mike Ruettgers. El éxito de EMC no se debe a una serie de decisiones intermitentes, sino a un proceso que se desarrolla en la vida diaria, por medio del cual se forja una comprensión exclusiva de la demanda tanto actual como naciente.

Al nivel más profundo, EMC comprende que tiene una responsabilidad no sólo hacia sus clientes directos, sino también hacia los clientes de sus clientes, cuya propia ventaja competitiva mejora cuando los clientes de EMC utilizan de forma óptima sus datos e información. Hace varios años, la empresa levantó lo que parecía un obstáculo insalvable al comprometerse a reinventar su categoría de producto cada dos años. EMC ha respondido a ese reto apoyándose en un sistema de negocio único en su clase y en su red global de conocimientos, que identifica la aparición y los cambios en la demanda y trabaja en estrecha colaboración con sus ingenieros para crear productos exclusivos que capten una parte cada vez mayor de esa demanda.

Al principio del capítulo 1, les presentaba una ecuación de valor muy sencilla: Valor = Beneficios/Precio. Pese a competir con las empresas de tecnología líderes en el mundo, EMC consigue sumar, constantemente, beneficios exclusivos que proporcionan un gran valor a sus clientes y permiten que la compañía disfrute de unos razonables precios más altos.

Independientemente de lo grandes que han sido sus éxitos en el pasado, EMC tiene la humildad y la sabiduría de saber que ha de continuar creciendo y diferenciando sus productos para mantener su liderazgo. A principios de 2001, introdujo AutoIS, que reduce la creciente complejidad de la tecnología y permite que sus clientes disfruten de una mayor rentabilidad y eficacia. El sistema AutoIS proporciona unos niveles de soporte automatizado muy altos, que simplifican enormemente la hercúlea tarea de manejar, a tiempo real, la información en una empresa de negocios mundial con miles de usuarios.

Como ha hecho muchas otras veces en el pasado, EMC ha utilizado su comprensión de la demanda para crear AutoIS, que aborda el problema, rápidamente creciente, de la complejidad de la TI. No puede sorprendernos que EMC sea la primera y única compañía que ofrece esa solución, ya que ha construido ese sistema en colaboración con aquellos clientes que mejor comprendían la demanda que tenía que satisfacerse.

La capacidad de EMC para asumir compromisos y cumplirlos quedó de relieve durante los desgraciados sucesos del 11 de septiembre de 2001. Era vital mantener la continuidad de la infomación frente a aquel desastre y a la confusión y los problemas causados en el período subsiguiente. El nivel de rendimiento del sistema simétrico y el *software* SRDF de EMC llevaron a *Information Week* a nombrarla «patrón oro» de la continuidad de la información y la empresa.

Como EMC mira al futuro, continuará incorporando a sus clientes más visionarios a su proceso de desarrollo para continuar esas tareas en colaboración que la llevan a cumplir con su compromiso de reinventar sistemas de almacenamiento cada dos años. La constante concentración de EMC en el almacenamiento y su experta comprensión y aplicación de la nueva *ley de la demanda y la oferta* le garantizan el liderazgo para un amplio futuro.

Epílogo

Mucho después de haber terminado de escribir este libro, el 28 de enero de 2002, apareció un artículo en *Wall Street Journal* escrito por Thomas E. Weber. Este autor señala que muchas compañías y altos directivos que tuvieron éxito en un mundo donde ese éxito se definía por la *oferta* encuentran ahora dificultades para adaptarse a la nueva realidad de la demanda de los negocios actuales.

El título del artículo es «*Broadband Advocates Should Fight to Increase Demand not Supply*» ("Los defensores de la banda ancha tendrían que luchar por aumentar la demanda, no la oferta"). En él, Weber señala que la mayoría de consumidores «no ven una razón convincente para aflojar 20 o 30 dólares extras al mes para contar con un enlace más veloz a la red». De alguna manera, en el apresuramiento de la tecnología por convertir la banda ancha en una nueva prioridad nacional, no se presta atención a ese hecho. Oímos hablar mucho de deducción de impuestos y de la creación de redes y muy poco de por qué los usuarios clamarían por esos servicios.

Weber escribió:

> «"Construye y ya vendrán" es, en esencia, el grito de llamada de los animadores de la banda ancha. Pero esta vez ya han construido y las masas no vienen. Hasta que los esfuerzos por promocionar la banda ancha empiecen a abordar la demanda en lugar de la oferta, la enorme campaña de la banda ancha no lleva a ningún sitio.
>
> Unos cuantos números clave resumen la historia [...] entre el 70 y el 80% de hogares estadounidenses ya puede contratar el ac-

ceso a Internet por módem para cable de alta velocidad si lo quieren [...] pero menos del 10% de esos hogares lo ha hecho.

Las cifras para las líneas DSL cuentan una historia parecida. [...] A finales del 2001, menos de un 10% de los hogares las había contratado, entre los 51,5 millones que se calcula podrían obtener ese servicio, según la FCC (Federal Communications Commision)».

Si el sector de la alta tecnología aprendió algo durante los fracasos multimillonarios de los 2000 y 2001, tendría que haber sido que crear más oferta, por muchas funciones que permita, no es, en modo alguno, la respuesta a unas ventas estancadas. No obstante, sí que es un camino seguro para unirse a otros cuyos fracasos se cuentan por cientos o miles de millones porque no comprendieron la demanda antes de crear la oferta.

Sería de imaginar que si algún sector ha sentido el imperativo de comprender plenamente la demanda antes de crear la oferta, tendría que ser el de las telecomunicaciones, cuyos problemas hemos documentado en este libro. No obstante, no es sorprendente que quienes alcanzaron el éxito trabajando en el lado de la oferta en el pasado sean más lentos en adaptarse a las nuevas reglas de la economía de la demanda. Y estas son que si queremos que los consumidores compren nuestros productos, debemos primero comprender la demanda y sólo entonces crear una oferta que se adecue a ella y la satisfaga. Hasta que se comprenda esa demanda, crear oferta seguirá siendo una propuesta hecha al azar.

Precisamente porque es difícil enseñar a los viejos perros de la oferta trucos nuevos hay unas oportunidades tan enormes para aquellos líderes empresariales de hoy que comprendan plenamente y apliquen las nuevas reglas de la economía de la demanda. El crecimiento del 80.000% de las acciones de EMC, el aumento de los beneficios y márgenes de Sears Credit, aun perdiendo su monopolio, y Nokia aceptando el reto y derrotando a Motorola, el gigante de la tecnología en los teléfonos móviles, no son ejemplos aislados. Son sencillamente representativos de unos resultados y beneficios superiores disponibles para aquellos directivos y empresas que comprendan y se adapten a las nuevas reglas de la economía empresarial de hoy. Detrás del éxito de productos como el agua embotellada y compañías como Commerce Bank, está mi esperanza de que el mensaje ayudará a los lectores a reconocer y lidiar con las oportunidades de la nueva economía de la demanda.

Al seleccionar los casos para este libro, tuvimos la suerte de contar con muchos donde escoger entre aquellas empresas que se convirtieron muy pronto al evangelio de la demanda. Mi intención era recoger una amplia muestra desde los negocios de empresa a empresa a los de empresa a consumidor; desde los servicios financieros a la alimentación y desde la alta tecnología a los minoristas; desde nuevas y diminutas empresas como EMC, que empezó en 1990 con una participación de 0 en almacenamiento en ordenador principal, frente al 60% de IMB, pero acabó la década con un 60% frente al 20% de IBM. Nadie tiene el monopolio del éxito que la Estrategia de la Demanda le aportará a usted, porque no exige unas enormes sumas de capital o una fuerza laboral que se cuente por miles. Recuerde: muy pocos años antes de entrar en el negocio del almacenamiento de datos, EMC era una empresa de venta de muebles con oficinas en un segundo piso, encima de un restaurante.

La Estrategia de la Demanda es auténtica democracia. No es necesario ser grande ni rico para tener éxito. Lo único que es necesario es comprender que vivimos en uno de los períodos más importantes de la historia de nuestra economía global, una era moldeada por la demanda.

Estoy convencido de que las empresas que estén decididas a regirse por la Estrategia de la Demanda pueden esperar reducir gastos mientras aumentan ingresos, márgenes y beneficios, ya que identificarán sus objetivos más rentables de la demanda en lugar de perseguir un mercado masivo mal definido. Al diferenciarse, basándose en la comprensión de la demanda de sus clientes más rentables, las empresas pueden alcanzar unos precios inelásticos y salvaguardar su ventaja competitiva. Y quizá lo más importante de todo, controlarán su futuro en lugar de dejar que lo controle el mundo que las rodea.

Fuentes

Capítulo 1: ¿Por qué la Estrategia de la Demanda? ¿Por qué ahora?

18. Larry A. Bossidy, «Reality-Based Leadership», *Executives Speeches*, 1 de agosto de 1998.
20. «Too Much Fibre for the World to Digest», *Financial Times*, 29 de junio de 2001; «Overbuilt Web: How the Fiber Barons Plunged the Nation into a Telecom Glut Staff», *Wall Street Journal*, 18 de junio de 2001.
24. What Commodities will be produced: Paul A. Samuelson, *Economics*, 1.ª edición, McGraw Hill, Nueva York, 1948.
24. Paul A. Samuelson y William D. Nordhaus, *Economics*, 17.ª edición, McGraw Hill, Nueva York, 2001.
25. Thornstein Veblen, *The Theory of the Leisure Class*, Prometheus Books, Amherst, N. Y., 1998.
27. Joseph Schumpeter, *The Theory of Economic Development*, Transaction Publishers, Piscataway, N. J., 1982.
27. Fred Smith, «The Commanding Heights of Global Commerce», discurso en el Economic Club of Chicago, 13 de octubre de 1998.
29. «No Fear», *Electronic Business*, 1 de febrero de 2001.
29. Juniper Networks Annual Report, 2000.
29. Adam Smith, *Wealth of Nations*, Libro IV, capítulo 2, Prometheus Books, Amherst, N. Y.,1991.
30. Lester C. Turow, «Building Wealth», *Atlantic Monthly*, junio de 1999.
30. Intel Microprocessor Quick Reference Guide, www.intel.com.
32. «Clorox Was Once Part of the Family», Cincinnati Post, 29 de febrero de 2000.
34. Análisis estadístico según datos del U.S. Census Bureau; Bureau of Economic Analysis.

35. «Reaching for Maximum Flexibility», Iron Age New Steel, 1 de enero de 2000.

35. «DaimlerChrysler Takes a Stake in Mitsubishi to Join Automobile Alliance Trend», St.Louis Despatch, 28 de marzo de 2000.

35. W. Lazer y E. H. Shaw, «Global Marketing Management: At the Dawn of the New Millenium», *Journal of International Marketing*, 1 de enero de 2000

36. Stephen Oliner y Daniel Sichel, «The Resurgence of Growth in the Late 1990s: Is Information Technology the Story?» (Washington D. C.: Federal Reserve Board, mayo de 2000.

36. Análisis estadístico con datos de *Universal McCann's Insider Report*, diciembre de 2000.

36. Análisis estadístico con datos de The National Research Bureau Shopping Center Census 1999 y del U.S. Census Bureau.

36. Análisis estadístico basado en datos del Bureau of Economic Analysis.

37. Análisis basado en datos del Bureau of Economic Analysis.

38. Stephen Roach, «On pricing Leverage», Global Economic Forum, www.morganstanley.com.

38. Dwight Gertz, «Beating the Odds», Journal of Business Strategy, 1 de julio de 1995.

38. Fred Smith, «The Commanding Heights of Global Commerce».

39. Michael Porter, *Competitive Advantage*, Simon & Schuster, Nueva York, 1998.

39. Michael Hammer y James Champy, *Reengineering the Corporation: A Manifesto for Business Revolution*, Harper Business, Nueva York, 1993.

41. Scott Thurm, «The Outlook: Germ of Tech Rebirth Seen in Price Cutting», *Wall Street Journal*, 6 de agosto de 2001.

43. «Softer Sell: Once-Mighty Motorola Stumbled When It Began Acting That Way», *Wall Street Journal*, 18 de mayo de 2001.

43. «Nokia Bets on Tarzan Yells and Whistles», *Wall Street Journal*, 2 de julio de 1997.

44. Cálculo según *Global Wireless Equipment Investor*, Dataquest/Salomon Smith Barney, 7 de junio de 2001; «Outlook: Nokia H1». *AFX News*, 4 de agosto de 1997, *Wall Street Journal*, 18 de mayo de 2001.

44. «World's Most Valuable Brands», Interbrand 2001.

Capítulo 2: Estrategia de la Demanda

48. «Lousy' Sales Forecasts Helped Fuel the Telecom Mess», *Wall Street Journal*, 9 de julio de 2001.

55. «Medtronic: Pacing the Field», *Forbes*, 8 de enero de 2001.

55. «Say Goodbye to Managed Care», *Chief Executive*, 1 de diciembre de 1999.

57. «The Power of Smart Pricing», *Business Week*, 10 de abril de 2000.

58. Erik Brynjolfsson y Michael Smith, «Frictionless Commerce? A Comparison of Internet and Conventional Retailers», *Management Science*, abril de 2000.

59. «Don't Write Off Barnes and Noble», *Upside*, junio de 2000.

59. Akshay Rao, Mark Bergen y Scott Davis, «How to Fight a Price War», Harvard Business Review, marzo de 2000.

60. «How MTV Stays Tuned to Teenagers», *Wall Street Journal*, 21 de marzo de 2000.

68. Peter F. Drucker, *Management Challenges for the 21st Century*, Harper Business, Nueva York, 1999.

Capítulo 3: Sears Credit conquista la demanda

75. «The Card Industry Rides a Wave of Prosperity», Credit Card News, 1 de abril de 1994.

Capítulo 4: Primer Principio

87. Horticultural and Tropical Products Division FAS/USDA, junio 2001; www.coffeesearch, org.

87. Howard Schultz y Dori Yang, *Pour Your Heart into It*, Hyperion, Nueva York, 1996.

97. John Barry y Evan Thomas, «The Pentagon's Guru», *Newsweek*, 21 de mayo de 2001.

97. Fred Smith: «Federal Express Wasn't an Overnight Success», *Wall Street Journal*, 6 de Junio de 1989.

102. US-China Business Council, 2000.

104. «Crude Cuts: Will Oil Nations Stick or Stray?», *Wall Street Journal*, 26 de marzo de 1999.

105. «Downfall: The Inside Story of the Management Fiasco at Xerox», *Business Week*, 5 de marzo de 2001. «Xerox's New Strategy Will Not Copy the Past», *New York Times*, 18 de diciembre de 1994. «Inventor of a New World», *Los Angeles Times*, 14 de marzo de 1999.

107. Akshay Rao, Mark Bergen y Scott Davis, «How to Fight a Price War», *Harvard Business Review*, marzo 2000.

107. Gordon E. Moore, «Cramming More Components onto Integrated Circuits», *Electronics*, 19 de abril de 1965.

108. Conversación personal con Alvaro de Souza.

108. www.microsoft.com/persspass/corpprofile.asp.

109. «Video-Game Sales Surge More Than 30%», *Wall Street Journal*, 26 de julio de 2001.

110. «Introducing a Neat Package Deal for a Lunchtime Crowd», *San Francisco Chronicle*, 28 de marzo de 1990.

110. «It's Lunchable!», *Brandmarketing*, mayo 2000.

110. «Kraft Launches Lunchables for Snack Attacks», *Advertising Age*, 12 de marzo de 2001.

111. Neil Howe y William Strauss, *Millennials Rising: The Next Great Generation*. Vintage Books, Nueva York, 2000.

111. Peter F. Drucker, *Management Challenges for the 21st Century*, Harper Business, Nueva York, 1999.

Capítulo 5: Segundo Principio

135. Akshay Rao, Mark Bergen y Scott Davis, «How to Fight a Price War», *Harvard Business Review*, marzo 2000.

138. «No, Really, We're a Com», *Worth*, noviembre 1999.

138. UPS 2000 Annual Report.

138. FedEx 2000 Annual Report.

139. «Cisco Determined to Turn Tide of 100-Year Flood», *Internet Week*, 11 de junio de 2001.

140. «Battle of the ISPs: Rivals AOL, MSN Slug It Out for Your Dollars», *Gannet News Service*, 8 de octubre de 2001.

140. «Top US ISPs by Subscriber Q2 2001», *ISP Planet*, 17 de agosto de 2001.

140. «AOL-Time Warner Merger Portends Perils and Benefits for the Nation», *Tampa Tribune*, 16 de enero de 2000.

141. «The Internet Is Mr. Case's Neighborhood», *Fortune*, 30 de marzo de 1998.

141. «A Case of Timing Knowledge», *Washington Post*, 11 de enero de 2000.

142. «Harry Potter and Canadian Cultural Woes», *Toronto Star*, 21 de noviembre de 2001.

Capítulo 6: Tercer Principio

156. Young & Rubicam, Brand Asset Valuator, 2000.

167. «A Bank Where the Customer Is Always Right», *ABA Banking Journal*, marzo 2001.

168. «Local McBanker: A Small Chain Grows by Borrowing Ideas from Burger Joints», *Wall Street Journal*, 17 de mayo de 2000.

170. Entrevista con Vernon Hill, septiembre 2001.

173. «You Want Fries with That Withdrawal?» *Business News*, New Jersey, 27 de julio de 1998.

173. Datos estadísticos y citas de Vernon Hill citados en la entrevista y en «The Commerce Story», Commerce Bank, Cherry Hill, N. J., julio 2001.

Capítulo 7: Cuarto Principio

176. «This is a Marketing Revolution», *Fast Company*, mayo 1999.

178. «Growth Formula», *ComputerWorld*, 2 de julio de 2001.

178. «Scratching the Surface: Capital One Revolutionizes Credit-Card Marketing», *Washington Post*, 30 de octubre de 2000.

180. «Capital One: Fanaticism That Works», *US Banker*, 1 de agosto de 2001.

182. «Aboard the Money Trail-Capital One Financial», *Kiplinger's Magazine*, septiembre 2000.

182. «Capital One-Expert of Cross-Selling», *US Banker*, mayo 2000.

183. «Solid Growth, Smart Marketing Help Capital One Score with Customers», *Card Marketing*, marzo 2000.

183. «To Be or Not to Be on Web? Debate at Capital One Enters Final Round», American Banker, 19 de mayo de 2000.

188. Michael Dell, «Leadership in the Internet Economy», discurso inaugural, Canadian Club of Toronto, 7 de abril de 2000.

188. «Dell, Intel Announce Initiatives to Enhance Future Enterprise Computing and Internet Technologies», nota de prensa de Dell, 28 de abril de 1998. «IBM, Dell Announces $16 Billion Technology Agreement», nota de prensa de Dell, 4 de marzo de 1999.

188. «Dell Enters E-Consulting Alliances with Gen3 Partners, Arthur Andersen», nota de prensa de Dell, 5 de abril de 2000.

188. «Dell. EMC Sign Multi-Billion-Dollar Enterprise Storage Agreement», nota de prensa de Dell, 22 de octubre de 2001.

189. Nota de prensa de Medline, 3 de mayo de 2001.

189. Conversación con Jon Mills, 2 de julio de 2001.

191. Michael Dell, «The Dynamics of the Connected Economy», discutso inaugural, Atlanta, 25 de junio de 1999.

191. «Former Apple Computer CEO Discusses Effects of Internet at Chicago Convention», *Chicago Tribune*, 14 de octubre de 2001.

191. Criteria for Performance Excellence, Baldridge National Quality Program, www.quality.nist.gov.

192. Solectron Corp., *Industry Week*, 19 de octubre de 1998. for Talent», *Fast Company*, agosto 1998.

195. «Innovate Your Heart Out: Fittest 50 Winner Profile», *Darwin*, octubre 2001.

195. «Conference Previews "Revolutionary" Net-Enabled Monitors, Pacemakers, Defibrillators», *Electronic Engineering Times*, 7 de mayo de 2001.

196. «Computer Retailer Michael Krasny-He keeps the Human Touch While Selling High Tech», *Investor's Business Daily*, 20 de abril de 2000.

196. «High Touch in a High-Tech Era», *Target Marketing*, 1 de abril de 2001.

197. Entrevista con Jim Shanks, 27 de julio de 2001.

197. «CDW@Work Works Hard for IT Buyers», *PC Week*, 24 de mayo de 1999.

197. «CDW Keys Clicks by Keeping People in Sales Picture», *Chicago Tribune*, 16 de agosto de 2000.

198. «CDW Keys Up Profits», *Chain Store Age Executive*, 1 de noviembre de 1999.

199. Entrevista con Paul Kozak, vicepresidente ejecutivo de operaciones de CDW, 2 de agosto de 2001.

200. «Baby Dell», *Forbes*, 27 de noviembre de 2000.

Capítulo 8: Quinto y Sexto Principios

205. James McTaggart, Peter Kontes y Michael Mankins, *The Value Imperative: Managing for Superior Shareholder Returns*, Free Press, Nueva York, 1994.

206. Alexandra Lajoux, *The Art of M&A Integration*, McGraw Hill, Nueva York, 1998.

206. «Why Mergers Fail», *McKinsey Quarterly*, 2001, número 4.

212. «Nibbling at Nabisco: Cookie King Fighting to Keep Its Dominance», *The Record*, 10 de enero de 1999.

212. Conversación con Jim Kilts, 10 de agosto de 2001.

215. «Bill George Revolutionized Medtronic, One of the World's Leading Medical-Device Companies», *Economist*, 2 de septiembre de 2000.

215. «Heart and Soul», *Industry Week*, 4 de mayo de 1998.

215. «Say Goodbye to Managed Care», *Chief Executive*, 1 de diciembre de 1999.

216. «Product Development That Can Fill Prescription for Success: How to Handle the Demands of a Company That's Growing Quickly», *USA Today*, 30 de mayo de 2000.

218. «Medtronic: Pacing the Field», *Forbes*, 8 de enero de 2001.

219. «New Product Machine: Medtronic Picks Up Pace of Medical Device Development to Stay Ahead of Competition and Ensure Success», Star Tribune (Minneapolis y Saint Paul), 5 de junio de 1995.

221. «How Smart Is Medtronic Really?, *Fortune*, 25 de octubre de 1999.

221. «Medtronic to Buy MiniMed and Medical Research», *Wall Street Journal*, 31 de mayo de 2001.

224. Peter F. Drucker, *Management Challenges for the 21st Century*, Harper Business, Nueva York, 1999.

Capítulo 9: Gatorade conquista la demanda

240. «PepsiCo to Acquire Quaker for $ 14 Billion; Stock Deal Gives Firm Control of Gatorade», *Washington Post*, 5 de diciembre de 2000.

Capítulo 10: Countrywide Credit Industries

241. Countrywide Factsheet, www.countrywide.com.

241. Stanford L. Kurland, «Countrywide Credit Industries, Inc», ponencia leída en Sanford Bernstein Strategic Decisions Conference, 6 de junio de 2001.

243. «Last Man Standing», *Forbes*, 27 de noviembre de 2000.

243. «Leaders & Success: Countrywides's Angelo Mozilo», *Investor's Business Daily*, 22 de noviembre de 1996.

244. «Mortgage Machine», *ABA Banking Journal*, 1 de octubre de 1995.

245. Entrevista a Angelo Mozilo, *Dow Jones Investor Network*, 29 de noviembre de 1995.

246. Conversación con Angelo Mozilo, septiembre 2001.

247. «Countrywide Enters Its Fourth Decade on the Cutting Edge», *Community Banker*, 1 de enero de 2000.

247. «Tech-Driven Efficiency Spurs Economic Boom», *Los Angeles Times*, 22 de febrero de 2000.

247. «Countrywide's CTO», *Mortgage Banking*, abril 2001.

248. «Mozilo Says the Big Players Will Dominate», *Real Estate Finance Today*, 13 de noviembre de 2000.

248. «Desensitizing Countrywide Credit Industries Inc. of Pasadena, CA, Uses a Successful Strategy to Keep Earning», Forbes, 12 de febrero de 1996.

249. «Caveats on Countrywide-Mortgage Banker's Fortunes Are Booming Now, But…», *Barron's*, 25 de noviembre de 1991.

249. «Countrywide Credit Industries, Inc., CEO Interview», *CNBC/Dow Jones Business Video*, 3 de noviembre de 1999.

249. Conversación con Angelo Mozilo.

250. «Countrywide Downsizes, Seeks Mew Markets Amid Hard Times», *Capital Markets Report*, 18 de octubre de 1999.

250. «Full Steam Ahead for Countrywide Execs», *American Banker*, 20 de octubre de 1998.

251. «In the Nick of Time: Loan Companies Help Families Save Homes from Repossession», *San Diego Union Tribune*, 17 de diciembre de 2000.

251. «Affordable Housing 'Tool Box' Helps Countrywide Minimize Delinquencies», *National Mortgage News*, 6 de diciembre de 1999.

253. «Mortgage Mania», *Chief Executive*, enero 2000.

253. «Mozilo Says Selling Countrywide Is No Longer Out of the Question», *American Banker*, 16 de mayo de 2000.

254. «Mortgage Banking Unbundling: Structure, Automation and Profit», *Mortgage Banking*, 1 de enero de 2001.

255. «Rate Reduction Products to Revolutionize Mortgage Mart», *Capital Markets Report*, 19 de Noviembre de 1999.

256. «Two New Mortgages to Offer Line of Credit», *Baltimore Sun*, 11 de noviembre de 2001.

257. «Countrywide Aims to Be a Household Name», *American Banker*, 15 de diciembre de 1995.

Capítulo 11: La Propuesta de Valor para la Demanda de EMC

259. www.emc.com/about/emc story/early days-jsp.

260. www.emc.com/news/in depth archive/millennium011200.jsp.

262. «Managing for the Next Big Thing: An Interview with EMC's Michael Ruettgers», *Harvard Business Review*, enero 2001.

263. Conversación privada con Michael Ruettgers.

266. «I Pledge Allegiance to This Company: From Customer Satisfaction to Allegiance», *Chief Executive*, septiembre 1999.

266. «Thriving in the Information Economy», discurso, Nueva York, 13 de mayo de 1999.

270. «Disrupt or Be Disrupted: Overturning Conventional Thinking in the Information Storage Industry», www.emc.com/about/management/speeches/overturning.jsp.